Small Voice
of
History

读书就是自我塑造

进化、故事和认识自我

历史的微声

世界历史中的中国

历史的中时段

20年不能磨一剑

历史的断想

不可能预测历史的未来进程

王笛——著

历史的微声

Small Voice of History

人民文学出版社

图书在版编目（CIP）数据

历史的微声/王笛著.—北京：人民文学出版社，2022（2024.5重印）
ISBN 978-7-02-017465-2

Ⅰ.①历… Ⅱ.①王… Ⅲ.①书评—中国—现代—选集 Ⅳ.①G236

中国版本图书馆CIP数据核字（2022）第159552号

责任编辑　李　磊
装帧设计　刘　静
责任印制　张　娜

出版发行　人民文学出版社
社　　址　北京市朝内大街166号
邮政编码　100705

印　　刷　北京盛通印刷股份有限公司
经　　销　全国新华书店等

字　　数　251千字
开　　本　880毫米×1230毫米　1/32
印　　张　13.25　插页1
印　　数　25001—28000
版　　次　2022年10月北京第1版
印　　次　2024年5月第6次印刷

书　　号　978-7-02-017465-2
定　　价　79.00元

如有印装质量问题，请与本社图书销售中心调换。电话：010-65233595

目 录

自　序 ___ 1

I. 读书就是自我塑造 ___ 1

一、我要读书 ___ 6
我曾被高中拒之门外 ___ 7
高考改变命运 ___ 10

二、大学时代的读书和思考 ___ 13
我的第一篇论文 ___ 14
大学里的读书生活 ___ 16
研究生阶段的彷徨 ___ 21
开始阅读英文原著 ___ 23

三、学术上的脱胎换骨 ___ 28
读书无止境 ___ 28
西方的学术训练 ___ 31
进入微观世界 ___ 37

四、学术阅读与日常阅读 ____ 41

为写作而读书 ____ 42

读有批判精神的书 ____ 47

非虚构和回忆录是我的阅读重点 ____ 50

对社会现实的写作 ____ 53

享受文学的世界 ____ 56

没有时间读书怎么办 ____ 59

II. 进化、故事和认识自我 ____ 65

一、能讲故事和讲好故事关乎我们的生存 ____ 68

我们来自哪里 ____ 68

讲故事的能力关乎生存 ____ 69

故事拯救了人类 ____ 71

讲故事就是文化的积累 ____ 72

抹去故事的危险 ____ 74

二、只有合作才能自我超越 ____ 77

合作才能实现个人和集体的双赢 ____ 78

人类发展到今天是合作的结果 ____ 81

外部联系紧密才能促进内部的团结 ____ 83

模仿比创新更重要 ____ 84

人类的平均智力在下降　　86

　　文明是否会倒退　　87

三、"认识自我"是至高无上的思考命题　　90

　　一个文艺复兴式的学者　　92

　　通俗作品也可以是深刻的　　93

　　人与自然的故事　　94

　　人类会不会再度受到挫折　　97

III. 历史的微声　　101

一、"黑暗的中世纪"的叛逆思想　　104

　　微观历史的思想根源　　108

　　发现庶民的声音　　110

　　审判的细节　　113

　　罪名是荒唐的，审判是郑重的　　115

　　尘埃落定　　117

　　微观历史的生命力　　119

二、非虚构写作需要批判的眼光　　122

　　非虚构写作应该有社会担当　　122

　　我们能从历史中吸取教训吗　　126

　　非虚构写作要有人文和社会的关怀　　129

　　史家如何讲述自己的故事 ——— 131

二、都市故事与都市历史——关于真实性的讨论 ——— 134

　　怎样认识历史的真实性 ——— 134

　　文学有历史真实性吗 ——— 140

　　都市文学与都市历史 ——— 144

IV. 世界历史中的中国 ——— 151

一、把中国放到世界历史中 ——— 155

　　从中国看世界与从世界看中国 ——— 156

　　新文化史"新"在哪里 ——— 159

　　新文化史与中国研究 ——— 168

　　写下层民众的方法论问题 ——— 174

　　史学观与史料的运用 ——— 181

二、美国史角度的中美关系 ——— 187

　　认识中美关系的理论取向 ——— 187

　　早期中美的接触与理解 ——— 192

　　门户开放还是关闭 ——— 195

　　传教士的角色 ——— 202

　　中美关系的度量 ——— 208

三、从日本史观察近代中国 ——— 213

内部因素的决定性的作用 ____ 214

前现代的日本与中国 ____ 216

谁是"封建社会" ____ 223

中日的文化和意识传统 ____ 229

西方概念能解释中国吗 ____ 234

东渡日本的中国学生 ____ 240

V. 历史的中时段 ____ 245

一、中国是"停滞"的吗 ____ 249

从社会史到思想史 ____ 249

18 世纪中国的悖论 ____ 253

"心性史"和"意识史" ____ 256

二、中国革命的历史土壤 ____ 258

暴力问题的研究 ____ 260

特殊的暴力文化模式 ____ 262

社会环境与暴力行为 ____ 265

叙事史的范例 ____ 268

三、集权是清王朝覆没的根本原因 ____ 271

在这种体制之下,没有自救的机制 ____ 272

清王朝为什么没有在最弱的时候倒台 ____ 274

过度集权实际上削弱了执政能力 ____ 275

　　不要对全能政府抱有幻想 ____ 278

　　专制王权的致命伤 ____ 280

　　是帝王史观，还是民众史观 ____ 283

VI. 20年不能磨一剑 ____ 287

一、族群矛盾与革命的爆发 ____ 292

　　为什么要研究族群 ____ 292

　　革命中的族群 ____ 294

　　汉化与"满化" ____ 296

二、内陆商人的大事业 ____ 301

　　商业的社会史 ____ 303

　　内部机制和外部条件 ____ 305

　　经营模式和商业习惯 ____ 307

　　自贡盐业的经营环境 ____ 308

　　家族企业是"封建"的吗 ____ 310

　　比较研究的视野 ____ 311

VII. 历史的断想 ____ 315

一、地方治理面临的挑战 ____ 319

传统社会怎样应对瘟疫 ———— 319

　　地方自治是社会稳定的基石 ———— 324

　　村落虽然有冲突，但合作是主流 ———— 328

二、考察边缘人群 ———— 332

　　乞丐文化能够告诉我们什么 ———— 332

　　秘密会社与革命 ———— 338

　　犯罪、惩罚与监狱 ———— 342

三、乌托邦、夜生活和城市记忆 ———— 348

　　劫难后的重建 ———— 348

　　塑造模范首都 ———— 352

　　圆明园的诉说 ———— 354

　　魔都夜生活 ———— 357

　　一个女人的世界 ———— 360

四、研究日常也可以回答大问题 ———— 365

　　从日常发现深层文化 ———— 366

　　跨国和跨文化 ———— 367

代结语：不可能预测历史的未来进程 ———— 371

　　为什么历史没有规律 ———— 374

　　历史事件没有确定性 ———— 377

历史可以重复吗 ___ 379

有所谓的总体史吗 ___ 381

不要幻想创造历史 ___ 384

征引文献 ___ 387

一、中文 ___ 387

二、英文 ___ 394

三、日文 ___ 403

后　记 ___ 404

自　序

这是一本关于书的书，其实也就是我自己的阅读史。这本书包括了我写的书评和综述，最早的书评可以追溯到1985年，最近的一篇是2022年，时间跨度达37年。从一定程度上来讲，这本书是在阅读上所呈现的我的学术道路和思考的轨迹。

"历史的微声"是受到美国印裔历史学家瑞那吉特·古哈（Ranajit Guha）"small voice of history"的启发，也是本书第三部分的题名。过去的历史写作，几乎都集中在帝王将相、英雄人物、知识精英等等，我们只见到他们在历史舞台上纵横驰骋，而真正推动历史发展的广大民众却消失了。那么去找到历史的微声，就变得十分重要。

研究民众最大的困难是怎样去发现他们的声音，因为在历史上，大多数民众的声音不是消失了，就是被遗忘了。历史学家要为民众写史，就必须听到他们的真实声音。也就是说，虽然正史中没有他们的记载，但是他们仍然在历史上留下了微弱的声音，经常是若隐若现、似有似无，这就有待于历史学家从各种文献中，甚至文学中，以各种方法，通过不懈的努力，去还原历史，去寻找民众在历史上的踪迹。

这里"历史的微声"还有另外一个意思：在这本书里，我阐发了对历史的思考，总结了对阅读史学著作以及其他各个领域——如文学、政治学、社会学、人类学、哲学等等——书籍的心得。这本书从一定程度上来讲，也可以说是我想表达的一种"历史的微声"。

或许"历史的微声"还可以这样理解：在这个世界上，每一个记录历史、写历史或者对历史进行表达、进行思考的声音都是微弱的，但是如果它能发出自己独立的声音，批判的声音，汇集在一起，就是一个群体、族群、民族和国家以及这个时代的宏大声音。所以，不能当沉默的大多数，必须要发出自己的声音，哪怕知道自己的声音是微弱的。

在这本书中，除了"微声"，还有一个关键词就是"故事"。"故事"从中文的字面意思来说，就是"过去的事情"，或者"过去发生过的事情"。在相当的意义上，就是"历史"。从英语"history"这个词的构成，我们也可以看到 story 是主体，这是否在告诉我们"历史"和"故事"的逻辑联系和深层含义呢？

对于"历史"这个词，我认为也有两种含义，就是说有两种历史。第一种历史，就是过去的一切事情，过去了就过去了，永远不复返，永远不能完整地再现。而第二种历史，其实就是"讲故事"，就是讲人类的过去，讲人类与这个世界的关系。我们每一个人,每一个家庭,每一个地区,每一个民族,每一个国家,都应该知道自己的过去,知道从哪里来,才会明白要到哪里去。

我认为,所谓讲好自己的故事,并不是说仅在别人面前展示自己优秀的方面,辉煌的过去,或者标榜自己的成功。每一个人,一个家庭,一个地区,一个民族,一个国家,都有成功和经验,但是也同时有挫折和教训。因此,讲好故事,应该是两方面的,讲成功的故事,可以激励后人;讲失败的故事,说明自己有反思,还可以给后人留下教训去吸取。

因此,我们说讲故事,也可以就是写历史,就是要讲出真实、令人信服、富于思考、勇敢自省的故事,写出不扭曲、不浮躁、不虚夸、不粉饰的历史来。

阅读,就是学习别人怎样讲故事,或者观察别人的故事是否讲得高明。我的观察方法是:读了一本书,是否让我学到新东西,是否眼睛一亮,是否有启发,是否增加我的知识,以及作者是否有独立思考,是否有批判精神。

* * *

经常有学生或者读者问我,什么是最好的治学方法?我总是说,虽然学者的治学方法各有不同,但是我个人强调三点:阅读,阅读,还是阅读。没有对前人研究的深入了解,是不会有好的学术研究的。

本书这些文章，也算是我追寻讲故事的方法，以批判的精神，主要针对西方的中国故事讲述，提出的一些思考吧。我认为，任何好的故事和历史研究，必须是有思想、有方法、有观点、有资料、有分析、有讨论。而对现有的学术研究的阅读和思考，便是历史认识能够深入的基础，是提高思辨和批判能力的必要条件。

我曾经明确表示过，不赞同有的导师培养研究生的方法，要学生入学之后，先读一年史料再找导师谈以后的研究方向。我个人认为，这是本末倒置了。在民国时期，的确有大师把这个方法作为培养年轻学者的入门途径，但这是根据当时学术研究的情况而制定的。首先，当时用现代历史研究方法的成果很少，可以借鉴的东西不多；其次，因为民国时期学者对资料的掌握十分有限，甚至可以说，在数字化之前，历史学家都面临这样的问题。以至于我1980年代初在四川大学上本科时，便有老师认为，研究一个历史课题，如果资料收集齐了，就完成了课题的70%了。

但是，随着资料的找寻越来越方便，特别是数字化以后，对于许多课题来说，资料的收集比过去要容易得多，可以说是革命性的改变。毫不夸张地说，过去可能要花一年才能收集到的资料，现在可能不需要花一天。过去，如果你掌握了别人所没有的资料，你就可能成为这个课题的权威。但是现在以资料取胜的现象，变得越来越少。

随着资料收集的便捷，学术研究的差异，就主要体现在对资料的解读深度，观点的新颖，论证的严密，表述的清楚，写作的技巧等等方面,以及了解课题的相关研究成果,思考怎样与有关学术研究进行对话,还有史学观和史学方法论,也变得十分重要。因此,在研究生的培养问题上,我自来主张先认真阅读学术界的研究成果,先在理论、方法、写作、分析、思考等方面进行培养。这样学生在收集资料的时候就有比较明确的方向,对所需要研究的课题以及路径和方法都心中有数,减少了走弯路。如果让他们没有经过严格的学术训练,就一头扎在资料中,很容易就迷失方向,浪费大量的时间。

* * *

应该说明的是,本书所收入的书评,主要是评论英文世界的研究成果。并不是我认为中国学者的研究不重要,而是学术环境的因素使然。首先是中国学术杂志没有像西方学术杂志那样的固定发书评的做法,所以其实对中国的学术书进行评论的机会很少;二是在2015年到澳门大学之前,自己主要在英文世界发表成果,所以首先是关注英文的学术著作。在本书收入的书评中,也有若干是评论日文的学术书。这是因为我在自己的研究中,也要使用不少的日文文献。当读到一些非常好的日文著作的时候,感到有必要让英文世界的学者了解这些日文成果。不过,在2015年我到澳门大学以后,我关于中文的书推荐和评论相对多一些了。

其实,有时候接到学术杂志关于书评的请求时(在西方,学术杂志一般不接受书评的投稿，而是直接邀请有关专家撰写书评），还是很矛盾的，因为工作和写作的安排已经很满了，而写一篇书评，其实是非常花时间的。首先得抽时间读书，而且书评在大学评价体系中，是基本上是可以忽略不计的，加之这个写作，也是在自己的研究计划之外的。如果要答应杂志的约稿，就必须放下正在进行的写作。

但是在一些情况下，我仍然会同意杂志的邀请，这是出于如下的考虑。首先，是因为对这本书的研究课题感兴趣，可以利用写书评的机会，进一步了解这个课题，也就是带着兴趣来阅读的；第二，由于教学、行政事务、研究和写作，专门用来读新出版的学术著作的时间很少，但是由于要写书评，这样可以逼迫自己读书；第三，撰写书评也是和学术界保持密切联系、进行学术对话的一个有效途径；第四，我把写作书评，也看作是专业服务的一个部分，让更多的读者通过我写的书评，了解学术界的最新成果；第五，总是寻找一切机会，了解最新的研究成果，别人的研究在不同的程度上对自己的研究有所启发，我总是对新书怀有很大的好奇心。

* * *

本书分为七个部分，第一部分"读书就是自我塑造"是我的读书史，将从青少年时代一直到现在的读书经历，进行了一个大致的梳理，介绍作为一个历史研究者，读书与我的思想、学术观点的形成有怎样的关系。并和读者交流我怎样读书，读了一些什么书，读书的历程和方法，对一些书的思考和简要评述。

第二部分"进化、故事和认识自我"探讨人类文明的发展以及自然和社会的关系，主要包括给《人类进化史》和《人之上升》两本书所写的书评和翻译的后记。

第三部分"历史的微声"主要讨论历史与故事的关系，包括对《奶酪与蛆虫》的书评，讨论欧洲中世纪的社会、非虚构历史写作，以及文学与历史的关系，等等。另外，我曾经连续两年担任《深港书评》十大非虚构好书的导师，对获奖书目都有一个综合评论，也一并收录在这个部分里。

第四部分"世界历史中的中国"提出要把中国放到世界历史中去考察，评述西方关于中国的研究。其中第一篇是我 2020 年受《历史研究》杂志之邀，所写的一篇新文化史对中国研究的影响。我在美国攻读博士学位的时候，写过四篇英文的学术综述，分别包括中国城市、大众文化和中美关系，我把这些论文翻译成中文，其中有三篇发表在《历史研究》上，本书收入了中美关系一篇。关于城市和大众文化的两篇，因为已经收进了《走进中国城市内部》一书，为避免重复，本书没有将它们编入。有一篇删节版发在《光明日报》上，这里收进了全文（即本部分的第三篇）。

第五部分"历史的中时段"观察历史的视野的宏大和日常问题，收入了阅读西方名著对我历史思考的启发，包括对罗威廉

（William T. Rowe）的《救世》和《红雨》两本书的书评，以及一篇阅读托克维尔的《旧制度与大革命》等名著来探讨清王朝覆没的原因。

第六部分"20年不能磨一剑"主要评论了我认识的两位美国历史学前辈，他们花了20年以上完成的两部获奖著作，即路康乐（Edward Rhoads）的《满与汉》和曾小萍（Madeleine Zelin）的《自贡商人》。

第七部分"历史的断想"汇集了我从1990年代中期到最近所写的英文书评。这些书评主要发表在《美国历史评论》（*American Historical Review*）、《亚洲研究季刊》（*Journal of Asian Studies*）、《中国历史学前沿》（*Frontiers of History in China*）、《中国历史评论》（*Chinese Historical Review*）等学术杂志上。

上述这些文章收入本书时，标题普遍进行了调整，以统一体例和突出观点，但是每篇文章的结尾，都注明了第一次发表的有关信息。而第一部分"读书就是自我塑造"和最后一部分"代结语：不可能预测历史的未来进程"，都是专门为本书所撰写的，从来没有公开发表过。

I. 读书就是自我塑造

如果一个人的思想被禁锢了,那么他一定会失去创造力。所以,自由之思想、独立之精神,就是一个学者的生命。如果他放弃了批判,那么他的学术生命也就结束了。

如果要问是什么塑造了今天作为学者的我，回答十分简单，那就是读书。读书增加了我的知识，促进了我的思考，塑造了我的人格，决定了我的思想；读书让我有独立的思想，让我有人文的关怀，让我有事业的追求。

把一个人一生都读过的书进行一番总结，几乎是不可能的事情。但是，作为自己关于读书的第一本集子，我觉得还是有必要交代一下本人的读书史。说实话，对于读书来说，我一直保持着比较年轻的心态。因此，现在写一个总结，未免太早。不过，在我这个年龄，一个在大学和学界几乎待了一辈子的人，对自己读书的经历做一个阶段性的总结，也是有益无害的事情。

每个人都有自己一生花时间最多的事。那么，回顾自己花时间最多的事情，都和书有关，可以简单总结为"三书"，即读书、写书和教书。"教书"这个词非常有意思，英文中的对应词是teaching，便是讲授知识的意思，但是在中文中，就成了"讲授书本"。可见，从我们的老祖宗开始，便认为书就是知识。

在今天，知识的含义已经远远超过了书本，但是书依然是我们最基本的知识来源。虽然我们现在是人手一部手机，便似乎建筑了通往知识和世界的桥梁，但是，我们每一个人，从幼童开始，便开始了与书本打交道的历史。无论你是喜欢还是不喜欢，课本至少从儿童、少年、青年，伴随着每一个人，无非是对有的人更密切一些，有的人更疏远一些而已。

因此，当我坐下来，开始回顾自己的读书史，发现书造就我的思想、人格和人生，但真的要进行总结，可以说是千头万绪。我是属于记忆力非常一般的人，时间过去了，人生也就过去了，能留下来的记忆，可以说是凤毛麟角。这里我所能做的，无非是在自己读书生涯中还有记忆的东西写下来。比较远的，由于记忆模糊，就自然写得比较粗一些；而最近一些年的读书，由于时间比较近，记录保存得也比较完整，所以记录自然也就详细一些。那些过去30多年所写下的书评，就成为我阅读最完整的文字记录。

另外，有的书只罗列了书名，有的书是一笔带过，而有的书会多说几句，这种"亲疏有别"，和书的好坏，或者我对这些书的感受，以及这些书本身的重要性，通常并没有直接的关系。有的评论得详细一点，经常不过是因为有时候刚好是准备讲座、写作、备课、推荐书，或者某本书刚好与我某个研究、某篇文章有关等等因素，留下来的记录稍微多一些，也就顺便整理进入了这本读书史里面。

一本书是否受到读者的关注，或者是否对读者产生影响，或者是否能得到读者的认可，是仁者见仁、智者见智的。甚至可以这样说，一本书，在不同的时间，不同的环境，同一个人的感受都可能是不一样的。一个人在青少年时代非常喜欢的书，到了中年可能会认为当时自己是多么幼稚可笑；一个人在中学时代完全不喜欢，甚至不能理解的书，到了大学时代，可能会爱不释手，脑洞大开；而有的书，从小到老，一直都那么钟爱，虽然这种书，是非常少的。

下面我的读书简史，记录了我读书的轨迹，我的感受，我的一孔之见。谈不上经验，更没有真知灼见，只是客观地记录了我自己的读书轨迹。

一、我要读书

小时候读书是从连环画开始的。当时成都街头有很多连环画铺，画铺的墙上贴满编好号的各种连环画封面，你说出选中的号码，店主就租给你相应的连环画。租金是1分钱一本，几分钱就可以美美地度过一晚上。在"文化大革命"之前，这几乎是我和小伙伴们唯一的文艺生活。

记得这些连环画大概有三种类型：一是四大名著，不记得是否读过《红楼梦》了，但是《西游记》《三国演义》《水浒传》是百读不厌的；二是历史故事，我印象最深的是岳飞的故事；三是革命故事，如《铁道游击队》《敌后武工队》等。另外，父亲给我讲解唐诗宋词，记得有《琵琶行》《长恨歌》等，但我印象最深的是陶渊明的《桃花源记》，当时便非常憧憬那种远离尘嚣的世外桃源生活。

不过我倒是记得读的第一本字书，是父亲从单位上借的《我要读书》，为高玉宝的不幸遭遇而悲伤，觉得生在社会主义真是幸福啊，一定要好好读书学习。连环画使我得到了早期的历史和传统教育，为岳飞那种精忠报国的精神所感动，还有就是对革命者的崇拜。

我曾被高中拒之门外

我的童年时代是住在四川省文联的大院里，听我父母亲讲，我和哥哥喜欢到流沙河那里去听他讲故事，由于那个时候我年纪还小，具体讲的啥，我已经没有记忆了。也就是这段经历，老先生经常对我父亲说："王老二是我看着长大的"。

关于流沙河先生的事情，其实多是后来听我父亲讲的。说是流沙河被打成右派以后，先是发配到山中炼铁，又改为种地，后来待遇好点，被打发到省文联图书馆当管理员，那是三年困难时期后到"文革"爆发前的一段时间。

在"文革"初期，全国学校都"停课闹革命"了，百无聊赖，只有靠读书打发时间。那是"读书无用论"甚嚣尘上的时代，但是奇怪的是，没有人要求读书，也不主张读书的年代，反而是一些年轻人读书最自觉的年代。这也可能就是我们经常说的，一个东西只有失去了，才感觉到它的珍贵；当学校关门，上不成学了，可能才感觉到学习的美好。

流沙河先生所管理的那些图书在"文革"中被打捆，放在大院里的几间大空房里。当时既然不上学，有大把时间，父母也到所谓"五七干校"去了，只好靠读书打发时间。没有书读，我和一些小伙伴就从窗子翻进去偷书看。

有一天晚上,和小伙伴打着手电筒在漆黑的书库里面正津津有味地翻书,突然门开了,被管理员抓了一个正着,我们都写了一份检讨书才算脱身。管理员还比较人性化,也没有告诉家长,但是以后再也不敢翻窗进去偷书了。在"文革"之后,有一天那个管理员突然叫住我,居然把那份检讨书还给了我,那个时候好像我已经读大学了,可惜那封检讨书没有留存下来,要不也是我艰难的读书道路上的一个见证呢。

后来便是"复课闹革命",小学只读了三年,便直接进入了中学。中学是我从懵懂到真正成熟的时代。在初中阶段,教学秩序逐步恢复正常,我们都被告知,要升高中的话要根据成绩来决定。我的学习成绩是在班里的前几名,当时认为读高中应该是顺理成章的。记得在1972年的那个夏天,我每天都在家里焦急地等着入学通知,但是通知始终没有到达。我那个时候非常腼腆,还是我父亲去学校了解,才知道我已经被高中拒之门外。这可能是我人生所受到的第一次打击,整天就躲在家里,情绪低落,甚至不愿意出门,觉得简直没有颜面见人。

我父亲是一个不轻易放弃的人,便每天到学校去打听到底是什么原因,而我每天都在家里等着,盼着有好消息。后来学校的工作人员被我父亲的执着所打动,悄悄地告诉他,没有录取的原因是我父亲的档案里"有问题",在那个荒唐的时代,读中学也要父母单位的政审。

弄清楚了原因，我父亲马上回单位，直接找到管理档案的人，要求说清楚档案里有什么问题。反正后来才弄清楚，是被人塞了"黑材料"，所以政审没有合格。后来单位出了证明，说父亲政治上没有任何问题。

后来知道，其实政审的问题已经是第二次给我颜色看了。刚进初中的时候，我参加了成都市美术社的培训招生，但是没有被录取。当时我满怀希望，专职学画而成为职业的画家是我从幼儿时代就有的梦想。在许多年以后，那个时候我已经在四川大学历史系担任副教授，我母亲碰到曾经参与过那次美术社录取工作的熟人，她告诉我母亲，其实当时我的考试成绩完全达到了录取的标准，也是因为政审被刷下来了。我母亲还揶揄地告诉她，感谢你们所做的这个决定。

为了我上高中的事情，我父亲为此奔波几个月，最关键的是要我父亲的单位出示父亲"没有任何政治问题"的证明，才最后解决了我读高中的问题。我进高中的时候，同学们已经上课几个月了。现在想起我读书的道路的这个坎坷，唏嘘不已，这也是我一辈子最感恩我父亲的事情。没有他的努力，我今后的道路可能会完全改变。因为我能很清晰地记得，高中时代是我走向成熟的一个决定性的阶段。

在高中期间，我有四个要好的同学，互相交流所读的书就成了平时我们在一起玩耍最好的消遣。原版四大名著就是那个时代读的。许多苏俄文学，也是那个阶段的最爱，如普希金的小说和诗，还有莱蒙托夫、托尔斯泰等等，都是我们互相交换阅读的书。那个时候对诗也很感兴趣，背了很多唐诗宋词。我现在能背诵的唐诗宋词，几乎都是中学时代背的。大学阶段背过超过几倍数量的诗词，但是后来大多都忘了，充分说明还是少年时代所学记得最牢。

那个时候我虽然喜欢读书，但是把绝大部分的精力都放在了学习绘画上，当时一心想成为一个艺术家，但是那个艺术家的梦最终没有成真。反而是忙里偷闲地读了许多的闲书，可能铸造了我以后从事学术写作的思想和能力。1972年高中毕业以后，我依然怀着当艺术家的梦，在乡下的时候，根本没有书读，便把大部分时间都用在绘画上。农村条件很差，但是每天晚上几乎都要在煤油灯下画几个小时。记得唯一读过的书，就是住一起的知青手抄的《第二次握手》。

高考改变命运

后来招工回到城里，进入成都铁路局的基建分局，在砖瓦厂做砖，住在容纳二三十人的大工棚里，没有自己的私人空间。当工人们都睡了，我还在灯下读书，一般都要读到十一二点才上床睡觉。但是工友们非常理解，在大工棚一起住好几个月，没有一个工友说我亮灯到那么晚，影响了他们睡觉。工棚没有桌子，他们还用废木料帮我做了一个桌子，虽然非常粗糙，但是在上边读书画画，则完全足够了。很可能就是那段时间的经历，对我后来的民众史观和下层视角，有着潜移默化的影响。

当时读书没有目的和方向，反正就是简单地认为，年轻时代，总应该读一些书的。那个时候，开始读马列和鲁迅的著作，因为那些书是最容易找到的。记得有一次半夜还在读书的时候，厂长来到工棚视察，看见我正在读《反杜林论》，表扬了一番。其实，当时到底读懂了多少，对我的知识结构和认知是否有影响，现在也不得而知。不过，开卷有益一直是我信奉的准则，从我少年时代直至今天，只要不是在做其他事情，手上总是有一本书。"文革"中，买东西经常是要排长队，如果被父母派去排队，总是要带本书去的。用"手不释卷"来形容我与书的关系，应该还是贴切的。

1975年，无非就是因为毛泽东对《水浒传》做了几句评语："《水浒》这部书，好就好在投降。做反面教材，使人民都知道投降派。《水浒》只反贪官，不反皇帝。"于是，全国上下掀起了评《水浒》的高潮。《水浒》当时我已经读得滚瓜烂熟，加上在砖瓦厂里也算是一个小知识分子，厂里就要我来讲《水浒》。没有想到，中学时代的阅读竟然在这里派上了用场。我过去不善于在大庭广众面前表达，但是参加评《水浒》的活动，从一定程度上来说，锻炼了我在大场合讲话的能力，对我以后以教师为职业也应该有直接的影响。

1977年，传来了恢复高考的喜讯，我便开始了认真地准备高考。但是，在快要考试之前，我听从了父母的劝告，决定放弃已经准备许久的高考。按照我父母的说法，自学也是可以成才的。做出那个决定，我的心情是很沉重的。我记得我在做出这个重大决定后做的第一件事情，就是去成都市图书馆借书。那时候我母亲的一个朋友在那里工作，这是一个可以自学的便宜条件。我现在还记忆犹新，那次所借的书，全部和人类起源有关。当时为什么要把那些书作为"自学成才"的开端，已经完全记不得了，只能说明我在那个时候，就对人类从哪里来这个问题满怀兴趣。至于为什么我父母说服我放弃那次高考以及为什么我改变主意在1978年参加了高考，那需要另写一篇文章来交代，这里就不啰唆了。

二、大学时代的读书和思考

我是 1978 年进入四川大学历史系的,原是想读中文系,因为历史科几乎考了个满分,为了确保被录取,便第一志愿报了历史专业。在入学之初,我的兴趣在世界史,从人类的起源,到哥伦布发现新大陆,以及第二次世界大战风云,都充满着好奇,还担任世界史的课代表。在一年级时,我曾经致函《世界历史》编辑部,就著名学者严中平先生关于哥伦布发现新大陆的一篇文章中的观点提出商榷,编辑部将信转给严先生,严先生还给我回信表示欢迎写学术文章商榷。

但是在二年级下半年,隗瀛涛先生给我们上中国近代史,他思想敏锐,口若悬河,把历史讲得既生动,又深刻,使我兴趣为之一变,发现中国近代史中竟然蕴藏着如此回肠荡气、波澜壮阔、令人深省的历史。决定改攻中国近代史,一个好老师便这样不知不觉地改变了一个学生的人生选择。

我的第一篇论文

从来没有写过学术论文，真不知道从何入手。一旦进入到中国近代史的领域，一些基本的书便要仔细研读。比如胡绳先生新出版的《从鸦片战争到五四运动》上下册，便是经常摆在手边的。还有就是胡先生的早期著作《帝国主义与中国政治》。由于我进入史学研究的第一个课题，就是辛亥革命，所以那个时候读得最多的书就是关于辛亥革命的书籍和论文，章开沅先生主编的《辛亥革命史》三卷本，金冲及、胡绳武合著的《辛亥革命史稿》（也是三卷本，记得当时只出版了第一卷），读得最仔细。还有我的硕士导师隗瀛涛先生写的《四川保路运动史》，也是反复研读的书。

那时正是辛亥革命70周年纪念，我便决定写一篇论文，对孙中山的外交思想和对外态度进行认真的梳理。那实际上成了我学术生涯的第一篇论文。在《帝国主义与中国政治》中，胡绳认为当时孙中山向西方表示承认不平等条约是只反清不反帝，但是我在读了孙中山在辛亥革命前后的对外问题的一系列阐述后，发现不是孙中山不反对帝国主义，而是出于策略的考虑。因为他认为反帝反封建同时进行，犹如两个拳头同时出击，是不可能完成推翻清政府的历史使命的。当时"文革"结束不久，关于孙中山的全面研究和资料整理还处于早期阶段，史料非常零散，寻找起来有相当的困难。我查阅了原四川大学校长黄季陆编的《总理全集》以及刚出版不久的《孙中山全集》第1卷的有关篇章以及其他各种文献。第一次收集原始资料,对资料来源不熟悉,在那段时间里,除了上课,就基本上泡在图书馆,当时能找到的资料都找来读了,做了大量资料卡片。

第一篇论文的写作非常艰难,但发表则很顺利。我先将论文的一部分修改成一篇独立的文章,投到上海的《社会科学》杂志,不久便收到该刊编辑部的来信,告诉已决定发表。在评审意见上,除了指出本文优点和修改意见以外,还有该刊主编的一段批语,我至今还记得是这样说的:"论文观点新颖,论述周全,甚感后生可畏"。当时能得到这样的评价,对我真是莫大的鼓舞。这篇论文以《论辛亥革命反帝斗争的特点》为题,发表在该刊1981年第4期上,而且是那组纪念辛亥革命文章的首篇,并受到学术界的关注,如《新华文摘》刊登了论点摘要。这对一个还在读本科三年级的学生来说,具有特别重要的意义。

第一篇论文发表以后,我对这一课题的研究并未就此结束,后来将论文的最成熟的稿子寄给了《历史研究》,也得到该刊编辑们的青睐,又经过与责任编辑阮芳纪(后来他担任过《历史研究》的副主编)长达几年的通信,根据他的意见反复修改,终于以《论辛亥革命时期孙中山的对外态度》为题,在1986年的《历史研究》第2期发表。

大学里的读书生活

当时改革开放刚起步，文史专业是大热门，同学中人才济济，许多在"文革"大混乱中，"躲进小楼成一统"，饱读诗书。我踏进校门后，真有"谈笑有鸿儒，往来无白丁"的感慨。那时是八个人一个寝室，睡上下铺，虽然条件不怎么样，每天课余谈书论道，有了好书好文章，大家互相传阅，不时还买点廉价的"跟斗酒"小酌助兴，晚上饿了用煤油炉煮面甚至煮白菜，11点全楼关电闸以后，就打手电在被窝里读书。就这样，度过了四年难忘的时光。

除了专业书，大学期间也读了许多文学作品，特别是古典文学，背诵了许多唐宋诗词和《古文观止》里面的名篇。

记不得具体是哪一年了，当时金庸的书还未在大陆出版，他的《射雕英雄传》在某杂志连载，该杂志只有学生俱乐部有，每天借的人众多，如果不是开门前去排队，休想借到。所幸的是，一个同学在俱乐部服务，便"滥用职权"，晚上俱乐部关门时，把杂志带回来。一次带一本，寝室同学便开始流水作业，大家预先商量好阅读顺序，一个传一个。11点全楼寝室断电后，就到路灯下读。读完了，回来把下一个同学摇醒，就像接力一样，这样传下去读，到早晨便差不多转了一圈。

我还依稀记得，站在昏暗的路灯下，周围漆黑，当读到梅超风在荒山上，在凄冷的月光下，用骷髅头骨练"九阴白骨爪"，一掌下去，便是五个黑洞洞，看得毛骨悚然，出一身冷汗。就这样，记不得熬了多少个夜晚，陆续看完了这部引人入胜的小说。说实话，虽然之前中外小说看了不少，但金庸的武侠故事给人耳目一新的感觉。不过，大学阶段一过，中国改革开放和思想解放开始进入黄金时期，我便告别了小说，开始沉湎在那些令人目不暇接的人文社科译著之中，再无机会重新光顾金庸。直到2010年代，因为我研究的重点转到了秘密社会，我才读了《鹿鼎记》，因为里面有不少内容讲到天地会，但那已经主要不是为了消遣，而是带有研究的目的了。

大仲马的《基督山伯爵》也是在我上大学期间进入校园的。以前曾听别人讲过这部小说，主人公（即后来的基督山伯爵）从伊夫岛的死牢里挖隧道，最后装死脱逃的故事，扣人心弦，所以对这本书特别期待。那时川大图书馆的阅览室购了若干套，每天清晨图书馆开门前，不少学生便在门前排队，以抢先借到。那段时间里，只要不上课，我便赶早到图书馆排队。那时图书馆中午要还书关门，午饭后经常顾不得午睡，便去排队。有时是乘兴而去，但落在别人的后面，书借完了，只好失望而归。

现在的大学生可能很难理解那时好书难找的窘境了。上世纪80年代前后，中国还是计划经济，供需脱节，好书市场上难求，经常需要通过内部关系才能买到。这本书可能以后还出过若干不同版本，我记得当时读的是蒋学模先生的译本。我读过许多翻译书，译者多不记得，但蒋学模则印象深刻，因为他是著名经济学家，当时我们的政治经济学课用的教材，便是他写的。一个经济学家翻译小说，在中国文坛并不多见，自然刮目相看。我仍还隐约记得他在译后记中所讲的该书翻译经过，说在1930年代他看了美国电影《基督山恩仇记》后，引发了对这本书的浓厚兴趣，便想法从某图书馆找到原版小说，然后开始翻译，抗战后在上海出版。1949年后，人民文学出版社早就排版准备重印该书，但因种种原因，排好的版直到改革开放后才得以付印。

大学期间，也是第一次有机会读禁书《金瓶梅》，本书从帝国时代以来被历届政府都划定为"淫荡小说"，可惜一直无缘一睹"庐山真面目"，只有神往而已。一次听中文系的朋友说，图书馆特藏部有《金瓶梅词话》的线装本，"供研究使用"，学生如果以研究为目的，也可以借阅。不过，怕引起图书馆注意，知道这个秘密的只限于很小的圈子。当时77、78级学生在学校的地位很高，图书馆的老师们对我们的态度非常好，服务也很周到，因此我去那里以"研究"的名义读禁书，也并没有遇到任何麻烦。第一次接触那么露骨的性描写，可以说是看得"血脉偾张"。当时具体读的是什么版本已记不得了，但对其故事和细节印象甚深。

看了这书才发现，其实这本书并不是一本专写"性"的小说，而是城市社会的风俗画，十分欣赏其对市井生活的描写。这也可能于我以后对城市大众文化史的兴趣，有着潜移默化的影响吧。记得大学毕业后不过两三年，人民文学出版社便出版了《金瓶梅》的"洁本"，但控制发行。好容易弄了一套，只是文中经常出现

"以下删去……字"的说明，读起来真是煞风景，因此也不再重读，反是经常被朋友同事借去一饱眼福，也算是物尽其用吧。不想对《金瓶梅》的那点知识和体会，到美国后还派上了用场。我讲中国古代史时，涉及宋明城市生活，本书是必须提到的，颇能使那些昏昏欲睡的学生们振奋起来。当然关于性的细节描写，就不在我讲授的范围之内了。

在川大读本科和研究生的时候，经常爱去的一个地方，就是四川大学图书馆后面的那一片两层的老藏书楼，那里是线装书的书库。那里没有单独的阅览室，只有一个图书管理员卿三祥老师（感谢我的大学同学们帮我回忆起他的名字），是一个四五十岁的中年男子，他对古籍很熟悉，经常看见他坐在书桌面前读这些线装书。他允许学生进入书库翻书。那个时候任何地方的图书馆都是必须先填书单，然后才是由图书管理人员把书借出来。去那里的学生也并不多，可以说是一个难得的静心翻书的好去处。

那个地方条件非常简陋，线装书上都蒙上了一层灰。不过，那里放的线装书都不是什么珍本，大多是晚清民国时期的刻印本。而真正的善本都非常完好地藏在图书馆的大楼里边专门的特藏室里面，借阅都必须经过烦琐的手续。

记得我经常在这里翻的书之一的是《艺文类聚》。这个《艺文类聚》就有点像现在我们在资料库里用关键词搜索，该书把各种不同的书里边出现的知识点或者关键词收录在一起。这应该是中国现存最早的类书之一，有上百卷，全书百余万言，征引古籍上千种，分类编目，非常容易检索。而且资料来源，皆注明了出处；所引的诗文，都有时代。其实《艺文类聚》中引用的古籍，有的书已经失传，因此保存了非常珍贵的唐代以前的诗词歌赋。可以想象，过去人们想得到某一个类别的知识，如果要翻阅上千种古籍，那是多么地困难。古人已经为我们想到了，把同类的知识放在一起，便于后人查阅。

还有一个经常光顾的地方，就是四川大学历史系的阅览室，那里的藏书也还是不错的，特别是史学期刊。不知什么原因，那里的场景，40多年过去了，还是历历在目：那光线不是很好的藏书屋，一排一排的书架，逼仄的空间。阅览室主要是由两个年轻的姑娘管理，对我们这些学生的态度非常好，服务也周到。其中一位小黄，就是现在学界大名鼎鼎的罗大师的太太。后来同学们都私下调侃，罗大师毕竟眼光比我们高远，学习恋爱两不误。记得我1997年回成都为博士论文收集资料，那时小黄已经在四川大学图书馆任职，在搜集资料方面，得到小黄不少帮助。

我在读本科的最初两年，还有一个习惯，每周星期六的下午，从川大骑车到四川省图书馆去翻阅学术杂志，差不多有二三十分钟的骑车的距离。去那里的原因，一是那里的学术杂志是最全的，二是因为四川省图书馆距离我家很近，我周六会回家过周末，星期天晚上再回到学校。那个时候还是6天上课，但是周六的下午，一般都没有安排课程。我会在那里翻阅几个小时杂志以后才回家。当然我并不清楚翻阅那些杂志，到底对我以后的研究有多大的作用，但是我想至少帮助了我对史学界的研究状况的了解。当时没有互联网，要知道一个学科或者某个课题的发展情况，只有靠阅读学术期刊。

读本科的时候，我就开始给一些报刊投稿，主要是写一些豆腐块文章，或者是杂文，多是一些关于读书的感悟、启发或评述，大概发表了十几篇。这些对我的写作还是有好处的，因为有了一个想法之后，就会去读书找有关资料，实际上这也奠定了我学术写作的一些基本功。

研究生阶段的彷徨

史学研究是一个长期的培养过程，虽然上面提到本科期间就有论文发表，但其实我记得已经进入了研究生的阶段，对怎样读书和怎样进行研究，还是比较彷徨甚至焦虑，极力在寻找自己未来的学术道路。那个时候读书没有重点，没有方向，只是尽量地多阅读。

在研究生阶段，我的研究的重心已经从辛亥革命转向了清末新政，即在辛亥革命前十年清政府发动的改革，并以《清末新政与经济变革》为题，完成了硕士论文。在硕士论文基础上，发表了一系列关于清末新政经济变革的论文。

这个时候，我开始意识到自己治学中的一个不好的苗头，也可以说是一种担忧吧：自从进入学术领域，自己的兴趣、阅读和写作范围,都不过在辛亥革命和革命的前十年,我开始对自己狭隘的眼光有些隐忧,开始思考怎样突破这样一个极小的格局。

以今天的眼光来回顾那段时期,发现了一个极为有趣的现象:虽然那个时候我研究的是大题目,但是格局却很小;而今天我集中在比较小的题目,但自我感觉格局却大多了。因此,一个人的眼光,经常和他的兴趣联系在一起。如果对超出自己研究范围内的知识和信息都没有兴趣,可能就是创造能力降低的一种征兆,那么,就需要通过阅读来打破这一局限。

读研究生期间,我继续在那个线装书库翻阅各种杂书。记得包括成都尊经书院所刻印的各种木刻版的线装书籍。尊经书院成立于同治年间,是当时的四川学政张之洞支持设立的。在义和团运动以后的清末新政时期,将锦江书院、尊经书院与四川中西学堂合并,成立四川通省大学堂,即后来的四川省城高等学堂,也是四川大学的前身。那个时候我的兴趣在四川的教育史,所以书库里面所藏的《创建尊经书院记》也仔细阅读过,还翻阅了张之洞的《书目答问》等。

我还关注清末四川的改良运动。如在尊经书院的宋育仁和他出版的《蜀学报》,还利用一个暑假写了一本小册子。当时四川人民出版社准备出一套比较通俗的、供大众阅读的四川历史小丛书,邀请我写戊戌变法的那一段历史。那个时候居住条件有限,住在一栋四层楼的老公寓里的顶层,室内犹如一个蒸笼,写作的时候赤膊上阵,汗如雨下。

写出来以后交给了出版社，在那里拖了好几年后，最后清样终于出来了，但是就在要付印之前，出版社决定这套丛书下马，象征性地付了我一点补偿费，我生平的第一本书就这样夭折了。我现在还保存着那本书的清样，也算是一个往事的纪念吧。我有时候会想，我写的书几乎都和四川或者成都有关，但是迄今为止，则还没有在自己的家乡出版过任何一本书，这是不是因为第一本书开了一个不好的头呢？

另外在这个书库还保存有大量的近代著名人物的文集，如《曾文正公全集》《张文襄公全集》《左文襄公全集》《李文忠公全集》等等，都是经常翻阅的。研究中国近代史，这些文集毫无疑问都是必读书。

开始阅读英文原著

1985年我硕士毕业留校任教，先当助教，两年以后转讲师。1987年年底，在当讲师仅仅两个月之后，我破格被晋升为副教授。当时四川大学实行一项改革措施，破格提拔人才。这项措施被称为"打擂台"，即不论资历、学历和年龄，都可以通过自己的科研和教学来公开进行竞争。结果文科有三位破格提拔为副教授，我便是其中之一。其中两位都是改革开放后中国最早的博士学位获得者。

那年我31岁，而我的老师辈有的还是讲师。可以说，全国范围内的历史系77级和78级的学生中间在1987年提为副教授的，我不敢说是唯一，那也是凤毛麟角。当时真是有"春风得意马蹄疾"的感觉，这一步迈得太大了，激动了相当长一段时间，总感觉不真实，似乎是春梦一场，醒来还是那个小讲师。成功来得太快，也给我增加了无形的压力，怎样在这个高起点的状态下，继续保持科研的高水平和创造力？

这个时候我的研究兴趣已经开始转向区域社会史，我打算突破过去只关心辛亥革命前十年的那个小格局，而把整个清代的长江上游作为我研究的焦点。为了以多学科的方法研究这个课题，我的阅读兴趣也开始从过去仅仅局限在历史学，转向了社会学、政治学、地理学、经济学、统计学等等。

正是因为阅读范围的扩大，我的眼界开始打开，思考也开始深入。世界史也纳入了我的阅读范围，甚至开始读英文原著，比如法国年鉴学派布罗代尔的《菲利普二世时代的地中海与地中海世界》、布莱克的《现代化动力：一个比较历史研究》等。还有西方研究中国的一些英文著作，当时对我影响最大的应该是施坚雅（G. William Skinner）的《晚期中华帝国的城市》。1990年在上海召开中国城市史研究的国际学术讨论会上，我还有机会和施坚雅先生进行过直接的交流。

施坚雅把中国的城市系统分为九个"巨区"，对城市结构和系统进行分析。他认为，在19世纪，中国的城乡关系非常密切，各个地区已经建立了完善的市场网络，划分为各个层级，从最低级的乡场，到中级的镇，到县城，到中心城市，等等，形成了现代中国城市的完整结构。施坚雅的研究提出了很多有用的思考，超越了行政管理的范围，而是根据商业、贸易、交通网络等因素划分，并进一步把一个巨区又分为中心与边缘区。他从农民赶集，短途贸易，到长途贸易，探索中国的市场模式。不过，近些年中外学者对他的这个模式都有商榷。因为他的这个研究主要是根据他 1940 年代末到 1950 年代初在成都郊区的调查，后来一些学者认为他的这个模式不一定适合于中国的其他区域。但他的研究至少给我们提供了一个新的参照系，就是从市场的角度来看中国的城市系统和社会结构。

那个时期收集资料的困难，是现在所很难想象的。当时川大图书馆民国时期的图书基本上没有开放，据说由于图书馆没有地方，几乎都打捆存放在理科楼。如果确实需要，可以提出特别要求，图书馆再去理科楼找，当然，这样找起来就非常麻烦，而且不一定能找得到。我也经常跑四川省图书馆，记得有一本非常重要的书，还没有读完，下一次再去管理员便说找不到这本书了，真是无可奈何，直到我写完《跨出封闭的世界》，也无缘再参考那本书。

写《跨出封闭的世界》的时候，是我买书和读书的高峰。有的必需的参考书图书馆没有，新书要等许久才会上架。为了用起来方便，只有靠自己购买。当时虽然是副教授了，在同龄人中收入也算不错的，但买书仍然是一项极大的负担。为了写那本书，可以说是不惜血本，只要研究需要，就一定买下来。研究的过程，就是一个阅读的过程，就是一个把自己的思路打开的过程。那个时候我就非常清楚，研究需要站在"巨人"的肩膀之上，在前人的研究之上有所发展，而不是闭门造车。所谓学术就是要与其他的研究进行对话，没有对话，没有理论，没有思考，没有方法的探索，没有观点的碰撞，那么就谈不上是好的研究。

当然，这段时期，当时流行的伤痕小说、西方小说、诺贝尔文学奖获奖小说、中国古典小说以及新翻译介绍的人文、社会科学作品，特别是四川人民出版社出版的"走向未来"丛书，也都读了不少。

在这一阶段所读的书，所买的书，学者朋友所送的书，都没有保存下来。我出国之前在成都有一套新公寓，书房四壁是顶天立地的玻璃书柜，全部都装满了书。包括二十四史、大英百科全书，以及我写《跨出封闭的世界》所参考的几乎全部的书籍。1991年去美国之后，那一屋子书也静静地在那里躺了十几年。每当我有机会回成都的时候，就去那里住几天，再见那些书，像是见到久别的朋友。从书柜里拿出一两本来翻翻，也会勾起一阵回忆，似乎每一本都有它后面的故事。有的在头脑中早已消失的经历，居然也因为手里的那本书，而从记忆的深处浮现了出来。

这么大量的书，运回美国完全是不可能的了。在空置十多年后，最后决定把房子清空出租。我联系了四川大学历史系的朋友，派了几个研究生来运走了。当时因为我在美国，所以书的去处也不清楚,不过研究生们拿去,也是物尽其用吧,这批出道以来最早的藏书,也算是有一个比较好的归宿。不过,每当想起这批早年对我研究起过重要作用的书,便有些怀念。有时候某本书放在书架的位置和封面设计的样子,还会在我头脑里闪动。

到美国以后,每次回国,我都会去北大附近的万圣和风入松购书。回国参加学术讨论会,或者在高校讲学,总是会有学者送书。甚至有些作家送给我父母的书,也被我陆陆续续地带到了美国,如我姨父何满子、我父亲的朋友流沙河、邻居车辐等出版的书,都从我父母家的书架上,最后在美国得克萨斯大学城我的书房里落了脚。慢慢地我在美国又有了一书房的书。

2015年到了澳门大学工作,又面临一个新的转折。又将所有的藏书进行了一番清理,大部分的专业用书,都不惜血本,托运到了澳门。这个时候世界正面临着从纸质书到电子书的重大的转折。于是,我书的收藏和阅读,也越来越以电子书为主,这也是随着科技和时代发展的一个必然的趋势吧。那些已经读过听过的电子书,保存和携带都非常方便,需要的时候,我也可以随时查阅。

三、学术上的脱胎换骨

年纪轻轻,就有了副教授的头衔,当时有着无限的轻松感,认为人生最困难的奋斗时期已经过去了,可以坐享其成了。但是没有想到的是,几年以后,我放弃了许多年艰苦奋斗所得到的一切,到美国重新开始了学生的生涯。而且居然敢于挑战用英语写博士论文这个过去连想都不敢想的事情。

学习是一个永无止境的过程。1989年《跨出封闭的世界》交稿以后,就有自己被掏空的感觉,对下一步的学术研究和未来发展感到十分彷徨。这成为我到西方进一步深造的主要动力,我迫切感觉到需要经过一段时间的重新训练,按照目前流行的说法,就是进行"充电"。

读书无止境

我是1991年春天到的美国,第一站就是位于安娜堡的密歇根大学的中国研究中心。我还记得到美国读的第一本英文专著,就是黄宗智的《长江三角洲小农家庭与乡村发展》那本得奖著作。刚到美国的时候,觉得美国的书好贵,舍不得花钱买,从学校图书馆借了一本,把书交给中心的秘书复印。那个时候没有版权意识,想把全书都复印了,但秘书告诉我,因为版权限制,只能部分复印,算是给我上了自觉遵守版权的第一课。

作为一个华裔历史学家,黄宗智的学术著作读起来特别清晰,是我英文学术写作最早的一个范本。到美国以后,到处请教怎样提高英文学术写作的秘籍,有朋友告诉我,学习英文写作的好办法,就是仔细研读、揣摩一些规范英文的学术表达。黄的英文和结构都非常规范,对我们这些母语不是英文者,比较容易模仿。而纯粹的美国人写的著作,是我们难以效法的。

后来我使用得比较多的另外一个范本,是密歇根大学历史系的中国史教授贺凯(Charles O. Hucker)的《中华帝国的过去》(*China's Imperial Past: An Introduction to Chinese History and Culture*),这书 1975 年由斯坦福大学出版社出版,经常在美国大学的课堂上用作中国古代史的教科书。我把本书的导言读得滚瓜烂熟,几乎每一句话都反复揣摩。就这样,我慢慢对英文学术写作有了一些感觉。

《中华帝国的过去》对中国通史的写作,提供了一个非常有意思的、独到的分析框架。他把中国古代史分为三个阶段,即形成时代(Formative Age),从史前到公元前 206 年;早期帝国(Early Empire),从公元前 206 年到公元 960 年;晚期帝国(Late

Empire），从 960 年到 1850 年。也就是说，他把汉代和宋代作为标志，把中国古代分为了三个时期。而每个时期，又按通史（General History）、政府（Government）、社会与经济（Society and Economy）、思想（Thoughts）、文学和艺术（Literature and Art）五个方面进行论述，这样就完全打破了过去按朝代划分的中国通史的写作，对于一般的读者把握整体历史演进，是非常有帮助的。很高兴看到，他的这本书最近已经翻译成中文出版。

另外，他还编有一本非常有用的《中华帝国官阶词典》（A Dictionary of Official Titles in Imperial China），这可是在西方研究古代中国的学者几乎人手一册的工具书，如果要用英文撰写中国历史的论文或者专著，如果在中文资料中涉及任何中国过去的官员的头衔，怎样用规范的英文进行翻译，那么就必须查这部词典。

到美国读的第二本英文专著，是孔飞力的《叫魂：1768 年中国妖术大恐慌》。那时这本书刚出版，我到密歇根大学中国研究中心的时候，参加了一个研究生不定期的读书会，这个自发的读书会囊括了密歇根大学政治学、社会学、经济学、历史学等学科与中国研究有关的研究生。其形式是在某一个人的家里，周末大家带一些吃的和喝的，花上几个小时，共同讨论一本书。作为一位刚从中国来的学者，大家非常客气地请我推荐下一本讨论的书，我便力荐《叫魂》。其实我在国内的时候，就开始关注这本书，因为在书出版之前，大概在 1990 年前后，黄宗智到成都查巴县档案，便告诉我孔飞力将在哈佛大学有一本非常好且有趣的书出版，因为黄是该书的评审人之一。

当时我便有心把这部书翻译成中文介绍给国内读者。于是我写了一封信给中华书局，因为我《跨出》那本书，也正在那里编辑出版，信中还附了该书的全部目录的中文翻译，但是信石沉大海。也不知道他们收到信没有，或是收到后觉得没有兴趣。当时中美之间的联系，信件来回就需要一个月。后来我也没有追踪这事，忙着去攻读博士了。《叫魂》最后由我的朋友陈兼和刘昶翻译成中文在上海三联书店出版，已经是1999年了，立刻成了学术畅销书，算是帮我了却了这桩心愿。这个读书会接着还读了杜赞奇的《文化、权力与国家》，杜是印度裔美国历史学家，行文不像黄宗智的那么易懂，加上他的书理论性很强，涉及多学科，叙事风格复杂，当时读起来有一定的困难，记得在读书会上，那些美国本土的研究生也觉得杜赞奇的那本书不容易读。

西方的学术训练

我在到达美国之后，从一个副教授，又变成一个读书的学生。其实，当时也没有感到心理的落差，没有放不下身段的感觉，因为这是自己所选择的，而且机会也是非常难得的，所以十分珍惜。

在美国攻读中国史或者东亚史博士，有一个不成文的规定，几乎都要修日语。现在我对修日语课的情形还记忆犹新。学语言要赶早,但是我赴美的时候,已经35岁了,和那些不到20岁的初入学的本科生一起上日语课,那个压力之大,可想而知。不得不承认,美国大学的外语教学,真是非常厉害,由日本人直接教,读写听说同时进行,如果年纪轻点,记忆力好,两年下来,就基本不错了。可惜我已经过了学外语的最佳年龄,所以成效有限。我当时想,如果我在大学学英语的时候,有这样的教学水平,就不至于到美国后落到只能阅读,恶补听说写的地步。

在美国的讨论课,阅读量是非常大的,几乎每一门课每周都要求完成一两本必读书,也就是说如果上两门课的话,那么一周至少要读两本到四本书,外加写读书报告,另外还要做助教或者是助研,所以时间是非常紧张的。开始英文阅读速度非常慢,一页要花很长的时间,写作就更不要说了。但是,读多了,磨炼久了,速度越来越快,理解也越来越容易。所以讨论课是一个非常好的锻炼,在压力之下,逼迫自己多读书,多思考。讨论课的学生一般都非常少,多也不过十个左右。我上过最小的讨论课,只有两个学生,不是他说话,就是我发言。要完成三小时的讨论,没有把书吃透,是会很尴尬的。

每个学校的训练和治学方法都有不同,我在约翰斯·霍普金斯大学读博有四个方向,历史系修东亚史和美国社会文化史,而其他两个方向是在人类学和政治学系,这样阅读的范围就远远超出了历史。这种多学科的培养方法,打开了思路,储备了坚实的知识。除了每个方向跟随一个教授修课,在准备博士资格考试的时候，每个方向的教授还要另外给一个长长的书单，必须认真地阅读，准备在笔试和口试的时候，尽可能地圆满回答教授们的问题。进步并不是一蹴而就的，每天是从早忙到晚，每一步都迈得很艰辛。

关于我在美国读博士的经历和感受，多年后应《中华读书报》之约，评论《在美国发现历史》一书时，写下了下面一段话：

> 《在美国发现历史》最大的特色，也是它非常好的一面，是书中写的都是作者真实的经历。很多海外华人喜欢展示他们发达顺利的一面，而这本书里真实地记录了作者们的挫折。我们这些人出去留学、工作都不是一帆风顺的，经历了很多磨难，特别是读书期间。我自己在霍普金斯大学读书的时候，忙着读书，做助教，写论文，准备课程，每天早上6、7点钟起床，到晚上12点以后才睡觉。我现在还记得，那时每天最幸福的瞬间就是上床休息那一刻，这种幸福感是以后所难以找回的。我经常想，没有那时的磨炼，哪里会有后来在学术上的脱胎换骨。（见《中华读书报》2010年9月15日，原题《由两本书引起的思考》。）

这本书是中国留美历史学会的成员写的个人留学经历文章汇编，虽然他们讲的是在美国的学术训练和发展过程，但如果我们仔细读他们的文章，会发现他们对美国政治、文化、学术、教育制度等问题，都有自己的看法，观点不尽一致，有的甚至截然相反，因为每个作者有着自己的学术训练背景以及独特的环境和经历，甚至不同的政治意识形态。

例如对西方史学的发展就有相当对立的评价，有的看到的是现在西方历史学面临的困境，主张历史的客观性，推崇德国史学大师奥波特·冯·兰克（Leopold von Ranke）所主张的历史学家的基本职责是"探索历史的真相"，因此对那种认为客观历史材料根本不存在，任何历史都不可能脱离"主观"或自我意识的史学观，进行了尖锐的批评。

而另外一些学者则赞同史学界对兰克史学的反思，肯定海登·怀特（Hayden White）宣称的"语言学转向"和叙述史兴起的新的史学取向。他们认为过去所发生的事件，是不可能真实和完整再现的，根据资料建构完全真实的历史是很难做到的，实际上是不可能完成的任务。任何历史都有主观性，我们所写的历史，就是通过我们眼睛所看到、我们头脑所理解的历史。

我自己的史观应该属于后一种，比如我从来不宣称我所写的历史就是历史的本身，而不过是这些历史在我眼睛所反映和在我头脑中的重构而已。虽然主观上我们追求历史的真实，但是由于客观条件的限制，这种追求却经常难以实现。

在霍普金斯读博期间，我导师罗威廉（William Rowe）的两本关于早期近代汉口的书对我的影响非常大，即斯坦福大学出版社1984年出版的《汉口：一个中国城市的商业与社会，1796—1889》和1989年出版的《汉口：一个中国城市的冲突与社区，

海登·怀特

海登·怀特在半个世纪之前提出了"语言学转向",随后便是日益社会科学化的历史学逐渐回归人文学,出现了向叙述史的转向。他提出了历史学作品与文学实际上有着类似的潜在结构,让我们坚定了文学和历史并没有截然分离的鸿沟这一认识。历史研究的文学化是赢得大众读者的一个重要途径。

1796—1895》。它们被称为里程碑式的著作,也正是因为他的学术感召力,我到了霍普金斯大学他门下攻读博士学位。

在第一本《汉口》中,罗威廉与马克斯·韦伯进行论辩。韦伯指出为什么西方能够发展现代的资本主义,是因为城市扮演了重要的角色,他把中世纪的欧洲城市和中国城市进行了比较,发现在西方有城市自治运动,这实际上加速了封建制度的衰亡。而中国城市本身的弱点决定了资本主义不可能在中国发生,因为中国根本没有形成一个城市共同体。

通过对汉口商业及其组织的研究,罗威廉认为,实际上在相当程度上,汉口是一个自治的城市,政府对贸易的干预很少,鼓励商业的发展。中国城市并非像韦伯所说的受到官僚的严密控制,完全没有自主权。而且中国城市中还存在着非官方的社会团体,罗威廉特别着重研究了各种不同类型的行会,他认为这些团体与城市的稳定和繁荣是紧密联系在一起的。因此,居住在汉口的居民,在相当程度上存在着韦伯所谓的城市意识,有着强烈的自我认同感。可以看出罗威廉所展示的中国城市与韦伯所理解的中国城市存在相当大的区别。

有些学者对罗威廉的观点提出商榷,认为汉口是很特殊的,它处在长江中游这种特殊的交通枢纽,而且汉口是中国商业最发达的城市之一,也具特殊性,因此很难推翻韦伯对中国城市的认识。然而我自己对成都的研究,《街头文化》和《茶馆》实际上证实了罗威廉对韦伯的批评。成都是一个行政中心城市,是四川的首府,也是成都府的府城,同时它还是成都县的县城,因此行政管理的特点是非常明显的。但是我对成都的研究证明,在清代,官僚对成都社会的管理控制实际上是非常少的,相当大的程度上是自治,这实际上从另外一个角度印证了罗威廉在两本《汉口》中的观点。

进入微观世界

1998年获得博士学位以后,我便直接到了得克萨斯A&M大学历史系任教。在那里,花了12年,从助教授、副教授升到正教授,这期间由斯坦福大学出版社出版了两本专著,即《街头文化》(Street Culture in Chengdu)和《茶馆》(The Teahouse)。而这两本书的写作,后面有一系列阅读的理论和方法支撑,如葛兰西(Antonio Gramsci)的《狱中笔记》(Prison Notebooks)、汤普森(E. P. Thompson)的《英国工人阶级的形成》(The Making of the English Working Class)、古哈(Ranajit Guha)的《庶民研究》(Subaltern Studies)、德·塞托(Michelde Certeau)的《日常生活的实践》(The Practice of Everyday Life)等等。

但是最系统的阅读,还是西方关于微观历史的写作。在霍普金斯写博士论文期间,罗威廉教授推荐我阅读了卡洛·金茨堡(Carlo Ginzburg)的《奶酪与蛆虫》(The Cheese and the

Worms），这是我读的第一部微观史的著作。对这本书我有专文介绍（见本书第三部分，第一篇），这里就不重复了。接着阅读了其他微观历史的代表性著作，包括埃马纽埃尔·勒华拉杜里的《蒙塔尤》，这本书利用1318年到1325年间宗教裁判所档案，研究的是14世纪法国一个山村的日常生活，探讨这个小山村的环境、家和家庭、心态、举止、婚姻、性行为、儿童、死亡、日常聊天、社会结构、小酒店、巫术、教士、犯罪、民俗等等。

这里多说几句罗伯特·达恩顿（Robert Darnton）的《屠猫记》（*The Great Cat Massacre*），因为我经常在所讲授的新文化史课堂上用作必读书。本书是新文化史和微观历史研究在资料利用和解读上的经典之作。达恩顿从不同的资料来源和侧面讨论法国社会和文化，包括民间传说故事、手工工匠的自传、城市指南、警察密探报告、狄德罗的《百科全书》、读者与出版社的通信等。

本书最有意思的是第二章，即作为本书书名的关于屠猫故事的解读。达恩顿根据一个印刷学徒工所记叙的他们杀猫取乐活动，进行文本分析，来观察阶级冲突、师徒对立等。印刷学徒工的生活百无聊赖，平时经常酗酒甚至发生暴力活动。在学徒房里，师傅夫人最喜爱的猫是资产阶级的猫，吃得比学徒们好，还叫春引人讨厌，因而引发了虐猫的恶作剧。

而这个恶作剧是有文化渊源的，当时民俗便有虐猫的传统，如在狂欢及其他各种仪式中，对猫进行折磨。而且猫在大众文化中经常暗示巫术，民间便存在着免除猫魔的仪式，包括使猫致残

罗伯特·达恩顿

作为一个历史学家,他深受人类学的影响,成为微观历史的代表性学者之一。他的选题总是能让人眼睛一亮,想人们之所不想,写人们之所不写,民间故事、虐待猫的恶作剧、催眠术、地下文学等等,从那些看起来没有意义的题目中,发现后面精彩的不为人们所知的历史。善于发现有趣的题目,是一个杰出学者的基本能力。

的各种办法，如像割尾、断腿、火烧等酷刑。有的人在新房落成后，把活猫封在墙壁里避邪。在法国通俗文化中，猫还影射生殖和女性性欲，因此在民间故事中，经常描述女人在恋爱中像猫一样。通过虐待女主人的猫，也就象征欺辱女主人，使女主人隐喻式地受到性侵犯。在书中，杀猫行为，也是一种猎杀女巫行动，或意味着造反。

而关于中国历史的微观研究取向的，就是史景迁的《王氏之死》了。《王氏之死》早在1978年就出了英文版，此前我已经读了很多遍，在美国给本科生开"中国史"课，以及在华东师大给研究生讲"大众文化史"时，我都将本书作为必读书。

四、学术阅读与日常阅读

我总是反复告诫我的学生,要进入一项研究,要打开思路,要使自己的这项研究有意义,就必须与前面的研究进行学术对话,因此就必须认真阅读相关研究,而且经常要超越相关的课题,这样思路才是深入的,眼界才是开阔的。如果说我学术上有任何成就的话,尊重前人的劳动,从前人那里吸取营养,可能就是最重要的原因了。

2015年,我转任澳门大学,在阅读兴趣上,也有了一些明显的变化。为了写这篇读书史,整理了一下最近几年读的一些书,发现数量真的不少。毫无疑问,它们增加了我的知识,促进了我的思考,开阔了我的眼界,甚至影响了我的写作。读这些书,有的是因为研究的需要,有的是出于个人的阅读兴趣,有的是为了我未来的课题进行知识的储备,有的是因为朋友和出版社的送书,有的是因为要写书评。总之,让我有机会和有借口多读一些书。为什么说有借口呢?因为研究和写作需要大量的时间投入,一个项目往往持续经年,如果不找各种借口读书的话,很可能就真没有时间读书了。所以，我认为，是否能够多读书，不在于是否有时间，而在于是否愿意为读书找时间。

为写作而读书

因为涉及我最近的写作，重读和新读了一些著作，大概分两个部分，一部分是和我写秘密社会有关，关注下层、边缘人群、族群、民族、文本、叙事等方面。如霍布斯鲍姆《传统的发明》《匪徒》、柯文《历史三调》、王明珂《反思史学与史学反思》《游牧者的抉择》《华夏边缘》、詹姆斯·斯科特《弱者的武器》、宋怡明《被统治的艺术》、本尼迪克特·安德森《想象的共同体》、费孝通《江村经济》、瞿同祖《清代地方政府》、海登·怀特《元史学》、克利福德·格尔茨《尼加拉》、娜塔莉·戴维斯《档案中的虚构》、孙江《重审中国的"近代"》、梅尔清《躁动的亡魂》、沈艾娣《传教士的诅咒》等。这些书都从不同的方面给予我知识和思考。

《躁动的亡魂》让我想到历史研究应该有个体的历史。大历史或许数字能够说明一些问题，但是人的经历不是用数字可以说清楚的。过去研究太平天国运动，我们泛泛而谈死了几千万，用统计数字说明人口降低了多少，等等。但是，死亡不是简单的数字，从个体的记忆来看那场浩劫带给个体的痛苦，从个体来看这个民族的悲剧。

《传教士的诅咒》把微观研究与宏观视野有机地结合在一起，以山西一个小村庄为叙事中心，讲述从 17 世纪到 20 世纪下半叶，天主教是如何把这个落后乡村与外部世界联系在一起，以及外部世界的变化如何影响到中国农民的日常生活和精神生活的故事。这本书无论是在观察问题的角度，历史资料的发掘，还是研究的方法，以及对我们了解天主教在华传播的曲折经历，都提供了一个非常有意义的个案。

＊　＊　＊

　　另外一部分的阅读是与我写作《中国记事》有关。在这个研究中，我对当时中国所处的国际环境和国内的政治、社会和思想有一个全面的论述，以及美国对中国的认识，美国与中国的关系，特别是在几个主要的时间点，例如辛亥革命、"二十一条"、参加一战、巴黎和会、五四运动、华盛顿会议、五卅运动等等。我尝试用新资料、新视角、新叙事来写这段重要的历史。

　　首先读了不少翻译著作，包括亚当·图兹《滔天洪水》、巴巴拉·塔奇曼《史迪威与美国在中国的经验，1911—1945》、吴芳思和克里斯托弗·阿南德尔《盟友背信》、乔治·凯南《美国大外交》、玛格丽特·麦克米伦《缔造和平》、费正清《美国与中国》、郝大维和安乐哲《先贤的民主》、芮恩施《一个美国外交官使华记》、魏定熙《权力源自地位》、周策纵《五四运动史》、徐国琦《中国与大战》和《一战中的华工》、赛珍珠《我的中国世界》、约翰·鲍威尔《我在中国的二十五年》、司徒雷登《原来他乡是故乡：司徒雷登回忆录》、阿班《我的中国岁月》、罗兰·斯特龙伯格《毁灭与重塑——20世纪的欧洲》等。

《史迪威与美国在中国的经验》回顾了史迪威与中国40多年的经历，也反映了中国20世纪前半叶的政治、战争和国民党的关系，挖掘了抗战时期他与蒋介石和中国战区大量的文献资料，并采访了许多相关人员，写出了中美关系中一段重要而且引人入胜的故事。这本书出版的时间已经比较久了，但它还有着持久的生命力。作者曾经两次获得普利策奖，她善于用文学的方式书写历史，充满着戏剧性的故事感，把人物塑造得栩栩如生。

《滔天洪水：第一次世界大战与全球秩序的重建》这本书的篇幅非常大，可以说是全景式地描述了从第一次世界大战后期，一直到1921—1922年的华盛顿会议、1929年的大萧条期间的欧洲以及亚洲特别是中国的命运。各国为了自身利益和建立和平秩序，有着复杂的努力和争斗，最后和平计划受到了挫折。这是一本比较新的书，获得过2015年《洛杉矶时报》历史图书奖和《金融时报》2014年年度好书等。

《缔造和平：1919巴黎和会及其开启的战后世界》全景式地描写了1919年各国在巴黎的关于战后秩序的重建的谈判。我读这本书主要是想了解中国参与巴黎和会的故事。巴黎和会上，各国关于各自的利益所出现的分歧，威尔逊建立世界和平秩序所遭

费正清

他是美国中国研究的教父。抗战时期他曾经在重庆作为美国驻华大使馆的新闻处主任,与中国的许多著名文人包括梁思成、林徽因等都有密切交往。他回到美国以后,在哈佛大学开创了中国研究项目,现在美国各大学教中国历史的教授,几乎都能追溯到与他的学术渊源。一个杰出的学术领导者,要看其是否能推动一个领域研究的发展。

受的挫折,特别是中国在这次会议上收回山东权益的失败,通过文学的历史的非虚构形式表达出来,对我们了解巴黎和会及其结果有非常好的参考价值。

关于这个研究课题的中文原创著作和回忆录也读了很多,如王芸生《六十年来中国与日本》、胡适《胡适留学日记》、杨天宏《基督教与民国知识分子》、杨念群《五四的另一面》、卢雪乡《从美国外交文件看民国诞生》、唐启华《巴黎和会与中国外交》和《洪宪帝制外交》、邓野《巴黎和会与北京政府的内外博弈》、郑保国《密勒氏评论报》、顾维钧《顾维钧回忆录》、叶维丽《为中国寻找现代之路》、邹谠《美国在中国的失败》、王立新《踌躇的霸权》、侯中军《中国外交与第一次世界大战》、郝平《无奈的结局》、王元崇《中美相遇》等等。

大多数中外关系的书籍都比较枯燥,但是《中美相遇》用非虚构的方式,对18世纪末到辛亥革命期间中美交往的一些重要事件进行非虚构的写作,挖掘了许多有趣的故事,让我们知道在过去两个多世纪的历史中,中美之间是怎么互动的,有些什么经验教训值得我们认真地思考。从这本书中我们可以看到中美之间既有许多佳话,亦有各种冲突;有理解,也有误解。这本书对我们怎样处理好中美之间的关系,有着重要的参考价值。归结为一句话,就是中美一定要相互沟通,相互理解,才能在这个世界上共存。

读有批判精神的书

如果一个人的思想被禁锢了，那么他一定会失去创造力。所以，自由之思想，独立之精神，就是一个学者的生命。如果他放弃了批判，那么他的学术生命也就结束了。

我认为，审视自己是否还有学术创造力的量度之一，就是看是否对新书还保持着强烈的阅读愿望和好奇心。令人欣慰的是，现在自己至少还保持着极大的阅读欲望，而且兴趣的范围还比较广泛。

首先是一些人文社科名著和传记，有的过去读过，但是现在又想复读；有的早就想读，过去难以安排时间，现在则挤出许多时间来读；有的是新近出版，想一读为快，不再想拖延。

近几年重读或新读的书包括奥威尔《一九八四》《动物农场》、托克维尔《旧制度与大革命》《论美国的民主》、汉娜·阿伦特《极权主义的起源》、哈耶克《通往奴役之路》、亨廷顿《变化社会中的政治秩序》、贾雷德·戴蒙德《枪炮、病菌与钢铁》、简·雅各布斯《美国大城市的死与生》、芒福德《城市的文化》《历史的城市》、罗伯特·卡洛《权力之路》等等。这些书，一方面是满足自己对一些大问题回答的需要，如国家管理、制度优势劣势、民主与专制、城市发展等。如对克伦威尔和亨廷顿的阅读思考，我便写进了本书那篇对辛亥革命和清王朝覆没的文章中；而对雅各布斯和芒福德的阅读，则是我《走进中国城市内部》修订版结论部分讨论的重要出发点。

有的书，我自己读后，则希望更多的人读到，让我们认识历史的真相，让我们的思维成熟一些。如哈耶克反复告诉人们：人类的繁荣、幸福和尊严，来自个人自由，而不是集体主义，力图打破人们的乌托邦幻想。1974年，哈耶克获得诺贝尔经济学奖，被认为是自亚当·斯密以来最重要的政治经济学家。他指出："在我们竭尽全力自觉地根据一些崇高的理想缔造我们的未来时，我们却在实际上不知不觉地创造出与我们一直为之奋斗的东西截然相反的结果，人们还想象得出比这更大的悲剧吗？"也就是说，当所谓的"伟人"描绘了一个宏大目标，告诉他的追随者，为了实现这个宏大的目标，我们必须要把自由交到他手中。如果是这样的话，那种所谓的宏大目标，反而是造成灾难的原因了。我想，这也就是许倬云老先生在最近一个采访中所表示的"我对伟大人物已不再有敬意与幻想"的根本原因吧。

中国改革开放的成功，就是抛弃计划经济而迈向市场经济，但是似乎许多人已经忘了这一点。哈耶克的著作对那些迷恋计划经济的人，应该是一针清醒剂："从纯粹的并且真心真意的理想家到狂热者往往只不过一步之遥。虽然失望的专家的激愤强有力地推动了对计划的要求，但如果让世界上每一方面最著名的专家毫无阻碍地去实现他们的理想的话，那将再没有比这个更难忍受和更不合理的世界了。"

哈耶克

他的理论对我最大的震动，就是阐释了自由主义经济学的原理，清楚分析了计划经济必然失败的内在逻辑，让我们从凯恩斯主义的迷思中觉醒。在中国，当我们由于走市场经济的道路而使一个贫穷的国度成为世界第二大经济体的时候，居然还有人幻想回到计划经济时代，他的著作便具有了特别现实的意义。只有相信市场，一个国家才会有稳定的经济发展和自由生活。

非虚构和回忆录是我的阅读重点

当我在读一些书的时候，我关心的不仅仅是他们所描述的事实本身，首先我关心这个题材，才会去阅读，而它们的表达手法、写作方式，了解这些书为什么广受欢迎，也是我阅读过程中加以认真揣摩和思考的。如杜鲁门·卡波特《冷血》、科尼利厄斯·瑞恩《最长的一天》、盖伊·特立斯《邻人之妻》、斯泰西·希夫《猎巫》等。甚至比较严肃的世界历史著作但是圈内圈外都有影响的著作也读了一些，如斯文·贝克特《棉花帝国》等。

我关注他们如何把各种复杂的资料巧妙地交织在一起，以十分清晰、引人入胜的方式展示出来，而各部分又如此有机地联系在一起。无论它们是讲几百年前的小镇故事，还是二战波澜壮阔的战争场面，或者是美国情色社会的秘密。

我还大量阅读了中外作者所写的关于中国历史的非虚构作品，如龙应台《大江大海，1949》、岳南《南渡北归》、保罗·法兰奇《午夜北平》、郭建龙《汴京之围》、张宏杰《曾国藩的正面与侧面》《曾国藩传》《饥饿的盛世》、马伯庸《显微镜下的大明》、罗新《有所不为的反叛者》《从大都到上都》、杉山正明《游牧民的世界史》、姜鸣《却将谈笑洗苍凉》等等。

《却将谈笑洗苍凉》是一本非常有个性的书。说它有个性，是因为哪怕我不用看作者名，只看内容和写法，我就知道那一定是姜鸣写的书。他把中国近代与西方发生关系的那些改变历史的事件和人物，有些甚至是我们在历史书中反复研究和讨论过的课题，如开篇的马嘉理事件，结尾的孙中山伦敦蒙难，通过文献的挖掘、亲身的考察、对来龙去脉的再梳理，用细节来展示了我们过去从来没有看到过或者没有想到过的历史的新面向，引发我们对自认为已经很"熟悉的"历史的重新思考。

还有一些书出版以后，在学界的反响很强烈，我也会怀有极大的兴趣去找来读，比如说邱捷的《晚清官场现象——杜凤治日记研究》去年出版以后，得到学界的广泛好评。我读了以后，也发现对自己了解晚清的地方社会非常有帮助。过去我们总是认为，县衙门是清代最基层的官方机构，但是到底知县对地方社会的管理、税收、司法等等功能是怎样运作的，却并不十分清楚，而本书提供了非常多的、有趣的细节。

回忆录也是我的阅读重点，如齐邦媛《巨流河》、李奇微《李奇微回忆录》、黄仁宇《黄河青山》、何炳棣《读史阅世六十年》、余英时《余英时回忆录》、曾彦修《曾彦修访谈录》、王鼎钧《王鼎钧回忆录四部曲》、许燕吉《我是落花生的女儿》、罗尔纲《师门五年记》、何兆武《上学记》等。通过这些人的传记，来看他们经历后面的历史，这些历史可以是思想的、革命的、学术的、出版教育界的，都是我所关注的方面。

《巨流河》是齐邦媛的回忆录，以抗战和内战的国难为背景，讲述那个时期中国青年知识分子所经历的苦难，展示在那个时代的巨变中，国家的命运和个人的命运怎样纠缠在一起。从书中我们看到了战争带给人们的苦难，两岸血浓于水的同胞之情，以及历史残酷的教训。

尽管这本书已经读过好多年了，但她所描述的在抗战时期乐山听钱穆的讲座的那一个场景，还历历在目：1941年武大聘请钱穆先生讲学，主题是中国历史上的政治问题。为了躲避日机的空袭，上课时间为早晨六点到八点。当时因为前一年的日机大轰炸受损，全城尚没有电力，学生居住分散，他们去听钱穆先生课的时候，天还是黑的，在凌晨拿火把照路。座位被占满，后来者即无法进去。每当想起这个场景，心里边就有莫名的感动，在当时的那种条件下，在国难当头的时候，年轻人还是这样地渴求真知。

最近读了董时进的《两户人家》，是因为老朋友李伯重转给我一篇介绍这本书的文章，说是读我的《袍哥》很好的背景材料，我便立刻把这本找来读。发现是一本引人入胜的过去中国农村生活的真实记录。董时进老家是在四川垫江县（今属重庆），曾赴美留学，在康奈尔大学获得农学博士学位，曾在北京大学、燕京大学、交通大学等校教授农业经济，还在江西省农业院、中国华洋义赈救灾总会、中华平民教育促进会等机构任职。

这本书其实是董先生的自传体小说，有点类似巴金的《家》《春》《秋》那种性质，完全是根据自己家族和家庭真实发生的事情来写作的。读这本书也让我联想到林耀华的《金翼》，是以真实的家族作为背景的人类学家写的小说。这本书讲述了晚清到民国垫江两户农家几代人的真实故事。从这本书中，我们可以看到农村的日常生活、农业和农村经济、家庭和人际关系的许多细节，比如说村里要请一个教书先生，就会去有学龄儿童人家问愿意出多少钱，一个教书先生每年的脩金是 20 吊，富的可以出 4 吊，穷的只出 1 吊钱。还有诸如农村的土地买卖、兄弟分家、婚丧嫁娶等等的故事，都是非常珍贵的。

对社会现实的写作

关于社会现实问题的写作，也是我的关注点。我发现，对于今天中国社会的状况，反而是外国作者的描写更多、更深刻、更有趣，也可能就是我们常说的"他山之石"吧。近些年所读过的，我认为无论是故事讲述还是写作技巧都优秀的书有何伟《江城》《甲骨文》《寻路中国》《奇石》、张彤禾《打工女孩》、史明智《长乐路》、迈克尔·麦尔《东北游记》、扶霞《鱼翅与花椒》等。

中国作者这方面的好书并不多，我看过的比较欣赏的有袁凌《青苔不会消失》《寂静的孩子》、田丰和林凯玄《岂不怀归》、野夫《乡关何处》、黄灯《我的二本学生》、陆庆屹《四个春天》、伊险峰和杨樱《张医生与王医生》等。

另外一些思考者的书我也比较欣赏，如陈嘉映《走出唯一真理观》《何为良好生活》、项飙和吴琦《把自己作为方法》、李泽厚《由巫到礼 释礼归仁》等。

如果要说作者对自己国家问题的揭示和批判全面深刻，阅读体验又好的，还是要数西方特别是美国作者的作品。他们敢于批判、允许批判，而不是压制和回避、隐瞒问题，可能这就是虽然这些国家的政治不断波动，但是始终能够纠错的原因之一吧。最近读到的好书就有塔拉·韦斯特弗《你当像鸟飞往你的山》、马修·德斯蒙德《扫地出门：美国城市的贫穷与暴利》、弗雷德里克·皮耶鲁齐《美国陷阱》、肖恩·鲍尔《美国监狱》、约翰·卡雷鲁《坏血》、文卡斯特《城中城：社会学家的街头发现》、乔治·帕克《下沉年代》、阿莉·霍赫希尔德《故土的陌生人》、理查德·普雷斯顿《血疫：埃博拉的故事》、理查·劳埃德·帕里《巨浪下的小学》等。这些书对社会问题和危机的调查和描写，不但引人入胜，而且入木三分。

这里想多花点笔墨讲一下《你当像鸟飞往你的山》，英文书名是 Educated: A Memoir，字面翻译应该是《被教育：一个回忆录》，而中文书名则很煽情。曾列《纽约时报》第一畅销书，2018年出版当年就卖了200万册。这本书讲一个女孩，出生于犹他州的一个摩门教家庭。父母相信世界末日，住在大山里，还有7个哥哥姐姐。父母从来没有送她去学校，还受到哥哥的虐待，在很小的时候就被她父亲强迫去在家开的拆卸旧车的工厂工作。父亲是个莽撞的人，经常危险操作，发生过两次车祸。也不顾及他儿女的生命，几乎每一个人都有不同程度的伤，包括她的哥哥，受伤了也从来不送医院。

由于她的所谓的"叛逆"，她父母认为她是魔鬼附身，对她洗脑。后来她居然在从来没有上过学的情况下，通过大学教育，终于逃出家庭的控制，在剑桥大学获得博士学位，这也就是那个朴实无华英文书名的来历。她的描述非常生动而客观，并不断地进行自我剖析。读这本书给我印象最深的是，尽管她自己有非凡的记忆力，甚至还写有日记，但是她对所发生的许多事情向父母弟兄们进行核实的时候，发现每个人所看到的和所记忆的东西都有区别。这种现象告诉我们应该怎样看待过去，要承认记忆、观察和经历，都是有相当的局限性的。我在读这本书的时候，我自己也在想，我们写历史实际上也面临这样的困境。每个人所看到的历史是不一样的，甚至亲身经历的描述也有所不同。所以除了有意歪曲的，历史记载的总是反映了记录者的观察，那么怎样处理历史资料就是所谓的方法。

《坏血》也值得多讲几句。本书作者是《华尔街日报》的调查记者、普利策奖得主。他通过严密的长期调查，揭开了红极一时的美女企业家伊丽莎白·霍尔姆斯验血设备公司的欺诈黑幕。霍尔姆斯宣称通过一滴血测验出健康和疾病的各种数据，美好的设想根本无法通过自己的产品来实现，为了吸引投资人，她的公司开始进行造假。

我想特别指出的是，许多非虚构的写作，往往是在事件已经发生之后，通过收集资料，来重构过去的历史。卡雷鲁的这个调查，则是直接参与了对谎言的揭露。这种写作是非常困难的，必须采访各种当事人，通过各种途径获取资料，而且许多当事人并不愿

意因此招惹麻烦,如果无法得到调查者的配合便可能导致调查搁浅。这本书的调查过程便是跌宕起伏,为我们进行非虚构写作的求真求实的精神、勇气和手段,提供了一个非常好的典范。从一定程度上来说,这样的非虚构写作,不仅仅是在记录历史,书写历史,实际上已经参与了历史。

另外,由于接着两年担任2019年和2020年深港书评年度非虚构十佳好书的评选导师,也利用这个机会读了不少好书,并写了相应的综合书评,也已经收入在本书中,所以这里就不一一例举了。

享受文学的世界

到美国读博之后,一门心思都是在学术发展和写作上,基本上没有时间读文学作品了,除了一些曾经在海外轰动一时的华人作品,如哈金《等待》、张纯如《南京大屠杀》、虹影《饥饿的女儿》等等。国内的小说读得非常少,只读了陈忠实《白鹿原》、莫言《生死疲劳》等少数名著。

跨入21世纪以后,由于写社会主义建设时期的茶馆,开始更多地关注1949年以后的中国普通人民生活的小说,如路遥《平凡的世界》、余华《活着》《兄弟》、方方《风景》、莫言《丰乳肥臀》、梁晓声《年轮》《人世间》、刘震云《一句顶一万句》、姜戎《狼图腾》、金宇澄《繁花》、刘心武《钟鼓楼》等。

路遥《平凡的世界》第一卷1986年就出版了，作者去世也20多年了，但是我前两年才读这本名著，真是有点晚了。但为什么我突然要读这本书？起因倒是有点偶然。因为读到一篇文章，方知道本书第一卷出版过程中的周折：原来投给《当代》，审稿编辑觉得太啰唆，故事没有悬念，看不下去，竟然被退稿，后来在《花城》上发表。本书获得第三届茅盾文学奖，而且后来被选为改革开放40年最有影响的小说之一。这就引起了我极大的好奇，为什么这本名著居然会被退稿？便立即找到这本书来读，一口气便完成了前两卷。我发现路遥对中国农村和农民的描述，可以说是非常厚重，显示了他对生活深入而犀利的观察。关于本书更多的评论，见第三部分第三篇。

纪实文学也是我比较喜欢读的，如陈丹燕《上海的风花雪月》《上海的金枝玉叶》《上海的红颜遗事》、陆键东《陈寅恪的最后二十年》、梁鸿《梁庄十年》《出梁庄记》《中国在梁庄》三部曲等。为什么我对中国作家写同时代的作品最看重，因为我认为他们记录了他们心目中的历史，而当代普通人的生活史，历史学家几乎是忽略的。对于这个问题，本书中我亦有专节讨论。

这几年西方文学读得不多，但是也读了若干，赛珍珠的《大地三部曲》，只是因为看了奥斯卡得奖影片《大地》以后，想读原著，发现她对民国时期农民生活描写得非常真实。后两部感觉没有第一部好，而电影是根据第一部改编的，非常成功。

读了石黑一雄的《长日将尽》，也只是因为这部小说是描写一战，我现在正在完成一战与巴黎和会的研究。在疫情期间，读了加缪的《鼠疫》，对病毒来袭有了更深切的感受。还读了毛姆《月亮与六便士》、村上春树《挪威的森林》、卡勒德·胡赛尼《追风筝的人》等。读亨利·梭罗的《瓦尔登湖》，是因为我非常向往那种环境和生活。

另外也读了加西亚·马尔克斯的《百年孤独》，但是惭愧的是，大概只读了三分之一，最终没有耐心读完，可能是因为太复杂的叙事，太长的人名，或者众多的人物，不是我喜欢的风格，我读小说就是为了消遣放松，如果需要动许多脑筋的话，就提不起特别的兴趣了。当我看见有关报道，这本书在中国已经销售了上千万册，我怀疑这可能是在中国所有书中销售量最大的书。我就在自省，为什么这本书会读不完？是我的耐心不够，理解力不够，还是智力不够？

最近开卷但是没有读完的而大众都喜欢的名著，还包括埃莱娜·费兰特的《我的天才女友》。没有看完，不是因为觉得这部作品不好看，而是看了几章后，当时着急读另外一本书，就把这本书放下了，而且很久就没有机会再读。等想起再读这本书的时候，前面的内容都几乎忘得差不多了，又不想从头开始读，结果就耽误下来。

一些民国时期或者写民国时期的小说，也是我阅读的重点之一，如李劼人《死水微澜》记不得读了多少遍了，选读了《沈从文文集》《汪曾祺全集》《张爱玲全集》中的一些篇目，特别是《边城》《金锁记》等名篇。还读了钱锺书的《围城》、冯骥才的《俗世奇人全本》等。

我对新小说总是有很强的好奇心。近几年来，如果听到有反响比较大的小说，也会找来读，如陈春成《夜晚的潜水艇》、林奕含《房思琪的初恋乐园》、班宇《冬泳》、杨本芬《秋园》、王占黑《小花旦》《街道江湖》《空响炮》、张忌《南货店》《出家》、莫言《晚熟的人》以及李洱《应物兄》。我对《应物兄》感兴趣，是因为那部书描写的是大学的国学教授，我是想看看小说家笔下的大学教授的形象和故事。后来又顺便读了他的《花腔》。

我在历史写作中，越来越多地使用文学资料。我曾经用成都竹枝词作为基本资料，来描写城市的日常生活。我甚至打算走得更远一些，我一直在思考利用《儒林外史》《金瓶梅》《三言二拍》等文人和市井小说作为资料，来研究文人、交往、旅行、生活、社会文化等，所以对这类书特别有兴趣。上述那几本古典名著其实过去都读过，最近几年又陆陆续续读了一遍，还记下了以后写作的一些要点。

没有时间读书怎么办

读到这里，或许有读者会问这样的问题：你哪里有这么多时间读书呢？这个问题算是问到点子上了。我们每天的时间是限定的，除了吃饭、睡觉、做家务、工作、上下班，所剩时间就非常有限了。大家都有多读书的愿望，但是无奈时间不多啊！

过去很长一段时间里，其实我也纠结这个问题。在教学和科研之外，很少有其他时间读与自己工作性质无直接关系的书，但是这个状态在我眼睛出了问题以后发生了根本的改变。

2014年3月，那时我还在美国得克萨斯A&M大学当教授，我在上海出差的时候，右眼突然发生视网膜脱落，这是长期使用眼睛，但是不懂得保护眼睛的恶果。在中国和美国前后做过两次手术，虽然视网膜修复了，但是右眼几乎丧失了阅读能力。其实从那个时候开始，阅读和写作基本上就靠左眼了，我成了"独眼龙"，至少从阅读这个角度来讲。

在手术恢复期间，应该是尽量少用眼睛，但是那似乎又没有可能，一方面要给学生上课，另一方面要写作，可以说没有一件事情是没有眼睛可以办成的。因此，我面临着前所未有的挑战。

真是屋漏又遭连夜雨，正在这个时候，又收到了斯坦福大学出版社审查一本书稿的邀请。虽然我可以以眼睛为借口谢绝，但是我还是进行过一番考虑。出版社找到一位合适的评审人并不是一件容易的事情，特别是顶级大学出版社对书稿的要求甚高，所以对评审人的条件要求也非常严格，学识、资历、对这个课题的权威程度，都是非常重要的考量。当然，过去在这个出版社出版过书的学者经常成为首先考虑的对象。我的两部英文专著都是这个出版社出版的，过去合作非常愉快，很感谢这家出版社。而且这样的顶级出版社的审稿请求，也是对一个学者学术和学识的认可。在学校和学术圈子里，这类工作也被视为专业服务的一项重要指标。加上我对那部书稿涉及历史的了解，也超过其他任何一位学者。所以考虑再三，还是同意了审稿邀请。

这里也顺便提一下，在美国（欧洲也是同样）的学术出版，特别是大学出版社，书稿都必须经过严格的匿名评审。而在中国，这个非常有必要的制度却仍然还没有建立起来。这就是为什么现在国内职称评定都是重论文而轻专著，因为论文已经建立了一套行之有效的评审机制，而专著却没有。我在许多年前便在关于学术规范的文章中呼吁建立学术出版的评审制度，但是到现在为止，还没有任何实质的改变。

根据医生的说法，右眼视力不可能恢复，因此，我必须考虑，是为了保护好仅存的左眼，放弃学术的追求，从此"躺平"，还是不放弃，不认输，继续做自己愿意做的事情？当然我的选择是后者，因此在未来怎样最有效地使用眼睛，就是摆在我面前的当务之急。

在当时眼睛手术后还没有完全恢复的情况下，我决定采用听书稿的办法。哪知道，这个尝试，竟然让我的阅读量有了一个质的飞跃，听书成了我阅读的主要形式。而且这个改变，使我的阅读量数倍于过去。也就是说，视网膜脱落没有影响到我的阅读，反而促进了我读更多的书。这正应了那句老话："上帝为你关掉一扇门，就会为你开启一扇窗"。

我当时用的是三星手机，下载了一个叫 @Voice 的朗读软件，

I. 读书就是自我塑造

我便从头到尾听完了那本英文书稿，在听的过程中边做笔记。这样书听完，审读报告的草稿也就差不多形成了。我从这个初次实验中尝到了甜头，便开始听其他书。

需要说明的是，其实有声书的存在已经有很长的历史了，但是那个时候有声读物都是真人朗读录音。而有声读物几乎都是那些大众读物或者畅销书，不能适应我的学术阅读的需要。那么，通过这个手机应用，我得以听许多word和pdf（扫描的pdf不行）文件格式的图书。后来改用苹果手机，苹果手机本身带有朗读功能，所以存在手机的"图书"应用的书都可以听。后来，我在手机中又下载了Kindle和MOBIreader，更多的文件形式都可以朗读了。

就这样，虽然我每天的科研、教学、写作、行政事务安排得很满，还是能找到时间读书。最近六七年来，无论多么忙，我平均每天的读书时间应该不少于两个小时，手机成为我的读书利器，通过手机自带和下载的朗读软件，无论是什么文件格式，pdf、txt、word、epub、mobi，都可以朗读。这样，从起床穿衣整理床铺，到洗漱早餐，走路到办公室，或者外出办事购物，在家打扫卫生、做饭洗碗，或是饭后散步，我都可以听书。如果有时候失眠睡不着觉，或者是醒太早但是又不想起床，就打开听书功能，时间一点都不浪费。而且现在蓝牙耳机的续航都可以几十个小时，非常方便，听书的时候也不会打扰旁人。

讲一个关于我听书的笑话：有一次我在听《邻人之妻》的时

候睡着了，梦见在大庭广众之下，我的手机正在大声播放书里面的色情内容（这本书是写美国性解放的非虚构作品），周围的人都听得到，都鄙视地看着我。我感觉他们都在对我进行道德的审判，想这个人看起来像知识分子，又一把年纪了，居然听这些色情的东西。我感到非常难堪，手忙脚乱地想调小音量、关掉音量都不行，着急死了。猛一下醒来，耳机还戴在耳朵上，手机还在播放《邻人之妻》。发现是南柯一梦，才放下心来。

读书方法因人而异，每个人也因目的不同、习惯不同，而有不同方法。但是，我始终认为，无论是学者、学生还是一般读者，阅读范围一定要超出自己的专业。我是一个历史学家，但是我的阅读范围包括人类学、文学、社会学、政治学等，此外还大量阅读各种虚构和非虚构的作品。我可以自信地说，只要我发现感兴趣的书，几乎都能找到并把它们读完。在我的 iPad 和 iPhone 上，装着各种专业和非专业的电子书，每次出差的旅途中，就是我阅读的好时机。一年算下来，这个阅读量是非常大的。最近些年，只要有朋友抱怨忙得没有时间读书，我就把这个方法热情地推荐给他们。

*　　*　　*

回顾我自己的读书生涯，就是一个逐渐走向世界的过程。先是立足于中国历史，虽然对外部世界也感兴趣，但主要还是关注中国的故事，中国的命运。在走出国门以后，眼界逐渐打开，但更多的是关心欧美的学术和文化以及社会,因为从中国进入到美国那个西方世界,要花很多年的时间去理解。到了澳门以后,澳门处于中西方的交汇处,在历史上就是西方与中国文化经济交流的桥梁,使我更关注全球化的问题。

在疫情暴发以后,让我更多地去思考人类的命运。到底我们今天应该怎样认识世界,认识人类,认识国与国的关系。我们经济发展了,但是为什么我们中国现在处于一个非常严峻的境地?

其实有的问题,如果我们能够跳出国家和民族的思维模式,以世界和全球的眼光,对我们自己或许会有一个更清醒的认识。虽然世界在疫情的打击之下,国与国之间的纠纷加剧,但是我仍然相信各国互相依靠,互相帮助,互相交流,才是走出疫情的根本出路。关起门来自娱自乐,那种所谓的一个是世界,一个是中国的想法是非常有害的,我们现在仍然需要拥抱世界。不仅仅是世界需要我们,我们也更需要世界。

II. 进化、故事和认识自我

如果一个族群的故事充满了阴谋、互斗、互害、失信、没有爱、仇恨,充满了内耗、崇上欺下、缺乏理解、互不相容、互不妥协……那么这个族群走向衰弱,就几乎是肯定的了。

在这一部分，第一和第二两篇都是评论盖亚·文斯（Gaia Vince）的《人类进化史：火、语言、美和时间如何创造了我们》，在这两篇文章中，我主要强调了人类讲故事的能力关乎人类文明的发展，人类的相互合作对于人类的生存至关重要。我希望读者在读这本书的时候，从人类过去的文明发展，看清楚我们未来的道路。而第三篇是 1980 年代我和朋友翻译的布罗诺夫斯基的《人之上升》的后记，虽然 30 多年已经过去了，但这篇后记现在看起来也并没有过时，对我们重读那本名著、认识人类文明与自然世界的关系仍然很有帮助。

一、能讲故事和讲好故事关乎我们的生存

看到此篇题目，读者可能会觉得这是危言耸听。但如果读者耐心读了这篇序言，再读盖亚·文斯的这本书，就会理解为什么我说能讲故事和讲好故事关乎我们的生存，因为文斯以考古学、人类学、遗传学等多学科的知识，给出了一个令人信服的解释。在很多语言中，"故事"这个词的含义等同于"历史"。故事为不断累积的知识提供了一个集体记忆库，促进了文化的传播，同时让一个群体或社会更有凝聚力。

我们来自哪里

《人类进化史》是对从人类的起源到我们今天的进化的反思。今天的人类是一场认知革命的结果，进化改变了我们的大脑。文斯通过四个关键元素——火、语言、美和时间，解释了人类如何偏离了其他所有动物的进化路径，最终成为主宰地球的动物。火给人类提供了更多的能量，从而使我们大脑得到充

足的营养，进化超过了其他任何动物；语言使我们能够存储和交换信息，这是传播生存策略的关键；当美感成为一种文化特色，融入私人和公共生活时，它就为我们的身份和行为提供了意义；而随着时间的流逝，基因的突变在族群中世世代代积累，最终带来物种的演变。

在这本书中，文斯问了一个看似简单、实则复杂的问题："人类到底是什么？"她试图回答人类到底为何与众不同，探索到底是什么样的自然力量让地球发生了改变，将猿转变成人。她的答案是基因进化、环境进化和文化进化三种过程的综合作用，她称之为"人类进化的三位一体"。人类的祖先聪慧机敏，社交能力强，他们不断进化，适应环境变化，以确保自己能生存，而文化就是他们适应环境的方法之一。

讲故事的能力关乎生存

从几十万年前留下来的岩洞里和岩壁上的绘画便可得知，人类的祖先十分喜欢讲故事。以打猎为例，世界各地都有打猎仪式，包括模仿动物行为、只在规定区域打猎等。除了仪式打猎外，还有一种理性打猎，即总结成功的打猎经验，形成固定的打猎模式并在以后的打猎中优先应用。

这种逐渐产生的打猎模式，就是一种文化的积累。"文化"有很多含义，文斯在这本书中所说的文化是指人类通过学习得来的信息。文化依赖于学习他人，并把学到的东西表达出来。但是文斯指出，人类并非是唯一进化出文化的物种，但是只有人类会不断累积自己的文化，经过一代又一代的传承，使文化"变得越来越复杂多样"，能更有效地应对生活中的各种挑战。这种积累，就是人类个体之间、代际之间、群体之间相互讲述"故事"的过程。如果没有故事的讲述，就没有文化的积累。

这里我想提醒读者的是，我们必须注意到文化的"复杂多样"。之所以强调这一点，是因为多年以来，有些人不断地鼓吹和推行"同一"，即思想、行为、文化的同一性，或者统一性。这种由于地域的统一，造成有些人对同一（统一）的迷信，认为中华民族走到今天是大一统的结果。我们很少问一下为什么在春秋战国时代中国思想的黄金时代以后，古代中国就失去了思想发展原动力。因此我们是要追求一元和同一，还是追求多元和多样，答案应该是十分明确的了。

文斯的这本书给我们解释了人类的故事为何如此重要。那些口述的故事是人类集体的记忆库，它们以叙事的方式储存着人类生存、生产、发展、进步的秘密，以及内容复杂、内涵丰富的文化信息。"一则则故事帮助文化知识尽可能长时间地储存在人类集体记忆中，便于人类代代相传、不断更新。随着人类文化越来越复杂，讲故事已经不仅仅是一种重要的文化适应行为，我们的大脑在进化过程中将其自发纳入认知环节。故事塑造了我们的思想、社会，甚至改变了我们和环境的互动。"

故事拯救了人类

如果说是"故事拯救了人类",我们会认为这是奇谈怪论吧。但是在读过了文斯的论证后,我们可能会有不同的看法。在书中,她举了一个发生在澳大利亚的例子。

约 2 万年前,冰川时代摧毁了澳大利亚的自然环境,使得雨水稀少,干旱越来越严重。对很多哺乳类动物来说,环境越来越严峻,越来越不适合生存,许多大型动物灭绝,人口数量也骤降,原住民部落孤单地散落在澳大利亚大陆上,这种情况延续了上千年。极端困苦的环境条件,使得人类基因库没有得到及时更新,甚至还有毁灭性的基因突变悄悄混入,导致人类身体素质下降,这些都给这个大陆的人类灭绝制造了充分的条件。然而,澳大利亚原住民并没有灭绝,他们是怎么存活下来的呢?

他们拯救自己的方式就是"讲故事"。本书称那些部落通过演唱来讲故事的方法为"歌径"(songline),用今天比较通俗的说法,我想也可以说是"故事线"。口述故事记载文化知识,将人们联系在一起。澳大利亚每个原住民部落都有他们自己的歌径,歌径包含各种各样的故事,详细记录了他们的行为准则、礼节仪式、权利义务、祖先神灵、山河风光等。原住民通过旋律、歌词、艺术和舞蹈,展现了澳大利亚生存的信息,哪里有水源,哪里动物多,哪里牧草肥,哪些东西不能吃,哪些植物可以治病,等等。

歌径还可以跨越语言的障碍，在各个部落之间传唱。这些口述的故事是人类集体的记忆库，它们以叙事的方式储存着文化信息。一则则故事帮助文化知识尽可能长时间地储存在人类的集体记忆中，便于人类将其代代相传、不断更新。随着人类的文化变得越来越复杂，"讲故事实际上是一种重要的生存和文化适应行为"，而且还成了大脑进化过程的一个部分。

通过歌径，各个部落连在了一起，这些关于故事、土地、人群、动物、水草和文化的信息意义非凡，它们让原住民有了一幅生存地图，从而免于灭绝。就是说，随着大脑的不断进化，人类可以通过故事来了解世界。故事因此成为一种强大的文化工具，加强了基因—文化的共同进化。"人类的故事来源于生活。我们通过故事看清世界和自己的人生。"因此，可以说故事塑造了人类的思想和社会，甚至改变了人类和环境的互动。所以对于文斯来说，"故事拯救了人类"，这也是这本书对我最大的触动。

讲故事就是文化的积累

人类进化出了故事，将其作为认知世界的工具。讲故事时，人们将各种情绪带进故事中，这也是故事便于记忆的原因之一。故事也为整个族群提供了一种保护和使用自然资源的途径。只有文化不断传递下去，"累积性的文化进化才有可能"。如果把关于祖先的故事和过去使用的仪式归为族群故事的一部分，将会推动族群文化的延续，加强人与人之间的联系。

我们将自己对世界的解读用故事传递给他人，这其实就是人们思想间的对话。每个人的故事同群体的故事是相关的，不同群体的故事也是相关的。故事能够用共同的信念将社群内部的人们凝聚在一起。讲故事的技能是一种人类适应进化的表现。它能逐渐促进群体的凝聚和合作，巩固社会规则，传授文化知识。

尽管人类讲的语言不尽相同，但当我们听到故事时，大脑会产生相似的反应，使人们产生更多的自我意识，更能换位思考。史诗故事帮助人们树立民族认同感，会告诉人们他们从哪里来，他们到底是谁。一个个故事创造了民族共同的历史，将整个社会凝聚在一起。

人类学家发现，故事讲得越好的群体，合作能力就越强，而且更乐于分享。如果一个族群有关合作的故事较少，那这个族群的合作能力就会较差。因为故事，我们的社会更加团结，社会成员间更具有凝聚力。利用故事，我们传递各种信息，包括自己的、他人的和整个世界的信息，并学习如何与人交往、如何按照行为准则行事。

因此，如果一个族群的故事充满了阴谋、互斗、互害、失信、没有爱、仇恨，充满了内耗、崇上欺下、缺乏理解、互不相容、互不妥协……那么这个族群走向衰弱，就几乎是肯定的了。

故事本身，就是人与人之间的知识积累和相互作用，哪怕"生活在地球上的70亿人之间并没有合同，也没有计划，甚至也没有共同的目标"。地球上几十亿人辛勤忙碌着,似乎是彼此独立的,但是实际互相依赖,而这一切的发生,"居然是在没有任何计划的情况下出现的"。而在一种强制和缺乏自由的体制下,讲故事的能力是否会出现退化?认为国家必须要掌控一切,一切都要通过计划来达到目的,无视自然、人类发展自身、社会演进本身的动力,实际上是违背了人类发展的规律。

抹去故事的危险

故事减少了文化进化的能量消耗,帮助人类更好地生存下去。讲述故事和不断地使用故事成为人类意识进化的一部分。如果一个部落的某位位高权重的酋长,为了某种个人的目的,要将他的族群中他不喜欢的记忆或者故事抹去,那么这个部落可能会遭受致命的打击,甚至灭绝。如果一个民族或者国家为了某种目的有意地抹去记忆,可能造成这个民族的智力下降。所以在古代中国,就有了"孔子成《春秋》而乱臣贼子惧"的说法,这从另外一个角度证明了保存完整故事(历史)的重要性。

正是"累积的文化"改变了地球上生物的生存方式,人类的进化不再仅仅是因为环境和基因的变化,文化也成为影响进化的重要因素。而对文化进化来说,文斯认为,"群体选择要比个体选择更重要"。讲故事更像是一种全社会参与的事业,需要人们思想相通,也就是说,"人类智慧更多地来源于集体智慧,而非个体智慧"。人类文化、生物和环境相互作用,使人类正在成为一个文斯所称的"全能人",这就是人类自我超越的故事。

重要的观点需要不厌其烦地重复:"人类智慧更多地来源于集体智慧,而非个体智慧。"当有人以为他的智慧要高于集体的智慧的时候,当一个人认为他的大脑能做出比其他所有人更好更明智的决策时,那么他做出错误的决策就几乎是毫无悬念的,无非是时间早晚而已。因为从根本上来说,一个人的大脑强于集体特别是庞大集体的可能性,几乎是不存在的。

其实,一个国家从某种方面来说,就像我们的身体,身体中庞大的细胞和血管系统,就像一个国家各方面功能的运行。人体内的每一个细胞都是互不认识的,没有谁每天向它们发布指令,它们都在按照自己的本能有条不紊地各司其职,它们孜孜不倦地运行,又不断新生、代谢和死亡。就是这成百上亿的细胞组成在一起,不是谁的设计,不是谁的构想,不是谁的安排,就组成了我们的人体,组成了一个庞大的"宇宙"。

人类逐渐形成的社会,就像人体一样的复杂,但是它是有自动运行机制的,社会的各方面会自动不断协调,使运行达到最佳。社会这个复杂的机器,并非某个"伟人"的构想来建成的,而是根据人类的需要逐步形成的。当人们无法解释或者征服自然,喜欢自己创造超自然的力量,神和"伟人"就是这样出现的。一旦人们匍匐在他们的脚下,他们就失去了自我,就无法掌握自己的命运。

但是在人类历史上，我们却不断地看到那些利令智昏的人，自认为他的大脑可以代替所有人的大脑，他的智慧优于其他所有人的智慧，于是利用他手里的权力，阻止人们独立思考，强迫别人接受他自认为正确的思想和行为，结果给他同时代、同民族的人，或者同一个国家的人，甚至整个世界，带来无穷的灾难。

说实话，我在早些年的历史写作中，不断思考故事的表达和作用，力图通过讲故事的方式，把我自己的历史思考传达出来。但是在读这本书之前，我从来没有考虑过，讲故事，也就是"累积的文化"，对我们人类进化到今天竟然有着如此独特和重要的作用。也就是说，如果不会讲故事，人类就不会进化到今天的样子，甚至会退化。对于每一个个体，每一个民族，每一个国家来说，讲好自己的故事，对其发展都是至关重要的。更不要说，讲故事对学者、研究者，特别是历史学家的特殊作用了。

本章为盖亚·文斯（Gaia Vince）《人类进化史：火、语言、美和时间如何创造了我们》（贾青青、李静逸、袁高喆、于小琴译，中信出版社，2021年）所写的序。

二、只有合作才能自我超越

我们大家都很熟悉达尔文的生物进化理论，这种理论认为地球上的生物进化，是由于自然选择的过程。后来这种理论又被用来解释人类社会的发展，最有名的就是赫胥黎（Thomas Henry Huxley）的《进化论与伦理学》(*Evolution and Ethics and other Essays*)，其核心思想是，这种自然界的"物竞天择""适者生存"的规律，也可以用来解释人类社会。在19世纪末，这种理论通过严复翻译的《天演论》被介绍进入中国，起到了警示国人的作用，成为中国近代史上最有影响的著作之一。

《天演论》之所以能够在中国引起这么强烈的反响，与中国在近代所遭受的苦难和被欺辱的历史密切相关。这本书让中国这个沉睡的巨人猛醒过来，惊悚于"亡国灭种"的危险，让无数的知识分子奋起呼吁，要中国人站起来拯救自己的民族。因此，在我们大家的认识中，根深蒂固的理念就是人类的进化和进步，是在不断的竞争中得到的。但是，当我读了加亚·文斯（Gaia Vince）的《人类进化史——火、语言、美与时间如何创造了我们》，让我对人类文明进化的历程有了新的认识和思考：原来人类社会的进化，主要的原因不是因为竞争，而是因为合作。

我为什么对这一点特别有感触？是因为在最近一段时间里，由于与西方世界的摩擦增多，助长了一部分人的对外部世界的敌意或恐惧，想要关上大门，回到过去固步自封状态中去；要不就是过分地自信，认为中国不需要他国，不需要与世界的紧密联系，也能生存得很好。而忘记了我们已经进入了一个你中有我、我中有你的时代，只有敞开大门，多边合作，才是唯一的出路。这也是人类进化的历史所告诉我们的经验和教训。

合作才能实现个人和集体的双赢

数据统计显示，合作才能实现个人和集体的双赢。文斯在书中举出了心理学经典的思想实验——"囚徒困境"这样的例子：一个犯罪团伙的两名成员被捕，警察将他们关在不同的牢房里，两人无法交流。虽然知道他们有罪，但检察官在提审罪犯时，却因为证据不足而无法定罪。于是检察官和罪犯进行了一场交易，给他们三种选项：

1.如果罪犯彼此背叛，即互相揭发了对方，那么他们每人各坐两年牢；2.但是如果只有一人揭发，另一人保持沉默，那么被揭发的一方坐三年牢，揭发的一方被释放；3.如果双方都保持沉默，那每人各坐一年牢。

这样来看，背叛另一个人似乎是最理智的选择。但问题在于，如果两个人都只考虑了自己的利益而选择背叛对方，那么两个人最后都会坐两年牢。如此一来，以个人利益行事的两人得到了最坏的结果，加起来总共四年的刑期。事实上，他们最好的选择是合作，都保持沉默。现实世界中有很多这样的例子，所以合作就逐渐成为我们的默认行为模式。如果我们采取相反的方式，就会付出很大的代价。

要很好地合作，就必须要有规范。不同文化，信仰不同的真理，遵守不同的规范。那么社会规范是如何产生的呢？规范是在社会中自然产生的，而不是某位领导者提出了社会规范，也不是靠一个集权控制的官方来规范社会成员的行为。

规范依据不同的文化和人群是有所区别的。有学者进行过研究，如果要求从"公交车""火车""轨道"三个词中选出两个有关联的词语，西方人习惯于把公交车和火车放在一起，因为它们都是交通工具；而东亚人喜欢把火车和轨道放在一起，因为它们更互相依存。因为西方认为个体是主要的，而东亚人则是以社会为主体的。

所以文斯指出，东亚人和西方人处理信息的方式不同，是因为他们有不同的社会规范。西方的社会规范主要为个人主义，擅长处理单个事物并将信息分类。相反，东亚的社会规范更倾向于集体主义，他们将自身视为整体的一部分，会优先将事物和其背景联系在一起。

但是，不要简单认为由于西方强调个体，就不善于合作。对个体来说，他们个体之间的合作，并不亚于东亚的集体主义，无非是文化的观念不一样而已。从一定程度上来说，由于东亚自身的集体主义，其实经常还妨碍了他们与外界的交往和合作，有的时候反而处于不利的地位。因为当集体在一起的时候，会自然而然地产生一种排他性。

人类一直以来依靠社会群体生存，利他行为构建了社会的凝聚力，包括个体、族群和国家。二战后美国在欧洲的马歇尔计划和在东亚对日本的改造，现在德国和日本不因为军事而被认为是强国，而是因为经济和科技的发达而在世界上举足轻重。

在今天的世界上，人类的许多行为，已经远远超出了只是从某个民族或某个国家谋利益的范围。也就是说，把整个人类的福祉，看作是共同的命运，例如环境恶化、防止全球变暖等等这样的忧虑，已经成为各个国家——无论他们的社会制度、文化、价值观有多大的差异——共同探讨的问题。

2021年11月底，美国宇航局发起了一项故意将航天器撞向小行星的任务，这是阻止巨大的太空岩石撞击地球进行的一次试运行。汽车大小的探测器将以每小时24000多公里的速度撞击一个小行星，试图让它偏离轨道。这个探测器在美国加州由SpaceX火箭发射升空。撞击应该发生在2022年第三季度，那时小行星距离地球1100万公里。

小行星对地球的威胁是真实存在的，8000万年前恐龙的命运，就是这样被改变的。地球再次被小行星撞击的可能性是永远存在的，只是时间而已。因此，我们人类其实面临着共同的命运，只有进行合作，才能够让我们的子孙后代生活在一个安全的地球。

人类发展到今天是合作的结果

《人类进化史》证明，人类优良基因的延续，最重要的不是竞争，而是合作。群体越强大，在和其他群体的竞争中就能表现得越好，这样我们每个人的生存概率就越高。合作让我们形成了公平、公正、与人为善的默认行为模式。

合作的好处表现在许多方面，经常有的合作是默契的。一项研究发现，当司机主动给十字路口等待通行的车让路后，那些被让路的司机在以后的生活中会更愿意给其他车让路，算是一种对当初给他们让路的司机的"回报"。善意总是会这样传递下去，激励每一个人成为更好的人。我们会在等待时排队，为陌生人扶门，咳嗽时捂嘴……这些善意的举动每天都会发生，虽然只是举手之劳，却能创造出一个互帮互助的社会。

让人类普遍学会了合作，让族群之间的凝聚力得以增强，最终增强了每个人的智慧和生存能力。因此这本书说"会合作的人往往更容易成功"。人想要合作的天性是由社会决定的，我们一生都在学习如何让自己更好地帮助别人和与他人合作。

在一个社会充分发展的成熟的社会，比较容易建立一个合作关系；而在一个由国家主导一切的社会中，合作关系就变得困难一些。这让我想到中国存在的问题：社会和国家是一对矛盾，在一切由国家主导的中国，政府机构、官员的清廉、行事风格、对民众的态度，关系到整个社会的风气。而官僚作风、贪污腐败对社会的危害，更大于其他本来就是社会主导型的如欧美那样的国家。所以在中国，政府所能扮演的角色、领导所能扮演的角色，就变得特别重要。而最理想的状态，就是官员们所起到的作用越来越小，因为那样的话，就标志着中国社会的成熟。

文斯告诉我们，社会合作和利他行为，是相互配合的两种社会工具，累积性文化进化依靠它们创造了复杂多样的社会，并利用它们管理社会。社会制度越公平，人们就越具有公共精神；社会制度的可靠性越低，人们就更倾向于保护自己。社会中的合作会给所有人带来好处，从而推动大家进行更多的合作，带来更多的好处，由此形成一个良性循环。

反之亦然，由于领导的不当的操纵，人们之间的关系可能恶化。这本书举了一个例子，在一项合作的实验中，实验的操控者可以操控参加者的环境，可以让他们合作得很愉快，彼此友好，也可以让他们变得相互仇恨。英国操控大师达伦·布朗（Derren Brown）曾导演一个真人秀实验，名为《就范》(The Push)，把一个平凡人变成杀人犯仅需72分钟。纳粹德国就是这样，通过洗脑，造成全民的歇斯底里。所以，哪怕是对我们今天的人来说，对于洗脑必须要有足够的警惕。

外部联系紧密才能促进内部的团结

文斯的这本书还告诉我们,一个群体与外部联系越紧密,内部就越团结。族群之间,民族之间,国与国之间,都应该建立密切的联系,自我孤立是死路一条。在族群相互孤立的地区,文化和基因的复杂性会不断降低,就会衰落,最终导致整个族群濒临灭绝,或是在生存线上挣扎。

《人类进化史》中,给出了澳大利亚塔斯马尼亚岛原住民部落这个典型例子。当欧洲人到达塔斯马尼亚岛时,这里已经与澳大利亚大陆分离了至少一万年。岛上的族群规模小,彼此孤立,生活十分困苦。他们掌握的技术已经非常简化,只有24种不同的工具,其中包括工艺粗糙、漏水严重的小船,他们也不再捕鱼为生。

因为文化和经济的孤立,他们还丧失了生火的能力,他们使用的工具甚至比4万年前欧洲人使用的还要粗糙,更无法与他们离开澳大利亚大陆之前使用的工具相提并论。塔斯马尼亚人的孤立状态深刻影响了他们的集体智慧,也就是说,他们的文化被简化了。与之相比,生活在塔斯马尼亚岛对面巴斯海峡另一边的原住民,就完全不同。他们拥有数百种复杂且部件繁多的工具和船只,用各种不同方法捕鱼、捕鸟和捕捉其他动物。

这个例子让我想到,从国家的角度来看,我们必须与外界保持紧密的联系,把国门打开,拥抱世界,而不是固步自封,自我陶醉。那些认为中国可以把大门关起来自娱自乐的人们,应该从塔斯马尼亚人的退化中看到,封闭对一个国家和民族来说是没有任何前途的。简单地说就是:世界需要中国,但中国更离不开这个世界。

模仿比创新更重要

按照文斯的观点,模仿比创新更重要,因为文化进化本身依赖有效的模仿机制,所以我们只能依靠集体的知识,来解决我们所面临的问题。模仿是文明进化的基础,没有模仿,也就不会有文化的积累,这能让一个群体拥有更加丰富多样的文化。通过模仿,人类创造了现今世界。而要有效地模仿,就要向别人学习,把别人的有用的成果或者经验用于自己。

利用他人经验是获取信息的最佳方式。文斯举例说,当我们决定要去哪家餐厅吃饭时,我们不需要尝遍所有餐厅,只需要看看大多数人的选择就行。然而现实就是那么可笑,我们看到有许许多多的例子,明明我们知道那些行之有效的制度、观念和思想,可以模仿,走一条笔直的新路而达到我们的目的,但是我们却在"创新""探索"的旗号下,走的是曲折甚至是陈腐的老路。

这本书还告诉我们,没有任何东西是单独由一个天才发明出来的,而是知识的传承和积累的结果。创新和发现通常是出于偶然，或是现有技术反复改进和组合的结果。如果幻想一个个体、一个民族、一个国家，要自我创造出一切东西，那是荒唐可笑的。人类发展到今天，各个国家和民族都要充分地利用人类的创造，通过合作来得到人类最新的科技和文明的成果。那种自己要创造一切的想法是无知的，这和要回到自给自足的年代是一个性质。

有多样性，才会有创新。放眼世界，存活下来的族群都拥有足够多样的基因，同时还有一个规模足够庞大的社会网络，保证文化学习的复杂性。一个族群的规模越大，就越有集体智慧，因为族群内会有更多思想的碰撞，就会形成更多的创新。文斯以羽毛箭的发明为例进行了论证：假设一个人只靠自己，要活1000次才会有一次想出给箭装上羽毛的主意，当小组里有1000个人时，他们在一代人之内就可能创造出这个发明。因此，从文化学习角度来说，人口越多，意味着教师就越多。根据实验，一个学生跟几个老师学习比跟一个老师学习有效得多，学到的东西也多得多。

纵观人类文明的发展，一个社会可以自动有效地运转，各行各业都是自然形成的。几千亿的神经元集合在一起，就形成了大脑。它们集合在一起，就会有序地工作，并不需要一个所谓的总指挥，而是各部分自动地发挥着作用。那么怎样才能很好地发挥作用呢？那么就是要遵循各种自然形成的规范。

人类大脑的组成原理，也可以用来理解我们复杂的社会。很多人都不明白一个道理，成天幻想着作为中枢的国家机器来包办一切，这些人崇尚权力，钟情于集中力量办大事，是完全违背人类文明发展规律的。历史反复证明了，那些最庞大的帝国，且不论它们在征战的过程中千千万万生命的代价，就是从文化和文明的发展来看，它们也是人类文明的绊脚石。

人类的平均智力在下降

在这本书中，文斯根据最新的科学研究，指出现在人类的平均脑容量在缩小，也就是说平均智力在下降。脑容量在下降原因是什么呢？是因为由于社会的发展，让那些智力不够的人也能生存下去，也就是说，社会的发展已经不需要这么多高智能的人。当然还有另外一些解释，就是在那些提倡服从崇拜权力、崇拜领袖的文化和族群中，大众自然地认为，自己不需要动脑筋，而是由别人来决定自己的命运。那长此以往，头脑因为越来越少的思考而蜕化。教育服从，不鼓励独立思考和批判，在人种进化中就只会落后。

书中给出了这样一个具有讽刺意味的例子：20世纪30年代，一位犹太人十分高兴地读着《先锋报》，这份报纸是反犹太刊物，是纳粹分子的宣传阵地。他的朋友对此感到十分困惑，于是他向朋友解释道："如果你读的是犹太人写的文章，那么整个世界看起来一片黑暗，没有希望。但你读《先锋报》时，就完全没有这种感觉！在《先锋报》的报道中，犹太人掌控了银行，掌控了国家，甚至还掌控了整个世界！"

历史告诉我们，媒体的新闻经常是有倾向性的。这让我想到今天我们读美国的新闻报道时会发现，美国现在是混乱不堪，问题层出不穷。虽然那些问题都是现实中间存在的，但是一定要意识到，很可能其严重性被夸大了，一定不要被美国的媒体所迷惑。美国的媒体就是以批判现成体制作为它们的使命，对自己的国家的报道都是以负面新闻为主的。我们一定不要因为读了美国的新闻报道，就觉得美国已经是病入膏肓了，而轻视了这个强大的对手，对自己的成功沾沾自喜，忽视了对我们自己问题的关注以及解决。

文明是否会倒退

过去我们总是认为人类是不断向前发展的，把人类看成是一个整体，这种认识是没有问题的。除了人类的自我毁灭，或者地球被小行星撞击被毁灭，人类会继续存在下去。但是人类又是分人种、民族和族群的，因此他们的文明发展或是倒退，是各自不同的。

《人类进化史》这本书告诉我们，人类其实也可能退化，特别是个别族群的退化。其实世界历史已经证明了这一点。在上世纪六七十年代及之前，西亚国家都是相当开放的，人民生活是安定的，用现在时髦的话来说，是与国际接轨的。但是现在，好几个国家是动荡、封闭的。

讲到文明退化的问题，其实中华民族过去也有这种担忧。19世纪末严复翻译并出版赫胥黎的《天演论》后，"物竞天择""优胜劣败"的社会达尔文主义思想，便在中国深入人心。从孙中山到毛泽东都在警告国人：如果中国人不奋起自强，将被世界所淘汰，到时候会国将不国。

20世纪的历史也说明了这一点。当我在读罗兰·斯特龙伯格的《毁灭与重塑——20世纪的欧洲》的时候，有一种强烈的感受，本来进入20世纪以后，随着科学技术的进步和生产能力的提高，世界各国的人民应该享受现代文明所带来的更加幸福的生活，但是却经历了无数残酷和野蛮的暴力，千千万万的生命丧失在血腥的战场上。所以我们现代人藐视"黑暗的中世纪"的那种优越感，可以说是荡然无存。两次世界大战以及其他无数次国与国、民族与民族之间战争的惨痛历史告诉我们，那些试图以发动战争来"做大事"的人是多么地狂妄和无知，无论他们有多么冠冕堂皇的理由，都是人类社会最无耻和最凶恶的敌人。

第二次世界大战以后特别是冷战结束以后，越来越多的民族和国家抛弃了"弱肉强食"的观念，用经济发展、全球化和人类命运共同体，来为自身提供安全保障，为国家和民族谋取幸福。因此，如果在21世纪还信奉"丛林法则"的话，难免把国家和民族引向歧路。

过去人们过度地强调竞争，而现在最重要的是共存共生，而绝不是你死我活。可以这样认为，中国与目前世界上的任何一个国家，都不存在这样的你死我活的一种关系。如果有这样的看法的话，就难以在这个世界上与其他民族和国家和平相处。双赢的局面，应该是现在世界上大家的共同追求。如果有人要打破这样的共同追求，就会被这个世界所排斥。所以回到《人类进化史》的这个重要的观点上来，就是：只有合作才能自我超越。

本篇内容是根据 2021 年 11 月 27 日参加中信出版集团和《新周刊》主办的《人类进化史——火、语言、美与时间如何创造了我们》(加亚·文斯著，贾青青等译，中信出版集团，2021）新书分享活动的发言整理。

三、"认识自我"是至高无上的思考命题

"认识自我",这句镌刻于古希腊神庙的格言,表达了人类与生俱来的内在要求和至高无上的思考命题。达尔文生物进化论的创立,标志着人类对自我本质的艰难探索的又一次伟大进步。进化论的深远意义,在当代著名社会生物学家威尔逊(E.O.Wilson)那里表述得再简洁有力不过了:"发现进化的规律是人类成熟的标志。具有理解力的生命能够领悟自身存在的道理才算成熟的生命。"

20 世纪 30 年代以来,人们在致力于深入认识人类进化规律的同时,又完成了进化论与遗传学说的新的综合,并把这种综合扩大到对人类本性的理解。到了 20 世纪 60 年代,人类的进化已被看作生物进化与文化进化相互作用的结果。人类对自我的认知从此进入一个新的发展阶段。

正是在科学发展的这一背景之下,英国学者雅可布·布洛诺夫斯基(Jacob Bronowski)应英国广播公司之约,创作并主持了电视系列片《人之上升》。这部电视片一经播映,立刻在西方国家引起轰动。后来,作者又将电视片脚本改写成书,使之流传更广。

布洛诺夫斯基

布洛诺夫斯基是一个科学家,但又具有非常杰出的人文眼光,所以他在英国主持的关于科学与文明的电视节目,受到了广泛的欢迎。他能把科学和人类文明、历史、文学等等,非常优美地结合在一起。科技必须尊重人文,否则不会有科技的真正繁荣。

一个文艺复兴式的学者

对我国读者来说，作者的名字可能还比较陌生。他的作品还从未译成中文在我国出版。而在西方，雅可布·布洛诺夫斯基（Jacob Bronowski）作为一位数学家、诗人、发明家、剧作家和人文学者，享有"当代文艺复兴式的学者"的美誉。

布洛诺夫斯基于1908年生于波兰，童年时代即随家移居德国，后又迁英国，并加入英国籍。1927年，他入英国剑桥大学学习数学，1945年，他被任命为英国赴日参谋长代表团的科学代表，分析广岛和长崎的原子弹爆炸。1946—1950年，他担任英国建筑工程部顾问，1950—1963年，领导全英煤炭委员会的研究工作。1964年起，作者成为美国加利福尼亚州圣地亚哥的索尔克生物研究所常任研究员。作者在本书中表现的渊博学识无疑得益于他涉猎多门学科和参与有关社会活动的丰富阅历。

布洛诺夫斯基著述颇丰，其中包括《诗人的辩护》(*The Poet's Defence*, 1939)、《威廉·布莱克与革命时代》(*William Blake and The Age of Revolution*, 1944)、《科学常识》(*The Common Sense of Science*, 1951)、《暴力之外观》(*The Face of Violence*, 1954)、《科学与人类价值》(*Science and Human Values*, 1958)、《算盘与玫瑰之间：关于两个世界体系的新对话》(*With The Abacus and The Rose: A New Dialogue on*

Two World Systems，1965）、《威廉·布莱克选集》(Selections from William Blake，1958）、《西方知识传统》(The Western Intellectual Tradition，1950）、《洞察力》(Insight，1964）、《人的同一性》(The Identity of Man，1965）、《自然与知识：当代科学哲学》(Nature and Knowledge：The Philosophy of Contemporary Science，1969）。有些著作还多次修订再版。其中尤以《科学与人类价值》《人的同一性》以及本书最负盛名。

通俗作品也可以是深刻的

与西方国家名目繁多的人类文明史不同，也区别于关于人类生物进化的一般著作，在《人之上升》中，作者以宏大的气魄、敏捷的才思、深邃的眼光、生动的联想和优美的笔调，把艺术的体验与科学的解释巧妙地融为一体，引导读者进行穿越人类心路历程的美不胜收的精神漫游。作者匠心独运，高屋建瓴，精微至毫发，广阔如苍穹，使本书具有强烈的感染力和深刻的思想性。

在撰写本书时，作者充分发挥了自己得天独厚的优势——精通多门学科、具有极高的审美趣味，以及与当代众多杰出科学家的交往——涉及人类知识的几乎每一个领域：天文、地理、生物、化学、物理、医学、数学、文学、艺术、哲学、宗教……从原始人类的简单技能，到当代科学的伟大成就；从物质结构，到浩渺星空；从游牧生活，到工业革命；从欧几里得几何，到相对论原理；

从宗教裁判所,到奥斯维辛集中营;从基因的排列,到人脑的演化;从《圣经》故事,到莎士比亚戏剧;从炼金术,到原子能……

恰如国外书评所称道的,作者旁征博引,"织成了一张极为富于诱惑力的网",令无数读者为之倾倒。本书不算鸿篇巨制,却清晰而又形象地描述了"人之上升"的每一次重大进步。本书也不是正规意义上的学术著作,但却言简意赅,新见迭出,发人深省。正如美国《芝加哥每日评论》所说:"通俗作品也可以是深刻的,本书就是一个惊人的证明。"

人与自然的故事

自然和人类是彼此制约的。现代进化理论认为,人的本性有两方面:生物的,这是人类和其他生命共同具有的;文化的,这是人独有的。人类的进化不能理解为一种纯生物学过程,也不能完全描述为一部文化史。

在人类的生物进化与文化进化过程之间存在着一种反馈。怎样从整体上把握人类生物进化与文化进化的内在联系,本书无疑为我们提供了有益的启示。作者宣称,本书"与其说表现了一部历史,不如说表达了一种哲学;与其说是科学的哲学,不如说是自然的哲学。这种哲学的主题就是过去所谓自然哲学的现代版本"。这一"现代版本"的特点,就是人的自然史与文化史在当代科学水平上具有哲学意义的新的综合,被称之为"科学文化人类学"。

英国 18 世纪伟大诗人亚历山大·蒲柏曾经计划写作一部关于人、自然和社会相互关系的巨著,但由于当时科学发展水平的局限,未能完成,而只写成绪论部分,即《人论》。而布洛诺夫斯基在本书中依据当代科学成就,成功地表达了对人、自然和社会相互关系的深刻领悟。这也可以看作是"人之上升"吧!

作者把人类进化的漫长历程喻为"人类智慧的常春藤的攀援上升"。在作者看来,科学与艺术的发展都是人类无与伦比的天赋——想象力——的不断进化。人类正是凭借想象力,从已知推测未知,从眼前展望未来,跨越时间和空间,以其科学与艺术的辉煌成就,卓然独立于自然界。正如西方对该书的一篇书评所说,作者在本书中"处处揭示艺术与科学的联系",生动地展现了人之上升的绚丽多彩的画卷。

从这本书中,我们可以看到人对自然的探索和理解,这种探索和理解,塑造了今天人类的知识来源:

关于自然力的新概念,使湖畔派诗人为之神往,以异乎寻常的热情讴歌自然的神奇造化;

科学家对光色关系的揭示,丰富了画家的调色板和诗人的辞藻;

岩石的纹理,同时给艺术家以灵感,给科学家以启示;

相对论不仅具有科学的伟大意义,而且赋予自然科学理论质朴的人性;

测不准原理打破了绝对知识的神话，使科学家也像艺术家那样诉诸情感；

杠杆原理与圆周运动概念，标志着新大陆与旧大陆文化进化的新量度；

阿拉伯王宫中的几何纹饰，代表着当时人们研究空间对称性的水平；

奇音妙响，状物绘形，竟蕴含着简单的数学关系；

科学家对物质结构的分析，与立体派画家的创作，有着异曲同工之妙；

复活节岛上表情呆板的石雕人像，暗示着科学上的无所作为；

文学艺术的爱情主题，竟使人们领悟到人类性选择的奥秘；

农业的起源和牲畜的驯养，不仅是遗传学的古老成就，而且解释了《圣经》的美妙传说；

建筑和雕塑的兴起和发展，反映了人手功能的进化；

普罗米修斯遭受天谴的神话，表明学会用火的人最终区别于一切动物，成为掌握巨大力量的"神人"；

文人墨客对科学家的嘲笑，无意中预言了任何一种理论必将受到挑战的命运；

弥尔顿咏叹力士参孙的诗句，与伽利略和他本人的遭遇相映成趣；

伊萨克·牛顿和威廉·布莱克代表着人类思想的两个方面，共同表达了人的本性；

《李尔王》中主人公的癫狂呓语，何尝不可以看作对宣扬绝对真理的"哲人"的生动写照……

真可谓奇想联翩，汪洋恣肆，令人叹为观止。

人类会不会再度受到挫折

生命科学代替物理科学，成为当代科学的主流，进而又将注意力从人类的生物进化转到人类的生物—文化进化，绝不是自然科学家观察角度或研究兴趣的转移，而反映了自然科学人文化和自然科学与人文科学整体化的趋势。

如果说，生物进化论是对人类状况严肃思考的科学前提，那么，对人类命运的热情关注，就是当代自然科学发展的必然结果，也是每一位富于人文主义精神和责任感的科学家的崇高选择。

确实，在人类进化的漫长历程中，不仅耸立着不朽智慧的丰碑，也回响着人们错误的悲凉挽歌。今天，人类开发出了远远超出自身能力的、同时具有建设性和毁灭性的自然力，从而使自己面临空前严峻的挑战。

作者在以深情挚爱回顾了人之上升的历程之后，"突然发现自己陷入了西方可怕的意志消沉的观念包围之中，感到无限悲哀"。又有谁能够断言，西方文明不会遭遇古代文明的命运，人之上升不会再度受到挫折呢？作者在此表达了对西方文明的前途的深沉忧虑。正如我们无法确定人的生物进化走向何方，我们也难以预料人的文化进化的前景。

耐人寻味的是，20世纪初，德国哲学家施本格勒（Oswald Spengler）在《西方的没落》（The Decline of the West）中，曾经表达了一种"西方文化在劫难逃"的悲观情绪。那么，人类文明的前景如何？一些人寄希望于东方文明的复兴，甚至求助于佛教教义；而社会生物学的发现又使一些人产生误解，认为人类"不过是动物"，从而感到失望，无所适从。

诚然，如果西方文明真的衰落，毕生接受西方教育的作者有理由为之黯然神伤。但是，作者本着一位科学家的良知，以他特有的令人感奋的力量指出，如果我们致力于理解人类自身，就不会囿于已经掌握的知识范围。每一个人，每一种文明，将由于自身天职的驱使，而奋然前行。

人之上升，未有竟时。中华民族在人之上升的历程中，曾经做出不可磨灭的贡献。今天，我们以怎样的姿态迎接未来的挑战，难道不值得我们深长思之吗？此时此刻，我们又回想起诗人蒲柏的一句名言："人类正当的研究对象就是人本身"。

本书文笔优美，用典自然，措辞精巧，寓意隽永，行文潇洒，风格安详。识者誉为当代英国散文的杰作。例如，就其用典而言，书名系反神学家悲叹"人之下降"（the Descent of Man）其意而用之，贴切自然，不着痕迹。第一章标题原文为"Lower Than Angel"，直译为"低于天使"，出自生物进化论创立之初科学与神学的一场论战，在此暗含讽刺意味：人类纵然低于天使，也高于其他一切生命。又如第六章标题《星辰的使者》，源出布鲁诺的同名著作；第七章标题《奇妙的时钟结构》语出笛卡儿笔下。如此等等，不一而足。

译事从来不易，迻译本书，更难乎其难。译者虽勉力为之，仍恐不能传达其神韵于万一。再者，本书系由电视片脚本改写而成，如借助视觉形象，则明白晓畅。但在无法再现其画面的情况下，纵然悠然心会，要将其意趣形诸文字，仍是一件极为困难的工作。同时，本书不独涉及学科甚多，且于诗歌戏剧，时有征引，典故轶闻，每每采撷。译者囿于学识，虽曾持稿求正于方家，仍不免有扞格难通之处，尚祈识者教正。

本篇是作者和任远为译著雅可布·布洛诺夫斯基《人之上升》（四川人民出版社，1988年）所写的译后记，收入本书时稍有修改。

III. 历史的微声

对照走出中世纪以后世界所发生的许多事情，我有时候认为，我们都不配称之为『现代社会』和『现代人』，因为在近现代林林总总的对待人的野蛮残酷和草菅人命，经常是所谓『黑暗的中世纪』所望尘莫及的。

这一部分主要讨论了历史的写作，第一篇的篇目《历史的微声》也就是这本书的书名，通过对卡洛·金茨堡的经典著作《奶酪与蛆虫》的分析，来观察黑暗的欧洲中世纪，讨论怎样去找到一个普通人的声音和思想以及宗教信仰。

而第二篇主要评述疫情期间所读的书以及一些读书思考，特别是作为《深港书评》非虚构好书评选导师，对各阶段选书的一些评述，以及媒体在疫情期间关于读书对我的采访。在这些采访和书评中，我表达了对现在我们所面临问题的思考。毫无疑问，读书对我的思考都非常有帮助。

第三篇是在一个关于都市文化和文学的学术会议上的主题发言，在这个发言中，我讨论了历史真实的问题，以及文学与历史的关系，在多大的程度上文学能够帮助我们认识历史等等问题，并对这些问题进行思考和讨论。

一、"黑暗的中世纪"的叛逆思想

卡洛·金茨堡（Carlo Ginzburg）的《奶酪与蛆虫：一个16世纪磨坊主的宇宙观》，被认为是微观史的代表作，他也因此被认为是最早倡导这个研究取向的历史学家之一。他利用宗教裁判所档案，建构了一个16世纪意大利北部偏僻山村小磨坊主的心灵史。这个小磨坊主把宇宙看成一块被蛆虫咬得到处是洞的奶酪，书名也因此而来。

这本书要解答的问题是：这位小磨坊主的奇怪思想来自哪里？金茨堡根据他阅读过的书和审讯的口供进行了分析。他让我们看到了小人物的内心世界，并由此去解读当时社会、宗教和文化。这本书致力于研究普通民众，是书写大众文化史和微观历史的一个典范。

《奶酪与蛆虫》是我读的第一本微观史的著作，那是1996年，我在约翰斯·霍普金斯大学着手写《街头文化》（*Street Culture*）那篇博士论文的时候，我的指导老师罗威廉（Willian T. Rowe）教授便推荐我看由霍普金斯大学出版社出版的英文本。25年来，

卡洛·金茨堡

作为微观历史的最早的实践者,他告诉我们怎样进入一个普通人的内心世界,他告诫我们,我们所能知道的过去普通人的思想和信仰,几乎都经过了扭曲的观点得到的,所以必须鉴别"大众创造的文化"与"强加在大众身上的文化"之不同。让没有声音的下层发声,就是对他们的最大的善意。

这本书不知道翻了多少遍，在美国和中国澳门，我一直开设新文化史的讨论课，也多次使用这本书。我曾在2010—2014年连续5年的夏天，在华东师大思勉研究院给研究生开设大众文化史和新文化史的课程，但是遗憾的是，由于没有中文翻译本而无法使用该书。

这些年来，我一直自己践行微观历史，力图改变历史研究者、学生和读者对普通人历史的漠视，而微观史可以说是历史研究范式转移的一个重要契机。但是，对于中国的广大读者来说，什么是微观史则并不是很清楚的，毕竟这是一个新的历史书写形式，特别是我们习惯了历史写作要有重大意义和宏大叙事，对这种研究小人物的历史，还有诸多的不习惯和不理解。

需要说明的是，并不是说历史写得琐碎、有许多故事和细节，就是我们所称的微观史。例如，如果我们写一本曾国藩或者胡适的书，哪怕细节再多，无论多么细致，也不是我们所称的微观历史。微观历史的前提之一，就是要写普通人的历史。金茨堡认为，微观历史分析的基本单位应该是人，可以通过各种档案，包括税收记录、出生登记、法院案件等，进行故事的追踪。

根据彼得·伯克（Peter Burke）在《什么是文化史》（*What Is Cultural History*）中的讨论，"微观史学是对历史学与人类学的碰撞做出的反应"。按照他的说法，是"显微镜成为取代望远镜的一种有吸引力的选择"。另外，微观史学也是出于对"宏大叙事"的失望而做出的反应。所谓的"宏大叙事"描述了人类的

彼得·伯克

彼得·伯克是一个眼光敏锐的历史学家，他的《什么是文化史》《以图证史》等著作，是我在课堂上经常使用的参考书。他善于抓住学科发展的一些重要问题，让学生在有限的时间内，了解某个历史研究领域的代表性著作和发展趋向。一个学者，重要的不在于他是否著作等身，而在于其作品是否给人以启迪。

进步，历史研究中充斥着古希腊罗马到基督教的兴起、文艺复兴、宗教改革、科学革命、启蒙运动、法国大革命和工业革命等等。这些固然是历史的重要部分，但不是全部的历史。

在金茨堡看来，微观历史重视"那些被迫害的和被征服的人"，而这些人"被许多历史学家视为边缘人物而不予理睬，甚至通常全然无视"。他不去研究上层，反而去研究一个默默无闻的磨坊主。在过去，哪怕资料再有趣、再独特，如果要使用的话，最多不过"是一条脚注的素材"而已，然而现在"却成了一本书的主题"。就这样，金茨堡便将这本书与过去的主流历史学清晰地区别开来了。

微观历史的思想根源

读这本书的时候，我感兴趣的是，金茨堡"开始学会如何去当一个历史学家"的过程。在1950年代末，他开始尝试从宗教法庭的审判记录中，追寻普通人的历史。这个努力，显然是受意大利共产党的领导人安东尼奥·葛兰西（Antonio Gramsci）《狱中札记》（*The Prison Notebooks*）的影响。葛兰西在墨索里尼的监狱里，写下了这部影响深远的对底层阶级（subaltern classes）文化的反思。虽然金茨堡受到葛兰西的影响，很早就有研究下层的打算，但是按照他自己在《奶酪与蛆虫》2013年版前言中的说法，1970年代的"激进政治气候"，也给予了他这个研究思想上的准备。他对这个"激进政治气候"没有做进一步的

葛兰西

作为意大利共产党的领导人,他在狱中对革命未来的思考,提出了文化霸权理论,指出了一个政权的维持,需要霸权文化力量的配合。其实,我们日常生活中,所听到和看到的信息和文字,无时无刻不面临统治者在文化上对我们普通人所行使的霸权。对付霸权的基本原则,就是不要崇拜霸权。

说明，但应该是指当时全球左翼思潮的广泛散布。

这本书的写作和出版，也是在意大利（乃至欧洲）史学转型的这样一个大背景中出现的。1966年创办的《历史笔记》(*Quaderni Storici*)在微观史的兴起中扮演了重要角色。围绕这个杂志，形成了一个特殊的学术共同体。他们批评主流历史把过多的精力给予了统治者和精英阶层，忽视了广大的民众，特别是下层民众。那些有限的不多的有关民众的研究，常常是被扭曲的历史。

金茨堡在前言中回顾了这本书的起源。在1960年代初，他在意大利的乌迪内（Udine）翻阅一个18世纪宗教法庭审判官的汇编，其中有意大利宗教法庭1000次审判的手抄本目录。他无意间读到一条不过寥寥数行的案情介绍，便产生了极大的兴趣：被告是一个小磨坊主，因为对上帝有不同的看法而受到指控。金茨堡想以后有机会再回来读这些档案，于是把卷宗编号抄在了一张小纸片上。哪知一晃就是7年，直到1970年，他才有机会读到审判的缩微胶片，便立刻被这些记录所触动。又是差不多7年，他出版了《奶酪与蛆虫》。也就是说，从他知道这个档案，到书的最后出版，经历了漫长的14年。

发现庶民的声音

微观历史的研究所面临最大的困难，就是怎样去发现下层民众的声音。正如金茨堡所指出的：在文献资料中，下层民众从来就没有自己的声音，他们的思想和意识全是由记录人来书写的。下层人的声音哪怕能听到，但是"已经经过了重重过滤"。因此我们今天看到的这些资料，这些记录下来的文字，实际上是已经被扭曲的东西，并不是真正的他们的声音，所谓的"大众文化"也是强加在下层民众身上的文化。因此，这本书的写作，就是寻找他们声音的一个过程。

以对这个小磨坊主的审讯记录为例，其中便包括了审讯者的提问、书记员的记录、最后的整理和抄写，等等。金茨堡进一步表示，虽然梅诺基奥给儿子写的信可以视为他直接的思想表达，但是监狱和审讯给了他心理和肉体上的双重压力，因此，"作为历史文献而言，究竟有多大价值"，则是值得怀疑的。然而，当我们读完这本书，发现经过金茨堡的解读，这种价值已经完全地展现无遗。

本书的主人公是小磨坊主梅诺基奥，他因传播"异端邪说"而被宗教法庭起诉，在长达十多年的审讯之后被处死。宗教法庭对他的审讯记录被完整地保存下来，金茨堡从这些完整的记录中，竭力挖掘他的内心世界。

令人惊奇不已的是，梅诺基奥这个农民，在回答审判官问题的时候，竟然经常是长篇大论，详细地阐述了他对宇宙的看法。这本书的书名便是取自梅诺基奥的信仰：在混沌之初，天地万物出现，犹如奶酪中生出虫子一样。这个研究还揭示了随着印刷业的发展，书籍不再由上层阶级垄断，梅诺基奥也得以阅读一些"禁书",他显然在意识形态上已经超越了同时代的其他农民。

金茨堡分析这个小磨房主怎样理解那些文本,从而能够通过研究这样一个在历史上微不足道的小人物,建构一个小磨坊主的心灵史,并由此去解读当时社会、宗教和文化,展示当时意大利大众文化与精英文化之间的关系和冲突。他研究的焦点,实际上是与精英文化相对的大众文化和庶民文化(subaltern culture)的历史。

从这本书的结构看,倒不像是写学术书,而是小说的谋篇布局。本来书的篇幅就不大,却分成了62章,有的章只有1—2页,是非常另类的学术专著。但是正是因为这种结构,哪怕几乎全部资料都是根据档案,却有了读小说的感觉,把我们带入了"黑暗的中世纪"的意大利乡村世界。

从这本书中,我们可以看到这个农民不屈服于教会,对所谓上帝创造人的批驳,而提出了自己的一套解释。他明明已经在危险之中,仍然管不住自己的嘴,喜欢辩论,喋喋不休地阐发自己的见解,称《圣经》是骗人的,耶稣也不是为了拯救人类而死,从而让自己陷入了危险之中。

其实他的观点都是公开的,口无遮拦,到处讲他的世界观,大家也是听之任之。虽然被认为是一个怪人,但是多年来安然无恙。不幸的是,他被一个神父所告发。但是第一次长时期的审判后,他居然能够逃过一劫。本来应该已经成功着陆,却被人第二次告发,最后丧失了生命。读罢这本书,更让人感到他的死,似乎被一只隐藏的上帝之手所操纵着。

审判的细节

罗马宗教法庭（Roman Holy Office）对审讯有着严格的要求，其记录详细到在法庭上发生的一切，都被完整记录下来，包括审讯的提问，被告的所有答复，一切陈述，刑讯过程中的一言一行，甚至包括他的叹息、哭泣、痛悔、泪水，等等。书记员的职责，便是如实地、一字不差地将所发生的一切记录下来。问和答都是以第三人称语气转述的。

在每个案例宣判前，罗马的最高法庭会对审判记录进行仔细的审核，之所以要求这么详细的记录，便是试图防止审讯中的不正当行为，比如一些审判官提出诱导性或暗示性的问题。而且宗教裁判所并不急于得出结论，一个案例便反反复复地审讯，哪怕持续经年。

从本书的描写看来，梅诺基奥沉醉于自己的表达，他似乎还很享受在法庭上有这么多有文化的人听他的滔滔不绝的辩论，和过去只能对着一群几乎不通文墨的农民和手工艺人的听众，是不可同日而语的。他不相信世界是由上帝创造，他说耶稣基督不过是一个人。他憧憬一种当时流行小说中描写的"新世界"，一种乌托邦，所谓"安乐乡"的世界：奶酪堆成山，从山洞里涌出牛奶的大河，没有家庭，还有性自由，男女都赤身露体，既无酷暑也无严寒……

从梅诺基奥自己的招供看，他内心对教会充满着仇恨，在他被审讯之后，有时候他"几乎失去了对自己的控制"，他宣称"想要跑出去，搞点儿破坏"，他还想要"杀掉那些教士，放火焚烧那些教堂，做点儿疯狂的事"。他感到孤立无援，面对自己遭遇的种种不公，他唯一的反应，就是向那些迫害他的人报仇雪恨。不过最后他没有付诸实施，无非是顾及两个年幼的孩子。

在监狱里受了将近两年的折磨，梅诺基奥终于屈服了。1586年，梅诺基奥写信表示了忏悔，请求原谅：首先苦兮兮地说自己"身为囚徒"的可怜，"恳求"宗教法庭考虑"是否值得原谅"，承认自己有"过错"，愿意做出"更多补赎"。他说自己处于"极度窘境"，"乞请"赦免。

他陈述了自己自从被从家中带走，"投入这残酷的监狱受罚"，已经两年多的时间，被剥夺了与妻子见面的权利，而他的孩子们，也因为"日子贫苦也被迫弃我于不顾，令我唯有一死"。似乎他经过两年的审判，已经彻底服软，愿意放弃自己过去那些"奇谈怪论"，为"自己犯下的大罪懊悔悲痛，乞求原谅，首先是来自我主上帝的原谅，其是来自神圣的宗教法庭的原谅"。他请求法庭"恩赐"，将他释放，并保证"依照神圣罗马教会的教诲生活"。

在外人看来，梅诺基奥的身体也真的是日渐虚弱，他身患疾病，有一次人们甚至认为"他会死掉"，他在监狱里"居然熬了这么久"，也是出乎人们的意料。他经常对监狱看守谈起，他懊悔"以前相信的那些蠢事"，还表示其实他"从未坚持过那些东西"，不过是因为受了"魔鬼的诱惑",才造成那些"奇思异想"进入他的头脑。看起来,他是要"真心诚意地痛悔前非"了。

罪名是荒唐的,审判是郑重的

宗教裁判所对所谓"异端"的审判,是我们谈到"黑暗的中世纪"最常用的例子。在这本书提供的宗教审判的具体过程,给我的印象是,哪怕罪名是荒谬的,但是审讯是严肃的、认真的,所以才留下那么详细的记录。

那封忏悔书递上去以后,主教和审判官并没有束之高阁,置之不理,还真传唤了梅诺基奥。他陈述了牢狱的状况:"条件恶劣,泥涂遍地,昏黑阴暗,潮湿不堪",彻底毁掉了他的健康,他躺了4个月下不了床,两条腿和脸都浮肿了,听力几乎丧失,"仿如离体游魂"。他哭泣着苦苦哀求,俯伏在地上卑微地请求原谅:"为冒犯了我主上帝而深感后悔",说自己是"愚蠢地被魔鬼所蒙蔽",其实自己并不明白"魔鬼告诉我的那些东西"。他说自己并不为被投进监狱而感到不幸,还说假如不是为了他的妻子和孩子,他"宁愿在牢狱中度过余生,以此补偿他对耶稣基督的冒犯"。但他很穷,必须靠着两座磨坊和两块租的地养活他的妻子、7个孩子和几个孙儿孙女。

似乎主教和审判官被他的忏悔所打动,对其给予了很轻的惩罚之后,便把他释放了。但是令他不得离开所在地,禁止他公开谈论或提及那些危险的想法；还必须定期忏悔，在衣服外面穿上一件绘有十字架的忏悔服，也就是说他在公开场合是一个戴罪之身。他要出狱，还必须有一个保人，一个叫比亚西奥的朋友出面为他作保。如果梅诺基奥违反释放条件的话，将缴纳一笔罚金。梅诺基奥回到了家，"身心俱已残破不堪"。

梅诺基奥回到了家中，难以置信的是，他还"恢复了自己在乡里乡邻中的地位"。尽管触犯了教廷的"天条"，遭到了惩戒，还被投进了监狱，但是1590年，他居然被任命为教堂的管理人，还监管教区基金。新的教区神父是梅诺基奥的童年好友，金茨堡猜想，他可能在这一任命上帮了忙。当时没人觉得让一位异端分子，而且实际上就是一个异端的头子担任这个职务有何不妥。按照金茨堡的说法，管理人这个职位，经常由磨坊主担任，这大概是因为他们有一定财力垫付教区管理所需的资金，而他们通常都会延迟交付从信众那里收集的什一税，从中赚上一笔。

随着时间的流逝，梅诺基奥便试图去除判决给予他的那些惩罚，即摆脱身着忏悔服和不得离开居住地的禁令。于是，在他被释放的大约6年后，他决定前往乌迪内，去见新上任的宗教法庭审判官，请求免除这两项责罚。虽然关于去除忏悔服，得到的回复是否定的，然而他行动自由的要求则得到了同意，可以在各个地方营生，以"纾解自己和家人的贫困处境"。

过去我们所知道的"黑暗的中世纪"，宗教法庭的审判就是为了清除异端，其实当我们进入到历史的细节，却发现和我们想象的完全不一样。对照走出中世纪以后世界所发生的许多事情，我有时候认为，我们都不配称之为"现代社会"和"现代人"，因为在近现代林林总总的对待人的野蛮残酷和草菅人命，经常是所谓"黑暗的中世纪"所望尘莫及的。我们看到够多的实例，无数无辜的人被处死，并没有审判，或者只是装模作样地、潦草地审判，成千上万人的死去甚至并非他们有什么离经叛道的思想，而只是那些主宰他们命运的大人物的随心所欲，或者不过是满足其个人的野心。

尘埃落定

按照金茨堡的说法，本来梅诺基奥过上了正常的生活，"昔日那场审判所带来的后果，一点一点地被抹除了"。没有想到的是，他想要去除两项对他的限制，可能重新提醒了本来宗教法庭已经遗忘的案子。就是说，他本来已经度过了最严峻的时刻，虽然生活上有一些窘迫，但应该没有生命之忧。也可能他认为这个案子已经被遗忘，于是他自己口无遮拦的老毛病又犯了，最终因此断送了卿卿性命。

而置他于危险境地的，起因于一次稀松平常的谈话。那应该是上一年的狂欢节期间，梅诺基奥在得到宗教法庭审判官的许可后，离开蒙特雷阿莱前往乌迪内。某天的晚祷时分，他在广场上遇到了一个叫卢纳尔多·西门的人，开始闲聊了起来。他们曾经因为参加宗教节日庆典活动而相识。然而这次闲谈,却要了他的命。

卢纳尔多给宗教法庭写了一封告密信,汇报了这次谈话的内容。哪怕是今天看来,这次谈话与他在第一次审判的交代,都算不得什么惊世骇俗。梅诺基奥问:"我听说你打算当个修士,真的吗?"卢纳尔多:"这难道不是个好故事吗?"梅诺基奥:"不是,因为这跟伸手要饭差不多。"在随后的谈话中,梅诺基奥却又开始攻击教会,表明了多年前信里面的忏悔并非是真的抛弃了他那些奇谈怪论。

其实,这次告发并没有得到及时处理,直到两年后,即1598年10月,可能是出于偶然,宗教法庭的审判官在审核现有记录时,把这个告发信与过去的审讯联系了起来,于是"宗教法庭的机器再次开动了"。

有趣的是,他再次被抓之前,知道对他的调查已经启动,显然他是有机会逃跑的,而且"他知道,他会因此而死",但他并不想逃跑,因为他还记得他朋友对宗教法庭替他作的担保,否则"他是会逃到日内瓦去的"。可见他还是一个有情有义的人,他决定坐以待毙,哪怕"已经在展望自己的生命尽头了",他等待着"迫害者的到来"。

1599年6月末,他被抓了起来,7月他出庭受审,法庭问他是否想要聘请一位律师,他回答道:"除了请求怜悯之外,我不想再做任何其他辩护了;不过,如果我可以有个律师的话,我会接受的，但我很穷。"当我们读到这个细节，一定会感到吃惊，在中世纪的意大利，法庭难道会为一个贫穷的"罪犯"指定律师吗？或者这个指定的律师会为那位"罪犯"真正地辩护吗？

但是事实却是一名法庭委任的辩护人被指派给了梅诺基奥，随后，这名律师向法官们提交了一份很长的案情摘要，替"穷苦可怜"的梅诺基奥辩护。他宣称，证据都是二手和自相矛盾的，这些证据显然表明了被告人的"头脑简单和愚昧无知"，他请求将被告无罪释放。这就是说，这位法庭所指定的律师，真的是站在被告人一边，为他受到的指控竭力地洗刷，虽然并没有成功。1599 年 8 月，宗教法庭一致裁定梅诺基奥为"累犯"，决定对被告进行刑讯逼供，以获取共犯名单。梅诺基奥的房子也被搜查。随后，梅诺基奥被判处死刑并执行。

微观历史的生命力

除了卡洛·金茨堡，还有埃马纽埃尔·勒华拉杜里（Emmanuel Le Roy Ladurie）、罗伯特·达恩顿（Robert Darnton）、娜塔莉·戴维斯（Natalie Zemon Davis）等活跃于微观历史的研究，他们的代表作不但得到了历史学界的认可，也为领域之外的读者所喜欢。

例如埃马纽埃尔·勒华拉杜里的《蒙塔尤》(*Montaillou*)，研究的是 14 世纪法国一个山村的日常生活。宗教裁判所法庭案卷记录，犹如人类学家的田野调查，事无巨细，为重建若干世纪前法国山村生活提供了可信的资料。稍晚些时候的这个取向的作品有罗伯特·达恩顿的《屠猫记：法国文化史钩沉》(The Great Cat Massacre: And Other Episodes in French Cultural History)，他依据不同的资料来源，包括民间传说故事、手工工匠的自传、城市指南、警察密探报告、狄德罗的《百科全书》、读者与出版社的通信等，侧面讨论了早期近代法国的社会和文化。

还有娜塔莉·戴维斯的《马丁·盖尔归来》(The Return of Martin Guerre)，讲的是16世纪中叶法国农村发生的一个传奇故事。农民马丁·盖尔离家出走多年没有音讯，后忽然回到家乡。几年后，岳父把他告上法庭，指控他是冒名顶替者，但是他差点就让法官相信了他的说辞，真正的马丁·盖尔出现了。这个故事在法国长期流传，早年就有两本书以这个案件为主题，其中一本还是参与此案审讯的法官所撰。以这一案件为蓝本的演绎作品还有剧本、小说、电影等。戴维斯以微观史的方法，不仅讲述了生动的故事，还再现了当时农民的日常生活和家庭生活。

由于这些年来对微观历史的兴趣，使我对金茨堡的研究十分关注。几年以前，当前文提到的《历史笔记》杂志做一个微观历史的主题，邀请我提交一篇论文。在邀请信中，专门提到了金茨堡与这个杂志的那段历史，我有幸成为这个杂志的作者，似乎与金茨堡有了某种学理上的联系。虽然对这本书非常喜欢，也喜欢作者，过去在美国教书的时候也经常去洛杉矶（他退休前是加州大学洛杉矶校区的教授），但是却没有想到要去拜访他。不过，由于疫情，线上活动多了起来，当得知今年（注：即2021年）3月3日凌晨1点，他在线上有一个对话，还是决定看看这个线上讲座，我看完了才上床睡觉，算是第一次见到了他本人，虽然是通过在线上，算是满足了见到本书作者的好奇心。

上面提到的这些微观史学的代表作，中文翻译本出版已经很多年了。金茨堡的第一本书《夜间的战斗》(The Night Battles: Witchcraft and Agrarian Cults in the Sixteenth and Seventeenth Century)的中文本，也早就出版了，唯独《奶酪与蛆虫》这本书，是"只听楼梯响，不见人下来"。后面具体的原因，似乎有什么故事，我不清楚，反正是姗姗来迟。这些年来，虽然关于此书的介绍甚多，但是读者始终不得其真面目。非常高兴这本书的中文版终于由广西师范大学出版社（理想国）推出了。我想这本书的出版，对微观历史在中国进一步受到关注，将会发挥重要的作用。

本文是为卡洛·金茨堡《奶酪与蛆虫：一个16世纪磨坊主的宇宙》（鲁伊译，广西师范大学出版社，2021年）所写的书评，载《新京报书评周刊》2021年7月6日，原题为《这本迟到的经典，为什么值得我们等待45年？》。

二、非虚构写作需要批判的眼光

这一组文章是在疫情期间,参加非虚构优秀作品的评选所写的评述,以及接受媒体采访读书问题的一些回答,在一定程度上反映了困守在家里的我彼时的阅读和思考。通过读书,让我对这个世界、对这个社会、对我们的国家和民族的许多问题都有更深刻的思考。让我更进一步地认识到,作为这个社会的一员,作为一个知识分子,批判的精神是至关重要的。

非虚构写作应该有社会担当

这50本初选书,都是好书,历史题材占大多数。其中外文翻译占主流,共37本,国内作品13本,这个分布也大概反映了西方特别是英文世界在非虚构写作方面的强势。不过最近一些年,中国的非虚构写作已经有了长足的发展。

要从这50本中挑出25本作为下一步评奖的候选书目,我面临着选择的困难,十分难以取舍。不过我还是在一定程度上,平衡我选书的代表性,比如尽量一个出版社选一本,照顾不同的题材和风格等。不过，虽然有着平衡的考虑，我还是有一定的评选标准：首先是要讲好故事，把故事讲精彩，有看头；其次是好的题材，新颖而独特，有启发，有吸引力；第三是写作的技巧，有叙事的连贯性、系统性，乃至写作上的创新；第四是有思想，有社会担当，有影响力。

这 25 本书内容各异，但题材无非就两大类：历史和现实。其中历史 16 本，现实 9 本。这 25 本书中，翻译作品 19 本，中文原创 6 本。

中文原创的 6 本中，5 本都是历史题材，其中许知远的《青年变革者》，以"笔端常带感情"的写法，生动描述了中国近代的改良思想家和活动家梁启超的成长之路；《南京传》是文学家叶兆言对南京历史的史诗般的展示；郭建龙的《汴京之围》则是对北宋靖康之变的前因后果，写出了为什么一个王朝从所谓的盛世，只用了三年时间便彻底崩溃；在《显微镜下的大明》中，作者马伯庸则从故纸堆中，翻检出明代基层发生的 6 个尘封已久的故事，从真实的、我们历史学家不关注的细节里，让我们看到了一幅幅极其鲜活的政治生态；《购物凶猛》的作者孙骁骥把中国人全球疯狂购物这样一个奇观，放到整个 20 世纪的大背景下，追寻其来龙去脉，从而建构出一部生动有趣的 20 世纪中国消费史。

只有《寂静的孩子》是现实的题材，作者袁凌采访各地的留守、疾病、贫穷、失学、随迁、单亲的儿童，让我们知道了在经济发展的过程中，那些面临生活磨难的孩子的故事。中国写现实社会的非虚构作品非常少,原因是复杂的。我认为,主要不是我们的作家对现实缺乏关怀,而经常是政治的因素对现实题材的写作和出版造成了许多障碍。

翻译作品中有三本是关于中国的题材。谢健的《帝国之裘》考察了清帝对于北部边疆的想象、进贡体系、自然环境、奢侈品贸易等互动关系,为我们理解清朝边疆历史提供了新颖的视角。《午夜北平》的作者保罗·法兰奇像一个侦探一样,把1937年北京城里一桩英国女郎的谋杀分尸谜案,梳理得清清楚楚,引人入胜。另外一本是钱锁桥的《林语堂传》,从书中我们看到,林语堂不仅仅是文学家,而且也是批评家、哲学家、思想家等多重身份,作者勾画了一个天才作家的立体画像。

然而对现实社会的考问,重头还是翻译的作品。我们可以看到,这些选出的写现实的题材,多是批判性的。批判性的写作,才能激发我们的思考,特别是美国作者对制度和国家权力的批判,如《美国的代价》揭露了美国反恐后面不为人知的内幕,人们所付出的代价,从巨额美元的浪费到权力的滥用;《因为性别》则讲述了十位妇女在遭遇职场性别歧视后,勇敢地以法律为武器,提起法律诉讼的十个典型的案件,它们改变了美国女性职场环境。

还有对社会黑暗和丑恶的揭露,如《坏血》的作者约翰·卡雷鲁通过对当代白富美神话伊丽莎白·霍尔姆斯所创立的企业的深度调查,揭穿了其所谓革命性的血液检测技术,即通过一滴血进行上百项目的检测,不过是一个惊天的骗局。有的是人性的思考，一种特殊的职业，就是一个观察社会和人的窗口，如《好好告别》的作者凯特琳·道蒂，根据她在殡葬业的经历，写下了我们每个人都会面对但又一无所知的关于与死者打交道的故事。还有对正义的坚守，如《否认》的作者黛博拉·利普斯塔特教授，被英国著名历史学家戴维·厄文以诽谤罪告上法庭，详细生动讲述了"与大屠杀否认者在法庭的日子"；还有如戴伦·麦加维《英国下层阶级的愤怒》，贴近英国下层阶级民众的生活，揭示他们贫困的真相。所选书中对现实社会的批判的优秀非虚构作品还包括《权贵：他们何以逍遥法外》和《用后即弃的人：全球经济中的新奴隶制》等。

但是历史题材在翻译的非虚构作品中，也是占了非常大的比重。有的书提供了认识历史的独特的视角，充满着对人类命运的思考，如《黑羊与灰鹰》根据巴尔干旅行的见闻，通过对当地居民生存现状的见证，追溯巴尔干的历史，揭示这个地区各民族的命运。有的是对历史的深刻反思，如斯文·贝克特的《棉花帝国》，以棉花作为研究对象，将贩卖黑奴、贸易、美国南北战争、印度棉花种植等逻辑地联系在了一起，清楚展示了一部资本主义全球史。有的则选取历史的某一个切片，《大恶臭》作者罗斯玛丽·阿什顿以1858年伦敦泰晤士河由于污染而出现整个城市的大恶臭的事件，讲述了达尔文、狄更斯和时任财政大臣在那一年有趣而曲折的经历。

在我选中的名单上，历史题材还有《死屋：沙皇统治时期的西伯利亚流放制度》《印象巴黎：印象派的诞生及其对世界的革命性影响》《曾经辉煌：底特律的故事》《伊斯坦布尔三城记》，它们都是非常优秀而耐读的佳作，由于篇幅的限制，这里就不再做具体评述了。

本文是笔者作为《晶报·深港书评》十大非虚构图书评选导师所写的评论，发表于《晶报》2020 年 1 月 19 日。

我们能从历史中吸取教训吗

深港书评选出了十大非虚构好书，给由于疫情宅家的人们，提供了一个非常好的书单。当然，现在本来应该是节后上班的时刻，在家读书，也是无奈之举，但也给了我们机会，反思我们人类的所作所为。

非虚构写作，写作者要有社会关怀，有责任心，要贴近民心，要揭示问题，给人们以警醒。新冠病毒的袭来，被迫"关在笼子里"的我们，不得不认真思考人与自然、人与动物的关系。我们开始怀疑我们过去所深信不疑的人类的优越感，动摇所坚信的可以按照我们的意志主宰和改造自然的臆想。现在，我们似乎恍然大悟，我们并不是无所不能，脚踏地球，面对大自然，那无形的力量，让我们开始发觉，是不是回归我们祖先那样的对大自然的敬畏之心？

在这 10 本书中，有 3 本涉及人在面对自然和自然灾害的时候的思考和行为，以及应该进行的反思。其中《过敏大流行：微生物的消失与免疫系统的永恒之战》恐怕最接近目前我们所面临的困境了。人类在历史上便不断地与病毒、细菌、真菌和蠕虫进行搏斗，它们给人的身体带来了多方面的影响。人类对它们的认识，经历了一个漫长的过程，是与现代医学的发展相辅相成的。如何与这些人类杀手共生，仍然是我们所面临的疑难问题。

另外两本与自然有关的书，故事都发生在日本。《巨浪下的小学》写的是 2011 年由于特大地震所引发海啸与核泄漏，所造成的自然和人为的巨大灾难。为什么同一所小学竟然有 84 名师生葬身于巨浪之下？作者用了 6 年时间追踪调查，还原这场悲剧的全过程，挖掘日本应对机制的致命缺陷。在日本的抗灾时期，人们时常可以听到的克服困难和挑战的劝勉之词"加油"（Ganbaro），但是口号固然令人鼓舞，但却不能掩盖本来不该发生的悲剧，反思就是避免灾难再次发生的开始。

人类欠这个地球太多，欠共生在这个地球的其他生物太多。《朱鹮的遗言》通过受到保护但最终灭绝的日本朱鹮，揭露了人类对大自然的犯罪，以及当错已铸成，我们无论怎样努力也无力回天的失望。这本书虽然是讲鸟，其实也在讲人，以及人与鸟之间的难舍难分，充分感受到"鸟之将死，其鸣也哀"的痛苦。其实，像日本朱鹮灭绝一样，长江白鲟这种曾经在地球上生活了几百万年的动物，也已经在我们的眼前永远消失。当失去的东西永远失去了，我们才开始忏悔，但是已经于事无补了。

其余的 7 本书，有 3 本则是批判现代社会，其中《坏血：一个硅谷巨头的秘密与谎言》《寂静的孩子》我也已经评论过。而《用后即弃的人：全球经济中的新奴隶制》，在深港书评 2 月 25 日的推文中，已经有长篇介绍，这里不再重复。入选的十本书中，有 4 本都是写历史，即《午夜北平》《青年变革者：梁启超（1873—1898）》《南京传》和《死屋：沙皇统治时期的西伯利亚流放制度》，前 3 本我已经在初选的 25 本的那篇评论中进行过介绍，这里不再赘述。

对于《死屋》则值得特别说几句。陀思妥耶夫斯基根据自己在西伯利亚的流放经历，写下了自己的代表作之一《死屋手记》，本书的书名便是由此而来。沙皇政权曾将超过 100 万名囚犯及其家人流放到这个"没有屋顶的大监狱"，这本书展示了这种流放制度的残酷和无人性。那些被流放的囚犯中，许多是俄国的知识精英，但是悲惨的处境没有使他们的反抗精神磨灭，他们的事迹鼓舞了更多的反沙皇制度的人们，造就了那个制度的掘墓人。因此，我们看到，当专制政权把知识精英变成了政治上的死敌，那么这种制度的垮台，就是必然的了。

本文是笔者作为《晶报·深港书评》十大非虚构图书评选导师所写评论，发表于《晶报》2020 年 2 月 28 日，题为《我们能从历史中吸取教训吗？》。

非虚构写作要有人文和社会的关怀

2020年是全球的大疫之年,当面临巨大的灾难,困守在家中的我们,有更多的时间去思考这个世界怎么了,在我们的周围发生了什么,我们怎样面对未来……毫无疑问,阅读有深度、有启发的好书,将有助于我们的反思。

去年出了不少关于疾病、流感、病毒、免疫、医药等方面的书籍,满足了大众在这个特殊时期对这方面知识的需求。这次所选的十大好书中,有3本是这方面的专题:《1918年之疫:被流感改变的世界》用丰富的资料和生动的表达,再现了造成全球巨大人口死亡的大流感惨状;非虚构科普作品《优雅的守卫者:人类免疫系统的故事》,以通俗的形式讲述了人体复杂的免疫系统的有趣的知识;《仿制药的真相》的作者历10年坚持不懈的调查,揭露了全球仿制药产业链的种种黑幕。

美国非虚构的作者擅长深度调查,对社会和体制有无所畏惧的批判精神,同时又充满人文关怀,所以在2020年十大非虚构好书中,有6本来自美国也就不奇怪了。《女佣的故事》是作者的自传性叙事,展示了一个不向命运认输的单亲妈妈的奋斗。2020年是美国的大选年,引起全球关注,人们在不断地问这样一个问题,特朗普为什么能够得到美国将近一半人的支持?《故土的陌生人:美国保守派的愤怒与哀痛》一书的作者,便试图从文化传统、经济和教育等方面入手,来了解这样一大批保守的蓝领阶层。

与2019年相比，2020年度的十大非虚构好书中历史作品有所减少，不过仍然有两本入选：《贝多芬传：磨难与辉煌》堪称鸿篇巨制，深度挖掘了贝多芬的真实形象。当读到本书的第31章，同时听着那宏伟的第九交响曲，便能更深刻地感悟这位天才音乐家的内心世界。

《猎巫：塞勒姆1692》是关于17世纪末发生在美国马萨诸塞小镇的一系列荒谬的所谓对巫术的审判。这个"猎巫"的歇斯底里，让我想起孔飞力《叫魂》所描述的乾隆时期对"叫魂"的清剿，两者有许多的相似性。塞勒姆的"猎巫"持续了不过9个月，但留下的创伤却是长期的，其中的冤案，到了21世纪才最后被了结。到了今天，以至于"猎巫"（witch hunt）成了政治迫害的同义词。本书以小说般的情节徐徐展开，故事引人入胜。令我印象十分深刻的是，作者能够挖掘出这么多的细节，把这个事件还原得如此地鲜活。书中所揭示的问题是令人震惊的，值得我们认真地思考：愚昧怎样能够唆使人们对自己的家人、邻居等提出最严厉的指控，甚至把他们送上了断头台。这个互害的模式，为文明世界不断地敲响着警钟。

这次十大非虚构好书中，有3部是中文原创：《袁庚传奇》为我们讲述了在改革开放初期这位招商局蛇口工业区领导者的精彩故事；《废品生活：垃圾场的经济、社群与空间》追踪10位拾荒者的经历，贴近社会底层，关注边缘人的生活；《见证生命，见证爱》则是作者根据亲身接触的病患案例，用真情实感探讨生命与死亡的问题。

关于中文非虚构写作，有非常多的可以深入挖掘的题材。虽然写作者可能面临各种限制，但是如果选题角度得当，有人文的关怀，有深度调查的恒心，有观察细节的敏锐，有谋篇布局的技巧，有文献分析和解读的能力，有引人入胜的故事讲述，有严肃社会问题的探索，就一定能够写出更多打动读者的精彩作品来。

本文是笔者作为《晶报·深港书评》十大非虚构图书评选导师所写评论，发表于《晶报》2021年4月20日，原题为《王笛：非虚构写作，写作者要有社会关怀，揭示问题，给人们以警醒》。

史家如何讲述自己的故事

历史学家研究的对象都是他者，但间或也有写史家自己历史的，这便是他们的自传或回忆录。近些年流行的有黄仁宇的《黄河青山》和何炳棣的《读史阅世六十年》，两书在大陆出版已有若干年，是两位杰出历史学家的学术生活的真实记录。

虽然他们都是著名史家，但经历可以说是天壤之别。何炳棣基本上是一帆风顺，读书和任教都在名校，学术地位在西方迅速得到承认，又成为美国亚洲学会的第一位华裔会长。但黄仁宇则非常坎坷，在国民党军队以少校军衔退伍之后，中年才入密歇根大学读博，著作的出版屡遭挫折，更不幸的是，在60多岁时竟然被解聘，失去教职。虽然黄有幸看到他的《万历十五年》在中国和西方的出版，但其大部分著作是在他去世后才风行起来的，可以说他并没有充分享受到自己的巨大成功。

两书的共同特点，无论是写成功还是失败，都是历史的真实记录。历史学家写自己的历史，最大的优点便是以事实为基础，具有非常高的可信度，而不是天南海北地纵横驰骋。两本书中都有不少他们与一些著名学者或史家的交往，如何炳棣与杨振宁、李政道、胡适等的关系，黄仁宇与李约瑟、费正清等的合作。既有友情，也有怨言，还有人物臧否。从何书中，我们可以感到传主的自信、自负和恃才傲物；而从黄书中，则是怀才不遇的无奈和愤懑。因此，一本是成功者的业绩，另一本是艰苦跋涉者的辛酸。不过对我而言，后者更能打动心灵。

从中国到美国求发展的学者有一个巨大的断层。老一辈史家像余英时、何炳棣、黄仁宇等大多是二战前后留美。但1949年后由于冷战以及中西方的交恶，鲜有学子从大陆到西方留学，这个状况直到1980年代初期才开始改变。近30年来，中国学生留美攻读历史渐多，相当一部分留在美国任教，有的在美国已有了相当的学术影响和地位，刚出版的《在美国发现历史——留美历史学人反思录》，31位历史学者写自己的亲身经历，从不同角度反映了他们在美国学习和学术发展的轨迹。

如果说何、黄两书多是反映过去美国史学界的情况，那么这本书则可以说是目前这个领域的写照，从本书我们可以看到他们的挫折和成功，充满着鲜活的故事、深刻的反思，当然也有成功的自豪。细心的读者还可以体会到，这些活跃在美国历史界的新一代华裔历史学家们，在政治倾向、历史观念、研究方法等方面，都颇有不同，有的甚至对立，反映了美国多元文化的特点。虽然目前这些新生代在学术地位上，还没有达到先辈们的高度，但从群体规模观之，其在美国大学课堂上的影响，却是先辈们所难以企及的。而且他们之中大多数正处于创作的高峰期，未来的学术大发展，在西方学术界拥有一席之地，应该是没有疑问的。

如果我们要想知道西方学术界的一些基本规则和实践，这三本书无疑都从不同的时间和不同的角度，讲述了在美国读书、工作、人际关系、发表论文、出版专著、合作研究等鲜为人知的内幕，对了解西方学术环境、史学发展、博士培养、西方的学术语言和规范等，都是非常有用的参考书。

本节发表在《中华读书报》2010年9月15日，原题为《由两本书引起的思考》。

三、都市故事与都市历史——关于真实性的讨论

文学在多大的程度上可以反映历史？作为一个历史研究者，我今天在这个主题发言中，主要从历史研究的角度，集中讨论三个问题：第一，怎样认识历史的真实性；第二，文学有历史真实性吗？第三，都市文学与都市历史。

怎样认识历史的真实性

怎样认识历史的真实性？作为一个历史研究者，我经常会思考这个问题。我认为，我们所说的历史，其实包括了两个方面。第一是历史的本身，就是过去了的事情，昨天就是历史，历史过去了就过去了，无论它过去了几千年、几百年、几十年，过去所发生的事情，就是历史。

第二个方面，就是今天我们进行的历史写作，其实就是重新建构已经过去的历史，这面临着非常大的困难。历史学家致力于收集过去留下来的各种资料来进行历史的写作，来重构过去的历

史，但是这个资料相对于我们所说的第一种历史，实际上只是非常小的一个部分。我认为今天能够看到的东西，不到过去已经发生的事件的百分之一。也就是说今天我们依据非常少的历史记载来进行历史重构的时候，那么我们在多大的程度上是反映了历史的真实呢？

其实历史的真实性，是历史学家所一直探讨的问题，怎样去寻找历史的真实性？19世纪伟大的德国历史学家冯·兰克就指出，历史学家的历史写作一定要通过档案、通过历史的记载，去发现真实的历史。这其实也是过去无论是西方还是中国的历史学家所一直做的努力，我们的历史写作，要竭尽全力地去寻找历史的真实性。包括从上个世纪20年代以后中国的新史学，都是这样一个研究的路径。

经过20世纪中国历史学的发展，我们可以看到，实际上我们中国的历史研究传统，也是要寻找真实性。但是，我们可以看到上世纪下半叶，历史研究不断地社会科学化的倾向，就是用一些社会科学的理论和方法来研究历史。运用社会科学研究的方法，当然是一个非常重要的进步，但问题在于也出现了另外一个倾向，我们力图把历史研究社会科学化，论文和专著越来越远离文学，历史写作越来越枯燥，越来越变成了科学的论文。实际上这种现象，不仅是在中国，在西方也是同样的情况。

在上世纪的70年代，美国历史学家海登·怀特，在他的那本《元史学》(Metahistory) 中，就提出了历史研究的语言学转向（linguistic turn）。也就是说我们的历史学家并不把一切历史的记载，都看成是历史的本身，而只是一种叙事，一种文本，甚至是一种文学。所以他才提出史与诗并不存在截然分离的鸿沟。我们必须运用语言来表达历史，就是说我们的历史书写，其实存在一个基本的文学架构。怀特认为在本质上，历史写作和文学并没有实质性的差别。

到底历史写作是否有写作者的臆想或者再创作的成分？回答是肯定的。比如说司马迁的《史记》，虽然是一部历史，但是其文学上的成就非常高，无论是中学还是大学，《史记》经常被选作古文阅读的范例。我在最近一段时间经常思考这个问题：司马迁生活在西汉，大概是公元前2世纪，但是《史记》所包括的内容实际上覆盖了司马迁同时代及之前的三千年的历史。如果我们今天来写过去三千年的历史，我们的条件要比司马迁好得多，因为我们有考古的发现，有更多的文献的记载，但是在司马迁的那个时代，文献是非常少的。实际上司马迁在《史记》中就讲到了这个问题，他到各地去进行采访、考察，记录口述的资料，完成《史记》这本伟大的著作。

因此，司马迁的《史记》的记载，在当时文献资料、考古资料非常少，甚至没有的情况下，他写的历史，其实有相当的部分是缺乏直接历史根据的。《史记》上溯到过去三千年的历史，远自上古传说，近至汉武帝。司马迁生于公元前145年，荆轲刺秦王发生在公元前227年，中间已经相距70—80年的时间，犹如我们今天要写一个1940年代的人物,如果只靠口述,其历史的真实性可想而知。因此,一个逻辑的问题是,在多大的程度上,《史记》实际上是一部文学作品,在多大的程度上经过了司马迁自己的文学再创作?

同时我也在想,当古希腊作家、历史学家希罗多德在写《希腊波斯战争史》的时候,是写的同时代的历史,即公元前499—前449年间希腊城邦与波斯帝国之间半个世纪的战争,他生活在那个时代。所以如果和《史记》相比的话,我认为希罗多德写的《希腊波斯战争史》,实际上比司马迁的《史记》要更接近于历史的本身,或者是更有历史的真实性。

这里我指出的是,历史的写作和文学的写作实际上都是一种再创造。过去历史学家总是自认为自己所写的历史是根据历史的资料,因此所写的历史就是真实的,就客观反映了历史的本身。现在我越来越不认同这样一个看法,我认为任何历史的写作,无论掌握的资料是多么地丰富,无论从主观上是多么地客观,不带有任何的偏见,无论做多大的努力去发现真实的历史,但是历史的写作不可改变的是,这是一种主观的行为。历史记载哪怕不是别有用心的、有目的地歪曲历史,也不可避免地存在偏见、局限甚至谬误。

由于是主观的行为,我认为实际上历史的写作是否真实,在多大的程度上是真实的,是没法进行验证的。如果是科学的研究,就可以验证,比如社会学或者经济学。所以现在无论是在西方,还是中国，并不把历史放到社会科学领域之中，历史学像文学一样，属于人文学。

举个简单的例子，不同的历史学家面对同样的资料，所写出来的东西是有差别的，甚至还有非常大的差别。为什么是这样呢？因为对一份资料的理解和分析，每个人都是不一样的，要受包括意识形态、家庭背景、教育、阶级、经济地位、地域文化等等因素的影响。

记得 2002 年夏天，在北京西郊的香山卧佛寺开了一个新史学的学术讨论会。在会下闲聊的时候，因为当时刘大鹏的《退想斋日记》正日益受到关注，但是只出版了一个选编本，是这个规模很大日记的很小的一个部分。我就提出了一个动议，我们可以选十个历史学者，分别去山西省图书馆读《退想斋日记》的原本，互相之间并不讨论，读后各自写出论文，那将是一个非常好的尝试。这将证明，我们在读这个日记的时候，看到的东西是不一样的，关注点是不一样的，还有主题、方法、问题、兴趣点、出发点等等，都是不一样的。但是后来通过了解，山西省图书馆并没有把这个日记开放给学者使用，所以这个计划死于腹中。到目前为止，这部日记仍然没有全部出版（注：根据最新消息，《退想斋日记》将全部影印出版）。我认为，哪怕没有正式出版，图书馆可以数字化，提供给学者使用，现在还有学者对这个设想感兴趣的话，可以做这样的尝试。

因此，每一种历史写作，都是个体的。过去我们宣称，历史研究要去发现历史的规律。如果有规律，那么意思就是说，我们今天研究历史，可以从过去几千年的历史中，发现一些可能重复或者可以预测的历史现象。规律性出现的现象，这是肯定的。但问题在于，如果我们认为从历史中发现了规律，意思就是说这个规律也可以运用在未来。我想人们可能不会同意，无论我们今天做什么事情，无论采取什么政策，无论今天发生了什么，历史都会按照某种既定的轨道演进。

所以我认为，历史是没有规律的，一个非常小的因素，一个领袖人物的一念之差，一个政府的一个政策，甚至天气，甚至一个事故，非常小的而且没法预测的一件事情……就可以改变历史。我们从世界历史和中国历史中可以发现无数这样的例子。我们经常说的蝴蝶效应，从历史的角度看，也是会产生的。

因此，我们过去所设想的要发现历史规律，是一个不可能完成的任务。因为历史的本身是没有规律可循的。我经常想，有的时候历史给我们的机会，实际上就这么一次。如果历史有规律的话，那就是说我们一个民族、一个国家可以不怕折腾，既然历史有规律，今天犯了错误以后，根据规律是会回到原来的轨道；或者历史既然是按照既定轨道发展的，那么无论我们多么努力，也是不会改变结果的，这样也会陷入历史的宿命论。我认为，对一个人，一个民族，一个国家，有的时候机会失去了，就永远失去了，并非按照某种规律，我们还会返回到康庄大道上。也可能走上了错误的道路，是永远没有回头路的，或者是意识到路已经走

III. 历史的微声

错,但是却永远不可能掉头。其实,世界历史上一些民族和国家的毁灭,就是因为选择了一条错误的不归路。

文学有历史真实性吗

文学作品毫无疑问的是对社会的认识和反映,实际上我们在创作文学作品的时候,在时间的维度上,有若干种选择:一是写我们的同时代,就是说作者生活的时代;二是去写过去的时代,甚至写未来的时代;三是完全不涉及任何时代,而是表达一种精神世界,特别是诗歌。这里我着重要讨论的是写同时代的文学。

写同时代文学,无论是小说还是其他文学形式,其实就是在记录历史。我们可以找到非常多的这样的文学作品。以上海为例,便有张爱玲的《金锁记》《倾城之恋》等,王安忆的《长恨歌》,金宇澄的《繁花》,陈丹燕的"上海三部曲"(这是纪实文学作品,包括《上海的红颜遗事》《上海的风花雪月》《上海的金枝玉叶》)等。当我在读这些作品的时候,能够感觉其中强烈的历史感,特别是他们笔下所描写的都市生活、都市文化、普通人的故事、人与人之间的关系,甚至每天日常的吃、喝、拉、撒、住这样的一些细节。

我经常在想,如果我们在 50 年以后,再来看 1950 年代、1960 年代、1970 年代、1980 年代、1990 年代上海的日常生活,到底那时的读者从文学那里得到的东西更多呢,还是从历史学家的史书得到东西更多？虽然我是一个历史学者，但是我越来越怀疑我们50年以后，甚至100年以后要了解上个世纪后半叶中国的日常生活、都市文化等等，我们的读者从文学作品中所得到的肯定比从史学著作那里得到的东西更多。

因为文学家写当代，实际上也是写自己的经历、自己的观察，当然有他们的主观立场，但是至少记录了当时的都市日常生活、文化、社会和普通人，虽然是通过他们的眼睛。而且文学家所写的都市，实际上也反映了他们对那段历史的看法，是从他们特定的角度来观察那段历史和那个时代的都市。

当然我们也必须要承认，每一个文学家所记录的历史是不一样的，各有其特定的角度，不同的价值观，等等。我们也必须看到他们的写作和历史本身有着相当的差距，这也是正常的，因为历史的写作与历史本身也是有差距的，而且甚至存在相当大的差距。

这就让我经常在思考，为什么在历史写作和历史研究中，关注当代普通人的生活非常少呢？当然我们可以指出很多客观的因素，强调写当代面临的各种障碍，有各种担忧，环境的制约，等等。我承认这些客观因素造成的困难，其实我自己也遇到过这类的限制，但是我认为最主要的问题还是史学观。我们历史学家秉承了中国历史写作的传统，热衷于宏大叙事，对大事件、领袖、英雄等等充满着兴趣，而漠视了普通人、日常生活，那些每天都能看得到的，哪怕在我们眼前出现一万次，我们对它们也是熟视无睹，也不愿意把它们记载下来，这就是我们历史写作存在的最大问题。

在记录当代历史这方面，我们经常认为它离我们太近，没有记载的价值。史家在当代历史的写作方面，是不称职的，我们不能给后人提供我们今天生活的记录，那么在 50 年以后、100 年以后，人们只能去读文学家的作品。

其实，不仅仅是城市，以后要了解当代农村，也得靠文学家。写中国农村的文学作品更多，路遥的《平凡的世界》，莫言的《生死疲劳》，余华的《活着》，杨本芬的《秋园》，等等。这些文学作品无疑反映了所描述的时代的方方面面，今后的人们可以通过这些文学作品来了解当代的普通人是怎么生活的，但是我们历史学家拿不出这些东西。

路遥《平凡的世界》描写了陕西一个村庄农民的命运，从 20 世纪 70 年代，至粉碎"四人帮"及改革开放初期，黄土高原上所发生的故事。本书被称为"史诗"，是当之无愧的。这部小说就是那个时代普通人生活的真实记载，正如他自己所说的："生活可以故事化，但历史不能编造，不能有半点似是而非的东西。只有彻底弄清了社会历史背景，才有可能在艺术中准确描绘这些背景下人们的生活形态和精神形态。"

为了找到历史感和历史根据，路遥还去查阅当时的报纸，逐日逐月逐年地查，了解发生的重大事件，和当时人们生活的知识。《人民日报》《光明日报》，省报、地区报、《参考消息》的全部合订本，并随手在笔记本上记下某年某月某日的大事，和一些认为有用的东西。由于工作量太大，以至于他感觉"几乎成了一种奴隶般的机械性劳动",苦不堪言(路遥《早晨从中午开始》)。他在后来的写作中,其实作为读者,我也能感觉到,这种尊重历史的文学写作是非常有力量的。

因此,在记载民众的生活史上,我觉得文学家比历史学家做得更好。历史学家把眼光只放到大人物和重要事件上,对人民的生活视而不见。这本小说所反映的日常生活和风俗习惯,为了生存的挣扎,人与人之间的关系,政治对农民的影响,等等,记录了非常真实的历史。

从为民众写史的角度看,杰出的文学家比历史学家所撰写的著作更生动、更接地气。从某种程度来说,甚至更接近历史的本身。我有个预感,百年以后,我们的后人想了解20世纪中国人的生活,恐怕主要不是从历史著作,而是阅读这些发人深省的著名小说了。

我们在讨论历史真实性问题的时候,其实每一个人、每一个学者、每一个历史学家,都没有一个统一的标准。因此,什么是真实性,是因人而异的。也就是说,这个学者认为某个记录或写作是真实的,但是换另外一个人,却并不这样看。但同时我也认为,在历史写作中,需要追求历史的真实性。我还是同意兰克所主张的,一定要从历史的记载,从历史的资料,去发现历史的真实性,这应该是每一个历史学家的追求。

但是,我对所谓的绝对的真实性是表示怀疑的,因为我们受到各种条件的制约。非常可能的是,我们自认为那是真实的,但实际上可能相当大的程度上是误解,甚至离真实性相差还非常远。

但我也坚信，随着历史学者研究的深入、历史学家的努力，我们的历史研究会越来越接近历史的真实。不过，我们离历史的真实到底有多远，我们永远也不可能知道。因为过去的事情已经过去了，哪怕有再丰富的资料，也只是过去历史本身的极小的一部分。

都市文学与都市历史

我在前面已经提到，历史写作也是一种文学表达。海登·怀特在他的《元史学》中指出，在历史写作的深层结构上，和文学写作一样。他分析了关于19世纪欧洲历史的一些代表性作品，包括米什莱（著有《拉丁和条顿民族史》等）、兰克（著有《宗教改革时期的德意志史》等）、托克维尔（著有《旧制度与大革命》等）、布克哈特（著有《意大利文艺复兴时期的文化》等），从这四个历史学家的历史作品的深层结构看，可以分别划分为浪漫剧、喜剧、悲剧和讽刺剧。怀特认为，各种不同的历史著作实际上最终都可以归于这四种形式。而且历史写作的表达也像文学一样，也有隐喻、提喻、转喻、讽喻等等。实际上，历史和文学所采用的语言、表达方法、书写形式等，都是非常类似的。

我自己的历史研究中，反复阅读了从晚清一直到民国时期关于四川特别是成都的大量文学作品，包括李劼人的《暴风雨前》《大波》，巴金的《家》《春》《秋》，沙汀的《在其香居茶馆里》等。

不同的文学作品对历史的记录是不一样的，比如说我更看重李劼人写的小说，他的作品大多数都是在上世纪三四十年代出版的。在1949年以后，他对自己的小说进行了反复的修改。为什么他要反复修改自己的作品呢？正如他在《大波》前言中自嘲说，他的作品被批评缺乏革命的浪漫主义，像一本历史的记事本末。

李劼人的著作没有更多用文学的想象和创造，而是相当纪实的风格，这对我使用他的小说来证史非常重要。他很少修饰，所描写的事件、人物、茶馆、街道、庙宇、地名、生活方式等等，都是有历史依据的，几乎可以视为历史资料来使用。沙汀也说他的《在其香居茶馆里》，就是他在茶馆看到的场景的一个直观描述，基本上没有做什么创作，无非结尾加了一点自己的东西，整个故事就是一个真实的记录。

我还大量使用竹枝词。竹枝词作为诗歌的一种形式，实际真实地、直观地反映了当时人们的日常生活。我在写《茶馆》的时候，发现关于19世纪的成都茶馆几乎没有记载，而仅有的资料，竟然是几首竹枝词中的描述。竹枝词这样的文学作品，提供了非常真实的过去普通人生活的历史记录。

因此，当代文学作品给后世的历史写作提供了非常珍贵的资料。在世界历史上也看得到类似的例子，比如说狄更斯所描写的伦敦，巴尔扎克所描写的巴黎，都是城市历史、居民、文化和生活的非常丰富的、有趣的、有细节的记录。

都市文学是记录都市历史的一个重要资源，我们一定不要轻视它。上世纪80年代以后，在西方兴起的新文化史，便特别重视对文学资料的使用。在过去，无论是在西方还是中国，历史的记载都忽视日常生活和普通民众，那么使用文学作品就变得更为重要，它们提供了过去我们在历史资料中所很难见到的东西。在二十四史中，哪里去寻找普通人的生活、他们的故事以及对他们的描述呢？可以说是几乎没有，那么我们现在要重构他们的生活，经常只有在文学作品中去寻找。

现在不少读者质疑史景迁在《王氏之死》中，使用了大量蒲松龄的《聊斋志异》中的描述。当然，这个质疑也是有道理的，但是我们需要知道，史景迁在这本书中写的是清初山东偏远乡村的普通农民，而且是在1970年代出版的，当时微观史在意大利和法国才刚刚起步，中国的历史学家还把注意力放在农民战争、革命、精英等重大课题上。而在那个时候，史景迁便把他的研究兴趣放到了那些默默无闻的普通人，放到了落后的乡村。在资料缺乏的情况下，史景迁另辟蹊径，从他聚焦的山东郯城，稍微偏离一点，即蒲松龄生活在离郯城不远的淄川，他关于鬼怪故事的社会背景，无疑反映了当时的人们生活的环境、经济和文化。也就是说，史景迁在没有历史资料的情况下，却能够从文学的描述中，对地方乡土和生活描绘出一个大概的轮廓。

其实，使用文学资料来研究历史也不是新文化史的专利。近代中国的史学家像胡适、陈寅恪也以文学资料证史，如胡适的《红楼梦考证》、陈寅恪晚年重要的著作《元白诗笺证稿》《柳如是别

史景迁

关于史景迁,几乎在我的每本书里面,都可以看到他的影子。他是通过人,通过以人为中心,通过人的故事,来展示他对中国历史的理解。他的书,甚至比很多用理论框架建构起来的著作更能解释中国的历史。我一直强调历史要有故事,要有细节;用理论框架来分析,理论先行,有时候会力不从心。不要用所谓理论来掩饰自己叙事的贫乏。

传》等等，都是以文学作品证史的范例，虽然考据法和新文化史的人文的、文学的写作，还是存在着非常大的差距。

* * *

通过梳理历史和文学的历史真实性问题，最后我想指出以下几点：首先，历史学家不应该放弃文学性的历史写作，如果历史写作变得越来越社会科学化，越来越远离文学，便会逐渐失去广大的读者。其次，历史研究和写作，需要把焦点转移到普通人、日常生活、日常文化，这样，历史写作是可以在文学上有所作为的，其实就是回归到文史不分家的传统。再次，文学是可以用作历史资料的，以文学证史不仅仅是新文化史的路径，也是近代中国史学传统的一部分。

我们历史学家不应该轻视文学中对历史的记载。过去我们的历史研究忌讳引用文学作品，就在于我们不认为文学是对历史的记载，历史学家认为只有我们才是记录历史的，才能够寻找历史的真实。这实际上是历史学家过分强调自己的作用，其实，文学对历史记载的贡献同样重要。文学写作也可以是历史性的，历史写作也要有文学性。历史学家向文学家可以学到非常多的东西。

我们历史学家一定要把我们的眼光向下，要写普通人，写日常生活。英雄、帝王、政治人物、知识精英固然创造了历史，但是历史同时也是普通人所创造的。一定不要让我们的历史成为一个不平衡的历史,要写英雄,要写政治人物,要写大事件,同时也要写普通人和日常生活,也就是说历史研究应该有一个史学观的转变,就是从国家叙事到民众叙事的转变。我想指出的是,并不是说不要国家叙事,国家的大叙事、国家的命运,这些都是我们史家应该大书特书的,但是也必须充分重视民众和日常,这才是全面的、平衡的历史,才是尽量真实的、公正的历史。

本篇是2021年6月26日在上海师范大学举行的"重访中国近现代都市文学与文化"国际学术研讨会暨首届"都市文化与文学"研讨会第二场专题会议上的主题发言。删节版发表于《探索与争鸣》2022年第3期。

IV. 世界历史中的中国

任何国家或民族的社会和文化传统，都有自己发展的有利和不利的一面，其命运和发展方向取决于许多复杂的因素。我们应该仔细分析这些复杂因素，避免根据一些既成观念而轻率地下结论。

对中国的认识不仅仅从中国的眼光来观察，西方人对中国的研究，也都值得我们重视，因为它们提供了不同的视角，不同的思考方式，不同的文化和政治背景，不同的史学观，甚至对不同的资料掌握，对我们认识中国的历史是非常有帮助的。

　　这个部分收入了三篇文章，第一篇讨论怎样把中国的研究放到世界历史研究的大范畴之中，但本文并不是泛泛而谈，而是主要讨论西方新文化史对中国历史研究的作用和影响，以及对我们认识中国有些什么帮助。

　　第二篇从美国史的角度来观察中美关系。过去我们对中美关系的理解以及西方关于中美关系的研究，主要是从那些研究中国历史的角度进行观察。其实还有相当大一部分中美关系的研究，是站在美国外交史角度的分析，这篇文章主要就是讨论这方面的重要的成果，为我们换一个角度去考察中美关系。

第三篇是关于日本和中国的比较研究，主要是评述了美国研究日本史的学者的成果。这些成果从日本的政治、社会和文化的角度来比较中国，主要想回答为什么近代日本和中国走了不同的道路。通过对日本历史的研究，可以帮助我们理解近代中国，看到了中国与日本社会的差异。这种差异，怎样影响到它们的政治选择、经济发展以及文化的塑造。

在这些文章中，读者可以发现有一个共同点，即西方的研究是在西方学术环境之下产生的，与我们的研究可以形成非常有意义的对话。我们既非全盘地接受，更不是一味地排斥，而是批判性地思考和借鉴乃至进行学术的对话。中西方学术传统的不同，并不能成为交流的障碍，反而是可以交流和互补的。

一、把中国放到世界历史中

历史研究者都各有其专攻，但是各领域却应该是相互开放的。也就是说，近代史与古代史、中国史和世界史、文化史和经济史、社会史和政治史，等等，都不应该各自是一个封闭的体系，而彼此是可以对话的，相互借鉴和吸取有用的东西。我自来主张历史学本身是开放的学科。这个开放可以从两个方面来看：一是从历史学内部，就是上面所列举的若干种关系；二是历史学之于其他学科，如社会学、人类学、政治学、文学等等，也应该是开放的，也是可以相互融合的。其实，西方新文化史的发展，便是在很大程度上融合人类学的结果。

新文化史是 1970 和 1980 年代西方史学界发生转向的重要标志之一。[1] 最近十多年来，西方新文化史的研究也日益受到国内学

---

[1] 这个时期西方历史学界出现了"语言学转向"（linguistic turn）和"叙述转向"（narrative turn），特别是 H. 怀特（Hayden White）等对整体史提出了挑战，主张历史和文学的结合，强调历史写作的叙事性和故事性。参见 Hayden White, *Metahistory : The Historical Imagination in Nineteenth-Century Europe* (Baltimore : Johns Hopkins University Press, 1973) ; Hayden White, *The Fiction of Narrative : Essays on History, Literature, and Theory, 1957-2007* (Edited by Robert Doran. Baltimore : Johns Hopkins University Press, 2010)。

者的重视，学者也发表了不少评论。[1]在这篇文章里，我主要讨论西方新文化史对中国历史研究的影响，以及结合我自己的实证研究，来提出对这个研究取向的思考。中国历史研究的传统是对民众缺乏重视，而新文化史的一个最重要的特征就是研究民众的历史，特别是个体的经历，所以我把讨论的重点放到探索为民众写史的方法论问题，讨论我们能够从新文化史的研究受到什么启发，而中国的个案研究，能够给新文化史带来什么新鲜的经验。

从中国看世界与从世界看中国

我们这里所说的中国史和世界史的相互融合，我的理解并非

---

[1] 国内关于新文化史的评论文章不少，例如张仲民：《新文化史与中国研究》，《复旦学报》2008年第1期，第100—108页；王笛：《新文化史、微观史和大众文化史——西方有关成果及其对中国史研究的影响》，《近代史研究》2009年第1期，第126—140页；王晴佳：《新文化史的兴起与史学的转向》，《河北学刊》2017年第2期，第41—46页。张仲民对新文化史在中国的发展进行了比较系统的梳理，认为这个取向逐渐影响到中国的史学工作者的研究，尽管"不乏模仿和稚嫩成分，但仍然给人耳目一新的感觉，激发了更多的学者关注新文化史和加入这个阵营，也进而尝试写作自己的新文化史作品"。（张仲民：《新世纪以来中国大陆的新文化史研究》，《历史教学问题》2013年第1期，第56页。）关于中国学者有关研究的评述，参见张仲民：《新文化史与中国研究》，《复旦学报》2008年第1期，第100—108页；常建华：《日常生活与社会文化史——"新文化史"观照下的中国社会文化史研究》，《史学理论研究》2012年第1期，第67—79页；刘文楠：《新文化史视野下的民国政治——海外民国史近著评述》，《史林》2012年第5期，第135—144页。

是把这两个研究领域合二为一,而是应该相互地参照和借鉴,可以有各个方面和层次的相互作用,之间不应该建立学科不可逾越的"壁垒"。从研究视野的层面看,在研究中国历史的时候,要有世界历史的眼光,把中国放到世界这个大环境中。其实有些问题,我们只是从中国史的角度还不一定能够看清楚,但把视野放到整个世界的时候,也就是说把中国作为世界历史的一个部分,而不是把它作为一个独立的国别史来看待的时候,我们对中国的认识反而深化了。而从研究世界史的角度看,也需要把中国历史作为世界史的一个重要组成部分,也就是打破过去世界史研究中的西方中心论,把东方的这个文明古国作为参照系,观察和讨论中国怎样影响和改变了世界。

从研究方法的层面看,首先是需要中国国内的中国史和世界史领域的交叉,研究课题的合作和方法上的借鉴;其次是中国的历史学家和西方的历史学家的合作和交流;第三是历史学家在做研究的时候把世界的历史和中国的历史进行比较,比如说彭慕兰的《大分流》这样的研究取向,把中国的江南和英格兰的经济史进行的宏观比较考察[1];第四是西方的史学研究思潮和方法对中国历史研究的影响,如新文化史取向和方法的借鉴;第五是对中国史的研究可以采取全球史和跨国史的视野和方法,比如斯温·贝

---

[1] Kenneth Pomeranz, *The Great Divergence: Europe, China, and Making of the Modern World Economy* (Princeton: Princeton University Press, 2001).

克特的《棉花帝国》，研究的是一个全球史课题，但它也是以印度、中国、英国、美国等的具体的国别的事例作为支撑的[1]。

过去一些年，全球和跨国史的研究，已经非常流行，出了一些优秀的成果，实际上把国与国之间或者一个国家和全球作为一个整体来认识，哪怕是一个地方的微观故事，很可能是整个全球大事件链条中的一环。例如在萨拉·罗斯（Sarah Rose）的《茶叶大盗：改变世界史的中国茶》里，就是讲的英国人罗伯特·福钧（Robert Fortune）受东印度公司的委托，把中国的茶种和茶树偷到了印度进行培植，谁也没有想到的是，1849年5月，当福钧在迷雾缭绕的武夷山奔走的时候，改变世界的序幕便徐徐拉开，短短二三十年，世界茶叶贸易的重心就从中国转移到了英国的殖民地。[2]这个研究提供了从微观入手的小故事，怎样可能与全球剧变的大问题关联的经典案例。其实，在很多年前（1990年代）当我为《街头文化》那本书收集资料的时候，福钧就引起了我的注意，因为发现了他在1853年出版的两卷本《两访中国的茶乡》[3]没有想到的是，多年以后，罗斯在大英图书馆藏的东印度公司的档案中，挖掘出福钧致东印度公司的大量信件，把缺失的历史碎

[1] Sven Beckert, *Empire of Cotton: A Global History* (New York: Penguin Books, 2014).

[2] Sarah Rose, *For All the Tea in China: How England Stole the World's Favorite Drink and Changed History* (New York: Penguin Books, 2011).

[3] Robert Fortune, *Two Visits to the Tea Countries of China*. 2 vols. (London: John Murray, 1853).

片精彩地拼接在了一起。

我认为，在中国史和世界史融合的问题上，新文化史取向在中国的影响是一个非常好的切入点。从法国和意大利起源的新文化史的一个最重要的成果，就是微观史的发展；而微观史的研究，也是最近一些年我思考和实践最多的一个研究方向。[1]这个取向使研究的目光从上层转移到下层，由中心转移到边缘，把普通人作为研究的主要对象，拓展了人们对于历史的认识，使我们看到了英雄或者精英之外的小人物的历史。这是对此前政治史、社会史、经济史等宏大叙事的反思，强调它们忽视的问题。虽然大事件的研究仍然是许多历史学家的研究中心，但在此大背景下，一些新课题如日常生活、物质文化、性别、身体、形象、记忆、语言等却得到明显的发展。

新文化史"新"在哪里

所谓新文化史的"新"主要表现在如下两个方面：一是研究对象重心的转移，即从英雄人物到普通人；二是研究方法的改变，强调多学科交叉，特别是人类学的影响。彼得·伯克（Peter Burke）在他的《什么是文化史》中，概括了文化史研究的四个

---

[1] 关于新文化史和微观史的关系，可以见周兵：《微观史学与新文化史》，《学术研究》2006年第6期，第89—95页；王笛：《新文化史、微观史和大众文化史——西方有关成果及其对中国史研究的影响》，《近代史研究》2009年第1期，第126—129页。

阶段，第一是经典阶段，关注的是雅文化或经典，如19世纪雅库布·布克哈特（Jacob Burckhardt）的《意大利文艺复兴时期的文化》（*Civilization of the Renaissance in Italy*），赫伊津哈（Johan Huizinga）于1919年出版的《中世纪之秋》（*Autumn of the Middle Ages*）等。第二阶段始于1930年代，是艺术的社会史阶段，如马克斯·韦伯（Max Weber）以及研究图像的欧文·潘诺夫斯基（Erwin Panofsky）等。第三阶段是1960年代的大众文化史阶段，如研究边缘人群的艾瑞克·霍布斯鲍姆（Eric Hobsbawm）。第四阶段就是这里所讨论的1970年代以后发展起来的新文化史阶段，主要是受到人类学影响。[1]

人类学家提供了一种个案研究的模型，这样，便可以相对详细地研究群体中的普通人。伯克认为人类学和历史学是两个极为相似的学科，这两个学科在交往中总会被对方身上熟悉的部分所吸引。例如罗伯特·达恩顿（Bobert Darnton）的《屠猫记》就受到克利夫德·吉尔兹（Clifford Geertz）的影响，他在书的鸣谢中写道，1970年代，他在普林斯顿大学与吉尔兹先是共同开设心灵史的入门课，在此基础上后来发展成"历史学与人类学的讨论课"。他说自己"对人类学的了解大多是那期间他教我的"。[2]

---

[1] Peter Burke, *What Is Cultural History*? (Second edition. Cambridge, UK: Polity, 2008), pp. 6–7.

[2] Robert Darnton, *The Great Cat Massacre and Other Episodes in French Cultural History* (New York: Basic Books), p. xiii.

吉尔兹

多年以前,我刚接触到微观历史,他那篇关于印尼巴厘岛斗鸡的人类学研究,让我眼界大开,反复研读,懂得了那些所谓"无意义"的活动,其中有许多奥秘有待我们去发现。他提出要对文本进行"深描",通过特殊的视角和细致的分析,展示人的语言、行为、信仰等,对人的文化进行分析,使人的行为得到最大程度的还原。如果说一滴水可以看到大海,那么没有所谓无意义的研究题目。

人类学方法的采用，推动了微观史的发展。

其实反过来，历史学也给人类学带来了启发。除了依赖田野调查，人类学家也在文本中挖掘故事。人类学重视田野，并不依赖二手材料，但是历史学的文献研究方法，给人类学提供了一种工具，思考如何从文本中挖掘故事的问题。马歇尔·萨林斯（Marshall Sahlins）的《历史之岛》（Islands of History）就是通过土著库克船长（Captain Cook）与欧洲航海者故事的分析，考察夏威夷、斐济、新西兰等岛屿的历史与欧洲历史的交集，将过去与现在、结构与事件、个人与社会区分开来，并以对西方历史和人类学的批判态度，带来一个全新的对库克船长的解读。[1]在中国历史的研究方面，哈佛大学的人类学家华生（James L. Watson）、耶鲁大学的人类学家萧凤霞（Helen F. Siu）等，都走过类似的路子，即从人类学的角度，使用历史文本来对某个人群或社会进行考察。[2]

---

[1] Marshall Sahlins, *Islands of History* (Chicago: University of Chicago Press, 1985); Peter Burke, *What Is Cultural History?* chap. 6.

[2] James L. Watson, "Standardizing the Gods: The Promotion of T'ien Hou ("Empress of Heaven") Along the South China Coast, 960-1960," pp. 292-324 in David Johnson, A. J. Nathan, and E. S. Rawski (eds.), *Popular Culture in Late Imperial China* (Berkeley and Los Angles: University of California Press, 1985); Helen F. Siu, "Recycling Rituals: Politics and Popular Culture in Contemporary Rural China," pp.121-137 in Perry Link, Richard Madsen, and Paul G. Pickowicz (eds.), *Unofficial China: Popular Culture and Thought in the People's Republic* (Boulder: Westview Press, 1989).

新文化史和西方新马克思主义的理论有紧密的联系。后者试图从文化层面,而不只是从经济层面研究资本主义,这和新文化史不谋而合。这个理论的一些概念如文化霸权、精英文化、大众文化等,也成了新文化史的关键词。安东尼奥·葛兰西(Antonio Gramsci)的文化霸权与庶民文化理论便有着广泛的影响。他认为取得文化霸权的关键是看能否成功地把新的文化观念深植到民众之中。但他也认识到,新旧文化经常交叉重叠,很难明显划分,因此工人阶级的"新思想"和"新文化"不可避免地以新旧杂存的形式显示出来。[1] 这种理论趋向在英国新社会史学派的重要代表人物E.P.汤普森(E.P. Thompson)的研究中体现出来,他认为英国工人阶级的形成主要并非源于产业工人,而是具有庶民文化传统的手工工匠。这就造成了早期工人运动的中坚力量是手工工匠,而非产业工人。[2]

而南亚下层的庶民研究学派也深深打上了葛兰西的烙印。从1980年代初,一批在西方的印度裔学者就南亚特别是印度庶民

---

[1] Antonio Gramsci, *Selections from the Prison Notebooks* (International Publishers Co., reprint, 1989).

[2] E.P. Thompson, *The Making of the English Working Class* (New York: Vintage Books, 1966). 被认为是采取"新劳工史"研究取向的贺萧(Gail Hershatter)关于天津工人和裴宜理(Elizabeth J. Perry)关于上海工运的研究,便受到汤普森研究的启发(Gail Hershatter, *The Workers of Tianjin*. Stanford: Stanford University Press, 1986; Elizabeth J. Perry, *Shanghai on Strike: The Politics of Chinese Labor*. Stanford: Stanford University Press, 1993)。

社会进行了长期的研究，他们的成果集中在系列丛书《庶民研究》（Subaltern Studies）中，其代表人物是印裔的澳大利亚人拉纳吉特·古哈（Ranajit Guha）。当然庶民研究内部也有不同声音，如加亚瑞·斯皮瓦克（Gayatri Spivak）便批评古哈将庶民视为一个同一体，而忽略了底层之中的不同性。斯皮瓦克有一句名言，即"底层人能说话吗（can the subaltern speak）？"这里实际指的是底层人能否发出自己的声音。但古哈表示，庶民一定要而且能够发出自己的声音，尽管这种声音可能是微弱的，即他所说的"历史的微声"（small voice of history）。[1]

与年鉴学派不同，新文化史的研究非常重视政治运动，不过是对政治运动进行文化的阐释。例如新文化史研究的重要人物之一、研究法国大革命的林·亨特（Lynn Hunt），从帽徽和旗帜等等这些文化的"标志"来分析政治和文化的关系，她还用家庭秩序来对法国革命的政治文化进行解读，从绘画中看到隐喻着的家庭权力结构的动摇，从革命文学中读到男人对女性

---

[1] Ranajit Guha, *A Subaltern Studies Reader, 1986-1995* (Minneapolis: University of Minnesota Press, 1997); Gayatri Chakravorty Spivak, "Can the Subaltern Speak?" in Gary Nelson and Lawrence Grossberg, (eds.), *Marxism and the Interpretation of Culture* (Urbana and Chicago: University of Illinois Press, 1988), pp. 217-313; Ranajit Guha, "The Small Voice of History," in Shahid Amin and Dipesh Chakrabarty (eds.), *Subaltern Studies, IX: Writing on South Asian History and Society* (Oxford and New York: Oxford University Press, 1996), pp. 1-12.

E. P. 汤普森

作为一个马克思主义的历史学家,他的名著《英国工人阶级的形成》,对我研究大众文化有很深刻的影响。其实,西方关于中国工人阶级的研究,几乎都受到他的影响,包括贺萧的《天津工人》和裴宜理的《上海罢工》。历史研究不需要提倡什么主义,但求尊重历史事实本身。

参政的恐惧。[1]

意大利历史学家卡洛·金茨堡（Carlo Ginzburg）的《奶酪与蛆虫》应该说是微观史最早和最有影响的著作之一。作者利用宗教裁判所档案，建构一个16世纪意大利北部偏僻山村小磨坊主的心灵史，并由此去解读当时社会、宗教和文化。[2] 法国的微观历史也是得益于宗教裁判所档案。例如埃马纽埃尔·勒华拉杜里的《蒙塔尤》，研究的是14世纪法国一个山村的日常生活。宗教裁判所法庭，案卷记录犹如人类学家的田野调查，事无巨细，为重建若干世纪前法国山村生活提供了可信的资料。[3]

当然也并不是说没有宗教裁判所档案就无法进行微观历史的研究了。达恩顿的《屠猫记》全书六章，从不同的资料来源和侧面讨论18世纪法国的社会和文化，包括民间传说故事、手工

---

[1] Lynn A. Hunt, *Revolution and Urban Politics in Provincial France：Troyes and Reims, 1786-1790*（Stanford：University Press, 1978）; Lynn A. Hunt, *Politics, Culture, and Class in the French Revolution*（Berkeley and Los Angeles：University of California Press, 1984）; Lynn A. Hunt, *The Family Romance of the French Revolution*（Berkeley and Los Angeles：University of California Press, 1992）.

[2] Carlo Ginzburg, *The Cheese and the Worms：The Cosmos of a Sixteenth-Century Miller*（trans. John and Anne Tedeschi. New York：Penguin Books, 1982）.

[3] Emmanuel Ladurie, *Montaillou：The Promised Land of Error*（trans. Barbara Bray. Yew York：G. Braziller, 1978）.

工匠的自传、城市指南、警察密探报告、狄德罗的《百科全书》、读者与出版社的通信等。每一章讨论一个社会阶层，依次从低到高，描述农民、工人、市民、作家、知识分子和资产阶级。本书是新文化史和微观历史研究在资料利用和解读的经典之作。除了我过去已经介绍过的第二章，即作为本书书名的关于屠猫故事的解读[1]，其他章节也是令人耳目一新。

例如第一章《农夫说故事：鹅妈妈的意义》，把法国民间的童话故事用作精神分析的材料。达恩顿认为，那些流传甚广的法国童话，实际上是法国乡村残酷生存条件的反映，童话故事成了了解农民心灵世界的文本。注重细节分析，童话故事每一个细节，都展现了法国农民的精神世界。达恩顿发现，法国农民不仅在讲述这些童话故事，更以其生活传达了童话故事的内涵。达恩顿把17世纪法国、英国、德国和意大利所流行的童话文本进行民俗学意义上的比对分析。文化史这种体裁不同于传统政治史、思想史，虽然研究的不是大事件，但是达恩顿的关怀，其实在如何理解法国大革命这一大问题，用新的视角解剖法国大革命的起源，并从很容易被研究者所忽视的下层民众的故事，从心灵史的角度来考

---

[1] 见王笛：《新文化史、微观史和大众文化史——西方有关成果及其对中国史研究的影响》，《近代史研究》2009年第1期，第129页；王笛：《茶馆：成都的公共生活与微观世界，1900—1950》，社会科学文献出版社，2010年，中文版前言（亦见北京大学出版社，2021年）。

察这场大革命的社会土壤。[1]

新文化史与中国研究

新文化史应该是在跨入 21 世纪之后才陆续介绍到国内。虽然最有影响的新文化史的著作多是研究欧洲史,特别是中世纪的法国和意大利,但是这类作品被介绍进入中国,主要不是作为国别史受到重视,而主要是它们研究的取向和方法。当然不可否认,林·亨特的法国革命文化和象征的研究,可以使我们更多地了解法国大革命的文化因素。其实,明确把新文化史作为一面旗帜,主要还是从法国史开始的,特别是林·亨特在 1980 年代主编的论文集《新文化史》,第一次打出了新文化史的旗号。[2]

如果我们试图在中国史研究领域找到新文化史的研究,史景迁(Jonathan Spence)的《王氏之死》可能是最早而且是最为接近新文化史中微观历史的研究方法。上世纪 70 年代,微观史

---

[1] Robert Darnton, *The Great Cat Massacre and Other Episodes in French Cultural History*.

[2] Lynn Hunt, *Politics, Culture, and Class in the French Revolution*(Berkeley and Los Angeles:University of California Press,1984);Lynn Hunt, ed. *The New Cultural History*(Berkeley and Los Angeles:University of California Press,1989).这两本书都有中译本,即《法国大革命中的政治、文化和阶级》(汪珍珠译,华东师范大学出版社,2011 年)和《新文化史》(姜进译,华东师范大学出版社,2011 年)。

林·亨特

对法国大革命的研究说是汗牛充栋，真不为过，但是林·亨特的研究为什么总是独树一帜？作为西方新文化史的主力干将，她关注法国革命的文化象征以及文学和绘画。历史学的目的是讲述真实的故事，并运用一切可能的途径以最终揭示真相。

学在西方还没有兴起,虽然在意大利和法国已有这方面的研究著作,但也都还没有译成英文。史景迁的写作方法非常接近今天微观史学的方法。现在看这本书也许会觉得很简单,但我们评价和判定一本书,应该放到当时的学术环境里。在上世纪70年代,当史学研究的主流还是集中在上层、国家、政府、政治、精英这些方面,史景迁就将他的研究视野放在山东一个偏僻贫穷的农村的贫苦农民,这是他眼光非常独特的地方。

史景迁以乡村底层人民的生活为中心,描写了贫穷的山东郯城的生态以及农民的艰苦生活,从一场地震开始,然后看当地的自然状况、疾病、饥荒、暴力、满人征服等,并讨论土地、天气、农业、赋税、人口、行政机构等。史景迁还重点描述了下层人民的生活,例如寡妇如何把儿子抚育成人、地方上的各种争斗等。

因为资料上的困难,史景迁到最后一章才写到王氏。王氏是一个已婚妇女,跟别人私奔,后来在外面混不下去了,又回到丈夫身边。丈夫无法容忍她,在一个下雪的晚上将她掐死。因为与邻居有矛盾,为了嫁祸,丈夫将王氏的尸体放在邻居家的门口。黄六鸿在审理案件时,才将事情的真相查清。虽然最后一章才写到王氏的死,但当时农村基层社会的全貌却由此都展示出来了。[1]

研究下层难在资料的缺乏,要找有关王氏的资料,真的非常难。史景迁通过以下三种基本资料来建构了这本篇幅不大但是非

---

[1] Jonathan Spence, *Death of Woman Wang* and *Treason by the Book*.

常有创意的著作：1. 三种郯城县志（17 世纪、18 世纪、19 世纪不同时期所编）；2. 时任郯城县令的黄六鸿撰写的其从政经历的《福惠全书》，其中记录了他从政期间处理的一些案件；3. 文学资料，主要是蒲松龄的《聊斋志异》。史景迁能够根据不多的材料，重构几百年前一个贫穷村庄的社会和生活，显示了其运用资料的高超技巧。此外，史景迁的《书的叛逆》，以讲故事的手法，记述了雍正时曾静案和《大义觉迷录》出笼的前因后果，也非常接近微观史的写作手法。

也许，人们会批评作者将蒲松龄的鬼怪故事用作学术研究的材料有失严谨，但蒲松龄生活在离郯城县很近的淄博，小说中虽然不是直接地描写郯城县，但风土人情非常接近，补充了人文环境方面材料的不足。史景迁能从非常有限的资料里建构出山东一个偏僻贫穷的农村下层人民的经历，以及一个普通女人的悲剧，这种方法和思维是非常独特的。

而今天看起来与新文化史有契合的关于中国历史的研究，我们一般都是把它们视为西方（特别是美国）关于中国历史研究的新成果，因为这些研究者都没有明确把自己的研究划入新文化史的阵营。现在越来越多的西方研究中国的历史学家，有意识或无意识地采用了新文化史的某些方法，但是很少直接宣称自己是"新文化史"。这类研究我想还包括孔飞力（Philip Kuhn）的《叫魂》、沈艾娣（Henrietta Harrison）的《梦醒子》和罗威廉（William Rowe）的《红雨》。这些作品在研究对象和方法上，和新文化史有着某种相通之处。孔飞力关于叫魂所引起的乾隆发动的清剿的研究，是从社会的边缘人——僧、道和乞丐——开始的，大众文化作为政治史的切入点，从地方的事件，到乾隆王朝的中枢，看皇权与官僚机构的紧张关系。而沈艾娣则通过对山西一个地方士绅刘大鹏的日记，来看近代中国乡村文人的日常生活和命运。罗威廉的《红雨》从一个县的角度，通过分析各种历史的记述，来观察人们的历史记忆，写700年湖北麻城的暴力史，通过对事件的细节描写，探讨地方文化、集体记忆、历史根源的共同作用。[1]这些研究与新文化史都有某种相通或者是借鉴。如孔飞力在《叫魂》中引用罗杰·夏蒂埃（Roger Chartier），罗威廉在《红雨》中引用加布里埃尔·斯皮格尔（Gabrielle M. Spiegel），他们所引用的法国史的研究，皆是因为在问题意识上进行的学术对话，这其实就是中国史和法国史在某种具体课题上的学术融合。[2]

---

[1] 见 Philip Kuhn, *Soulstealers : The Chinese Sorcery Scare of 1768* (Cambridge, MA : Harvard University Press, 1989); William T. Rowe, *Crimson Rain : Seven Centuries of Violence in a Chinese County* (Stanford : Stanford University Press, 2007); Henrietta Harrison, *The Man Awakened from Dreams : One Man's Life in a North China Village, 1857—1942* (Stanford : Stanford University Press, 2005); Jonathan Spence, *Death of Woman Wang* (New York : Viking Press, 1978)。

[2] Roger Chartier, *Cultural History : Between Practices and Representations*, trans. Lydia G. Cochrane (Ithaca: Cornell University Press, 1988); Gabrielle M. Spiegel, "Memory and History : Liturgical Time and Historical Time," *History and Theory* vol. 41, no. 2 (May 2002), pp. 149-162.

孔飞力

孔飞力出版的著作并不多,但每一本在中国史研究的领域都堪称经典。他是费正清的学生,但是他最早从费正清以西方冲击为中心的研究模式中走出来,开始从中国内部去寻找发展和不发展的社会因素。一个历史学家,如果有一本传世之作,就可以无憾了。

写下层民众的方法论问题

我们今天试图重建过去的下层民众及其他们的生活世界,面临着相当的困难。作为新文化史的一个重要组成部分,微观史在西方出版了不少非常优秀的著作,受到中国史学界的关注,但是却很少见到中国有微观史的作品问世。长期以来,微观史的写作几乎为欧洲史所垄断。那么,写中国的微观历史是否存在可能性?

我过去的著作,多采用多学科交叉的研究方法,如《街头文化:成都公共空间、下层民众与地方政治,1870—1930》一书受人类学影响甚深,《茶馆:成都的公共生活与微观世界,1900—1950》则是历史学、人类学和社会学的交叉研究。读者可以从我的上述研究中,看到除了引用法国和意大利史中的新文化史和微观史的代表性成果,还受到人类学家和社会学家克利夫德·吉尔兹(Clifford Geertz)、詹姆斯·斯科特(James Scott)、维克多·特纳(Victor Turner)、理查·桑内特(Richard Sennett)等人作品的影响,与他们的对话或者是以他们的研究作为我讨论问题的出发点。[1]

新文化史的影响为我微观史的研究奠定了基础,我从下层民

---

[1] Di Wang, *Street Culture in Chengdu: Public Space, Urban Commoners, and Local Politics, 1870-1930* (Stanford University Press, 2003). 该书中文版:《街头文化:成都公共空间、下层民众与地方政治,1870—1930》,中国人民大学出版社 2006 年初版,商务印书馆 2012 年再版);Di Wang, *The Teahouse: Small Business, Everyday Culture, and Public Politics in Chengdu, 1900-1950* (Stanford University Press, 2008)。该书中文版:《茶馆:成都的公共生活与微观世界,1900—1950》,社会科学文献出版社 2010 年初版,北京大学出版社 2021 年第 2 版。

詹姆斯·斯科特

人类学家詹姆斯·斯科特 的"弱者的武器"和"日常的反抗",是我经常在自己的研究著作中引用的两个概念。在权力的压迫之下,普通人经常只能用不合作、抱怨、散布流言蜚语等等作为他们"弱者的武器"进行力所能及的"日常的反抗"。日常的反抗,是每一个普通人的天赋人权。

众的角度探索政治、经济和现代化对他们日常生活的影响，即是注重传统的价值，而且把重点集中到对社会生活和社会文化，特别是大众文化的探索。在分析社会演变时，我更加注意下层人民的反应，以及他们与精英和国家权力的关系，并考察人们怎样为现代化付出了代价，同时揭示他们是怎样接受和怎样拒绝他们所面临的变迁的。我在关于街头文化和茶馆的研究中，虽然也研究变化，则更强调"持续性"，即不变的那些方面。

而我的《袍哥：1940年代川西乡村的暴力与秩序》一书的焦点，研究边缘化人物，注重社会土壤及其文化现象，注意文本的分析，对解释的追求，强调事件后面的社会文化的因素，从文学、人类学、社会学和历史学多学科交叉做了一些尝试。[1]

2014年夏天，我作为华东师范大学的紫江讲座教授，给思勉人文高等研究院讲授"新文化史"的研究生讨论课，课上指导学生阅读了《屠猫记》《马丁·盖尔归来》等新文化史的代表性著作。[2]同时，我也正在系统地阅读已经收集到的袍哥资料。当我阅读到沈宝媛的田野调查，特别是关于雷明远在河滩上当众处

---

[1] Di Wang, *Violence and Order on the Chengdu Plain：The Story of a Secret Brotherhood in Rural China*，*1939-1949*（Stanford University Press, 2018）. 该书中文版:《袍哥：1940年代的川西乡村暴力与秩序》，北京大学出版社，2018年。

[2] Robert Darnton, *The Great Cat Massacre and Other Episodes in French Cultural History*（New York：Vintage Books, 1985）；Natalie Zemon Davis, *The Return of Martin Guerre*（Cambridge, MA：Harvard University Press, 1984）.

死他的亲生女儿,而原因不过是怀疑她和家里雇的小裁缝有染,撰写这个家庭的微观历史的想法就突然呈现出来。这个课题的形成告诉我,如果没有这些年对西方微观史的阅读和思考,那么这样一个写作方案就不会出现。中国史和世界史的融合,就是这样潜移默化地发生了。

虽然是一个微观的研究,但是却涉及一系列的宏观问题,例如秘密会社发展的社会和文化土壤,生产方式和租佃关系,地方权力结构,民间风俗和民间信仰,中国早期社会学和人类学对社会的认识,抗战时期大后方的生活状况,等等。我试图从1940年代四川乡村袍哥的故事中,在更深入的层次上认识在乡村社会里,暴力和秩序是怎样相辅相成的?是什么力量决定了乡村的暴力和秩序?到底袍哥及其组织是怎样在农村社会发挥作用的?人们的生活怎样受到这个组织的影响?

微观史的研究取向,注重细节的描述,容易使研究者陷入支离破碎而难以自拔的困境中,近年来这也引起中国史学家对历史研究碎片化的担忧。其实,碎片化的忧虑在西方历史学界出现更早。法国历史学家弗朗索瓦·多斯(Francois Dosse)在2005年便出版了专著《碎片化的历史学》,作为一个西方新马克思主义历史学家,他对法国年鉴学派轻视政治的研究倾向非常不满,因此对年鉴学派的社会文化史研究提出了严厉批评。[1]

在中国历史学界,也有不少学者开始担心越来越多的研究集

---

[1] 弗朗索瓦·多斯:《碎片化的历史学——从〈年鉴〉到"新史学"》,马胜利译,北京大学出版社,2008年。

中在一些没有"历史意义"的小问题上,注重细节,忽视整体。然而,我认为中国与西方的情况很不相同,政治史从来就没有受到过冷落。关键问题在于研究者是否有一个宏观的研究视野,这就需要认真思考怎样驾驭那些纷繁的细节。[1]而且,新文化史注重政治文化的研究,这个取向在中国的发展,在一定程度上,可以弥补西方社会史特别是年鉴学派轻视政治史的缺陷。

虽然袍哥的微观研究是集中在一个家庭,但是我却从沈宝媛的知识来源入手,展示了民国时期中国知识分子怎样努力认识乡村,怎样试图解决乡村问题,西方社会学和人类学怎样影响到他们的这个努力,中国早期乡村调查与沈宝媛的田野调查之间的关系,等等。这样,本书把一个孤立的,似乎和国家命运和发展关系不大的秘密会社家庭,与民国时期的许多知识精英(包括吴文藻、杨开道、费孝通、林耀华等)联系在一起;把成都郊区"望镇"这个小地方,与中国这个大社会联系在一起。

我对袍哥的研究,从语言学的角度进行了探索。这个秘密会社组织创造了独特的语言以保持秘密,其中包括造字、词语转意、吟诗、摆茶碗阵、肢体动作,都是他们进行秘密联络的工具,也是他们身份认同的基础。而且他们的秘密语言揭示了这个组织复杂的历史,更不用说在这个组织被新政权摧毁以后,其语言的某

---

[1] 例如我的《茶馆:成都的公共生活与微观世界,1900—1950》一书,就是靠这样一个中心论点支撑的:现代化的过程使过去丰富的地域文化逐渐在国家文化的影响下趋于同一,同时现代化和国家文化的同一模式扩张势头遭遇了地方文化的顽强抵制。

些方面在人们的日常生活中幸存下来。[1]

从人类学的角度,我非常注重对袍哥仪式的研究。秘密会社组织特别注重各种仪式,出现在各个场合,包括入会、开会、拜码头、身份识别、节日庆祝活动等。这些仪式都有着深厚的历史渊源,反映了与其他组织的区别,显示了内部成员的分层,展示了组织和首领的权威,还可以调动成员对组织的忠心,这些仪式也是组织和成员内部凝聚力的黏合剂。而英国马克思主义历史学家艾瑞克·霍布斯鲍姆(Eric Hobsbawm)关于边缘人群的研究以及"传统的发明"(invention of tradition)的概念,成为我深入思考的重要知识来源。[2]

从社会学的角度,这本书让我们有机会考察某些时期社会的截面,让我们不仅仅看到社会的历史演变,而且也看到特定历史时期的社会结构、人与社会组织的互动和依靠、社会组织的功能、个人与群体关系,以及主流文化和主流社会与次文化和边缘社会,乡村问题及人们的应对方法。

---

[1] 我 2008 年发表过一篇研究袍哥语言的英文论文,即 "Mysterious Communication: The Secret Language of the Gowned Brotherhood in Nineteenth-Century Sichuan", *Late Imperial China* vol. 29, no. 1 (June 2008): pp. 77-103。

[2] 这些研究包括 Eric Hobsbawm, *Primitive Rebels: Studies in Archaic Forms of Social Movement in the 19th and 20th Centuries* (New York: Frederick A. Praeger, Publisher, 1959); Eric Hobsbawm, *Bandits* (revised edition. New York: Pantheon Books, 1981); Eric Hobsbawm, "Introduction: Inventing Traditions," pp. 1-14 in Eric Hobsbawm, Terence Ranger eds., *The Invention of Tradition* (Cambridge: Cambridge University Press, 1983)。

霍布斯鲍姆

我写《袍哥》那本书的时候，他的《土匪》《原始的叛乱》《传统的发明》等书使我获益匪浅。我经常问自己，霍布斯鲍姆是英国的马克思主义历史学家，但是为什么很难从我们自己本土的言必称历史唯物主义的历史学家那里读到对边缘人群的那么深刻的研究呢？一个历史学家的作品是否值得尊重，要看他是为暴力说话，还是为民众发言。

从政治学的角度，我试图揭示地方政治和国家政治的关系，地方权力的争夺，地方的政治控制，秘密会社组织怎样在政府的打击下生存发展，怎样与国家进行较量，其势力怎样渗透进入政府机构。

这样，我试图把内部和外部各个没有联系的线索和碎片，拼接在一起，特别是通过一个袍哥首领的个人经历，从社会的最基层来建构过去袍哥的历史和文化。我不仅仅是讲述了一个袍哥首领及其家庭的故事，而且对透过微观来考察宏观世界的方法论进行了探索，怎样在事件、文本和传说中，发掘历史的真相；拂去那厚重的历史尘埃，找回长期被埋藏的记忆。

史学观与史料的运用

新文化史特别是微观史在中国之所以没有得到发展，一是方法论的问题；二是中国的史学传统注重国家、帝王和精英的记录，一般民众往往被忽略了；三是资料的缺乏，中国没有像中世纪欧洲宗教裁判所那种系统的资料。但也正是新文化史的研究方法，在使用的资料上，较之传统的历史学有了极大的开拓，包括人类学的田野调查、口述乃至文学资料。

我自己的一篇论文也是完全以竹枝词作为基本史料，重构了19世纪成都的日常生活。中国传统的诗词一般都是表现抽象情感，但是竹枝词不同，在很大程度上是关于人们的现实生活的记录。

由于这一特点,其包含了丰富的日常生活信息,而这些在传统史料中往往缺失。通过竹枝词,我们还可以看到地方精英是如何看待普通百姓和大众文化的。在竹枝词中,地方精英评判大众文化和普通人,有赞赏也有批评,这种复杂的态度反映了他们与大众文化和民众的复杂关系。[1]

其实,用文学资料证史,在中国也并不新鲜,胡适的《红楼梦考证》(1921年),应该就是这个路子,而陈寅恪的"诗史互证"是晚年陈寅恪使用最得心应手的方法,如《元白诗笺证稿》(1950年)、《论再生缘》(1953年)以及《柳如是别传》(1965年)更是诗文证史的经典案例。但是,由于他们是属于传统的考据学派,现在讨论新文化史使用文学资料时,似乎忘记了中国文史不分家的传统,像陈寅恪在诗文中对中国历史的钩沉,丝毫不亚于达恩顿利用民间文学对法国启蒙时代的民众历史的建构,而且带有方法论上的主动。正如他在其《柳如是别传》缘起中所表达的:自己"一衰废之年,钩索沈隐"。这里所称的"沈隐",当然就是后面的历史。[2] 不过,应该指出的是,陈寅恪关注的是精英,而新文化史关注的是一般民众,而且考据学在史学表达和写作风格上显然不易为更多的读者接受和学习,所以始终是停留在象牙塔中间。

---

[1] Di Wang, "The Rhythm of the City: Everyday Chengdu in Nineteenth-Century Bamboo-Branch Poetry," *Late Imperial China*, vol. 22, no. 1 (June 2003), pp. 33-78.

[2] 陈寅恪:《柳如是别传》上册,上海三联书店,2001年,第4页。

我阅读了关于袍哥的几乎全部文学的描写。例如1930和1940年代出版的李劼人的长篇历史小说《死水微澜》,沙汀的《在其香居茶馆里》。把文学的描述,作为一个大的文化背景,看当时人们的眼中的袍哥。虽然这些文学作品是作者的创造,并非纪实的作品,但是这些文学资料却提供了历史资料中少见的细节。这些细节或许不是历史的记录,但是源于对当时社会的观察,可以帮助我们理解历史。文学的描写,提供了当时社会文化的土壤和背景。

其实,我们不应该简单相信文学就必然比档案缺乏真实性。可以确认,一份收藏在档案馆的秘密会社成员被苦打成招的供状(而且这类文献还经常被书吏或者地方官所篡改),其实也并不比李劼人和沙汀根据他们亲身经历和观察写的小说更接近历史的真实,这类被篡改的档案经常误导我们的研究。

在过去的30多年的时间里,我一直持续不断地收集关于袍哥的资料。除了国家、省市各级档案馆,我还检索了几乎全部的四川县区市的文史资料,这些资料多半是个人和文史资料编撰人员对袍哥的回忆或调查。它们虽然不能视为完全准确的历史记录,但是却提供了关于这个组织及其成员的许多细节描述。

另外,我还收集到不少袍哥自己的秘密文书,如《海底》这样的文献。袍哥的文献艰涩难懂,因为中间包含了非常多的隐语、暗语,但是我在这方面已经做了相当长的准备工作,对其秘密语言已经进行过相当长时期的研究。

目前收集关于四川袍哥的资料，总字数应该在数百万乃至千万以上，但当我在写袍哥微观史的时候，仍然还觉得资料缺乏。为什么这么丰富的资料都不放进这本书中？正是因为这本书是高度聚焦的——集中在川西平原上的一个袍哥家庭，定位是写一本微观的历史，一切的故事，都是根据调查人沈宝媛的田野调查报告来展开。[1]那么，根据2万多字的调查报告来完成这本专著，是非常艰难的探索。从我过去的经验来看，如果要写一本20万字的书，可能搜集的资料要200万字，甚至更多，那么现在所根据的是2万多字的资料，能够写成一本专著吗？

所以我需要从各个方面补充背景资料，即以雷明远及其家庭为中心，将这个故事放到川西平原、袍哥组织、地方和国家权力结构等大语境之下。这样一来，我过去收集的档案、报刊、个人回忆、小说、文史资料等，都可以运用起来。怎么建构这本书，的确是经过深思熟虑的。这本书的主线是根据沈宝媛的调查报告，通过她这个调查报告所提供的一些线索，根据我过去对成都乡村川西平原的考察，再加其他文献资料，应该说是基本上解决了资料缺乏的问题。读者可以从本书20多页的中文、英文和日文的征引资料目录看到，一个微观的小问题，如何转换成为了解近代中国秘密会社的宏观思考的。

---

[1] 即沈宝媛：《一个农村社团家庭》，燕京大学社会学系毕业论文，1946年。北京大学图书馆藏。

*　　*　　*

　　中国史与世界史的融合可以有各个层次和各个途径，多学科和多元化，无疑对中国的中国史和世界史的研究，都是有促进的。中国史的研究需要世界史作为参照，世界史的研究需要国别史作为支撑，两者缺一不可。现在我们需要打开思路，把这两个过去分开的历史研究领域，看成是一种相辅相成的不同的视角、不同的范围、不同的方法的融合。或许它们也可以被视为是大历史和小历史的辩证关系，中国史相对世界史来说是小历史，但是中国史相对于中国一个地方或者一个具体问题来讲，就成了大历史。所以大小历史，可以因为时间和空间的跨度，也可能因为不同的参照系，而发生概念的游离，并在不断地转化和演变的过程中。

　　中国史学的传统是精英视野，对大事件和英雄人物的研究占主流地位，对民众的研究十分薄弱。最近二三十年，这个传统不断地在改变，历史学家的眼光逐渐向下，这就是中西方史学交流的一种结果，我本人的研究也是在这个时期发生了转向。这个转变包括了许多复杂的因素，可能是在史学理论，可能是在选题，也可能是在资料，还有在方法理论等等方面与世界史的交流和融合。其实，从《街头文化》《茶馆》到《袍哥》，读者都可以发现我在研究民众的方法论上所进行的探索。新文化史的取向在中国历史研究中的应用，可以对我们认识中国打开新的窗口，有助于课题的更加深化，或者是一些已经有很深入研究的课题，但是由于有了发掘的新角度或新的叙事工具，而有了新的发展前景。这样，我们对历史的认识和过去大大地不同，也可以说世界和中国在认识历史的角度和研究历史的方法上，进一步融合和交汇在一起了。

本篇的删减版发表于《历史研究》2020年第4期，原题为《西方新文化史对中国史的影响》。

二、美国史角度的中美关系

随着 1970 年代以来中美关系的改善，美国关于近代中美关系的研究也有了进一步发展。应该引起我们特别注意的是，这些研究大多不是由美国的中国史专家而是由研究美国对外关系史的学者完成的。从某种程度上讲，他们使用的资料，运用的理论和方法，看问题的角度，以及研究内容的选择，与我们所熟悉的费正清等的研究都有某些差别。他们更注重美国对华政策的形成过程以及对美国政治和社会的影响。本文将对近年来中美关系史研究的理论取向，早期中美关系，门户开放政策及其运用，传教士对中美关系的影响等几个方面研究的一些新成果，进行初步考察，[1]最后还将讨论今后研究应注意的问题。

认识中美关系的理论取向

中美关系史研究的发展一直受到美国历史和对外关系史两

---

[1] 本文考察的时限基本上到 20 世纪 20 年代，个别问题延伸到稍后。

个领域的影响。美国对外关系史研究的第一代学者产生于第一次世界大战以后,这些人大多数是受战争影响的带有民族主义(nationalism)研究取向的政治史学者。他们强调美国外交的持续性,支持美国势力的扩张,把注意力主要放在国与国特别是与欧洲各国的关系上。[1]

在这个时期,中美关系史的研究已经起步,传教士可能是他们最早的研究对象。他们的研究显然受到民族主义取向的影响,认为传教士通过出版教科书和培养教师,极大地推动了中国的现代教育,传播了西方文化,因此把中国"带入了与西方的接触"中,使"中国人获益甚多"。[2]

1920年代,进步主义(progressive)历史学家向民族主义观点提出挑战,[3]他们把研究重点放在形成外交政策的知识的、经济的和地区的力量上,认为美国对外关系的特点是"变化",而不是"持续";是"相互矛盾",而不是"观念一致"。[4]但在这个时期,中美关系史的研究并没有实质性的进展。

---

[1] Michael J. Hogan and Thomas G. Paterson, *Explaining the History of American Foreign Relations* (New York: Cambridge University Press, 1991), pp. 1-2.

[2] Kenneth Scott Latourette, *A History of Christian Missions in China* (New York: Russell and Russell, 1967), p. 843.

[3] 这里"进步"并不是相对"落后"或"保守"而言的,而是指积极评价美国"进步时期"(progressive era, 1890—1924)改革计划的历史学家。

[4] Hogan and Paterson, *Explaining the History of American Foreign Relations*, pp. 2-3.

现实主义（realism）历史学家在1950和1960年代成为主流，与早些时候的民族主义学派一样，他们也注重国家、决策者权力的使用，注重美国外交的内部资源，重新使一些内部问题，如国家安全、国家利益、权力平衡以及战略决策，成为人们关注的焦点。费正清（John King Fairbank）是现实主义在东亚史研究中的代表人物。他以及他的那一代与其不能阅读中文原始资料而仅依靠二手资料的前辈不同，他们能直接使用中文资料并有在中国的亲身经历，从而把中美关系史研究发展到一个新的阶段。

1968年，费正清以美国历史学会会长的身份，在年度演说中呼吁历史学家致力于东亚史的研究。此后不久，在福特基金会的赞助下，美国—东亚关系委员会（Commttee on American-East Asian Relations）就东亚史研究举行了一系列学术会议。美国—东亚关系的研究开始日益受到重视。

1960年代以来，现代化理论一直影响着中美关系史的研究。但是运用这个理论的学者单纯从"传统"和"现代"的区别入手，并未试图寻找中国现代化的内部动力，因此一些学者批评这些研究更多的是反映了美国的政策需要。正如麦克·亨特（Michael Hunt）指出的，"坚持现代化理论的最主要的危险是，仍然以19世纪美国人的知识框架作为历史学家的思维。"同一时期，"新左翼"（New Left）历史学家用"开放门户的帝国主义"去描述"美国的市场渗透和控制"。但是，他们在使用"帝国主义"一词的时候并没有作严格的限定。[1]

在 20 世纪六七十年代，那些受越战影响的修正派（revisionism）史学家猛烈批评美国对发展中国家的政策，把研究重点从欧洲和其他强国转移到发展中国家。他们强调国家和社会关系的意义。然而修正派因没有区分国内的各利益集团对外交政策的制约、忽视美国在外交中为本国利益考虑以及其他国家的影响而受到批评。作为对这些批评的回应，1970 年代末产生的后修正派"力图以现实主义的特点去取代修正派的观念"[2]。

在中美关系史研究领域，亨特应当被认为是修正派的代表。他这一代中美关系史研究学者不同于费正清那一代。尽管费正清撰写了极具影响的中美关系史的著作，但事实上他是以中国历史专家的身份出现的。而亨特这一代是从美国史的角度研究中美关系，不过他们也具有直接阅读中文原始资料的能力。这样，当他们考察中美关系史的时候，能从美国和中国两方面观察问题，揭示影响中美关系的中国和美国社会的内部因素。实际上亨特也采

---

[1] Michael H. Hunt, "New Insights But No New Vistas: Recent Work on Cultural Affairs Since 1900," in Warren I. Cohen ed., *New Frontiers in American-East Asian Relations: Essays Presented to Dorothy Borg* (New York: Columbia University Press, 1983), pp. 19, 20, 22.

[2] Hogan and Paterson, *Explaining the History of American Foreign Relations*, pp. 4-5.

取了社团主义（corporatism）历史研究的取向。[1]

亨特通过一个较宽的视野考察中美关系，揭示了整个19世纪和20世纪初两个国家文化、经济和外交相互作用的过程，指出由于文化和地理的分离，使两国的关系变得十分复杂和不稳定。他的研究提醒我们，两国关系的研究不仅是面对两个国家实体，而且是面对两个不同的社会和文化。

研究美国对外关系史的学者在美国史其他领域的影响下，日益强调像文化这样的与社会史有关的题目。美国—亚洲关系的研究中，文化的问题已经成为中心。许多外交史学家开始强调"国际史"（international history）的概念，"那些关于意识、象征、大众文化和文化交流的研究在某些方面都纳入了国际史之中。"[2]

他们把注意力放在国际系统中国家、人民和文化的相互作用上，试图揭示美国对外关系在国内和国外的影响。一些人提倡历史学家应"行进在全球权力的边缘"，其意思是从第三世界（而不是欧美发达国家，即国际权力的边缘）去分析世界权力系统。[3]在这一倾向影响下，中美关系史的研究也进一步受到美国学术界的重视。

---

[1] 这个取向注重所谓"功能精英"（functional elites），而不是握有实权的"操纵阶级"（governing classes）；注重社会团体，而不是国家政权对外交的作用，并提出了一套分析框架，据以解释影响美国外交政策的国内经济、社会和意识因素。

[2] Hogan and Paterson, *Explaining the History of American Foreign Relations*, p. 29.

[3] Hogan and Paterson, *Explaining the History of American Foreign Relations*, pp. 27, 36-37.

早期中美的接触与理解

18、19世纪的对华贸易使美国不仅取得了商业成功,而且与中国有了文化接触。威廉·布宁克(William J. Brinker)关于早期中美接触的文章,强调了文化交往和文化理解的障碍。在中美贸易的早期阶段,美国人认为他们的产品质量较中国的优越,但是不知道中国经常是出口质次的产品而把高质产品留在国内,这使西方消费者对中国的产品产生了错觉。在整个19世纪,中美文化接触就像这种对产品的理解一样,都是十分有限和不确定的,美国人对中国文化的理解仍然是支离破碎的。直至20世纪初,大多数美国人对中国文化仍一无所知。美国经济技术的发展日益超越中国,使美国人认为了解中国并不重要,而且美国人还有很强的种族和道德优越感,认为从中国人那里没有什么东西可学。[1]

欧文·阿尔德瑞奇(A. Owen Aldridge)对两国早期文化接触有不同的分析。如果说布宁克强调的是早期中美文化接触的消极方面,那么他的注意力则放在更早阶段的积极因素。他指出,从1706年富兰克林的诞生到1826年杰斐逊的去世这段美国的启蒙时期——关于中国信息的传播本身便是美国和欧洲启蒙的内

---

[1] William J. Brinker, "Commerce, Culture, and Horticulture: The Beginnings of Sino—American Cultural Relations," in Thomas Etzold ed., *Aspects of Sino-American Relations Since 1784* (New York: New Viewpoints, 1978), p. 21.

容之一。过去美国人对中国的了解是从那些从未到过中国的欧洲人的想象中得来的。"在伦敦或巴黎发表的关于中国的具体信息,每一个特别的观念或因素都以某种形式在美国再现。"在当时西方人的眼中,中国是最老的帝国,而美国是最年轻的共和国;中国保守、传统和孤立,而美国进取、充满活力和富于扩张。"因此,从两国交往的开始,就不是相互理解和合作的记录,而是不同文化在各方面的碰撞。"[1]

独立战争以后以及随着对华直接贸易的发展,许多美国人来到中国并记录了他们的亲身经历。在1785—1825年的40年间,一些关于中国的书籍在费城及其他地方出版,报纸和杂志也发表了许多关于中国的文章。他还发现了中国文化对美国思想家影响的证据,像富兰克林在费城报纸上分析儒家思想的文章,杰斐逊给他妻弟开的阅读书目中列有中国小说等。虽然阿尔德瑞奇强调中美间的文化接触,但我们可以看到这个接触只限于少数精英。而且这个接触与更早时期的欧洲与东方的接触模式相仿,不是相互间的知识交流,而是从东到西的单向移动。

19世纪中美是怎样接触和理解的呢? 与布宁克和阿尔德瑞奇基于文化角度的研究不同,孔华润(Warren I. Cohen)是从政治的角度进行分析的。他基本上是按费正清的"冲击—反应"模式将研

---

[1] A. Owen Aldridge, *The Drag on and the Eagle: The Presence of China in the American Enlightenment* (Detroit: Wayne State University Press, 1993), pp. 8, 9.

究集中于经济和政治关系,特别是不平等条约的影响。《南京条约》以英国的胜利换来和平,标志着"中国历史的新阶段:朝贡系统的结束和条约系统的开始"。不幸的是,这个新的系统是基于西方外交概念的理论,是以武力强加在中国人身上的,因而是不平等的。

在鸦片战争时期,美国以相对平和的姿态出现,因此中国希望得到美国的支持,但这个希望很快落空。美国仍然享受违背中国人意志的特权。"在被外力控制的范围内,美国寻求各国商品的平等待遇,使美国的出口能从中获益。"不过,"在中国需要帮助的时候,美国看来是相对友好而资利用的。"[1]虽然一些中国官员能觉察到美国与其他列强的微妙不同,但对大多数中国人来说,它们并没有什么区别,他们对西方包括对美国都是仇视的。

在近代中国历史上,的确不乏中国官员和政府寄希望于美国的事例,但结果总是令人失望,用中国人的话说是被美国人"出卖了"。但这些事例也的确反映了中国政府对美国社会和政治缺乏了解。两国决策者有不同的动机。中国官员把民主政治的美国视为危险较少的"外夷",认为可以利用美国阻止其他贪婪的列强。在19世纪70年代,中国官员希望与美国合作,特别是在铁路和开矿方面;之后,中国政府又试图寻求美国的支持以抵制欧洲和日本的入侵。这都显示了中国官员对美国的误解。美国商人因未

---

[1] Warren I. Cohen, *America's Response to China: A History of Sino-American Relations* (Third edition. New York: Columbia University Press, 1990), pp. 6, 25, 53.

得到自己政府的支持而对此缺乏热情；美国政府则不愿卷入与欧洲和日本的对抗，实际上美国对卷入也还缺乏实力。

因此，我们可以看到，在中美接触的早期，相互的了解十分有限。这一时期美国还处于工业革命前夕，大片土地尚未开发，力量薄弱，因而美国紧随英国援引最惠国待遇以得利。美国认为最惠国待遇是达到目的的一种手段，而让英国去承担责任。"这个政策对美国是最现实和令人满意的"。[1] 美国的确以最小的代价得到了最大的成功。但是这个成功却是以损害中美关系和违背美国奉行的自由平等的基本原则为代价的。

门户开放还是关闭

19 世纪 90 年代美国对华政策正式形成，它虽然"具有推进中美共同利益的潜力"，但大多数学者认为其"具体实施却令人失望"。[2] 这个政策的中心就是所谓的"门户开放"。

1. "门户开放"政策和"关闭"政策

"门户开放"政策是 19 世纪末和 20 世纪初美国整个对华外交政策的基础，也是美国外交和东亚关系间最重要的接触点。19

---

[1] Cohen, *America's Response to China*, p. 24.
[2] Michael H. Hunt, *The Making of a Special Relationship: The United States and China to 1914* (New York: Columbia University Press, 1983), p. 303.

世纪下半叶,主张门户开放政策的集团开始在中国和美国进行商务、外交和传教活动的人士中产生。在世纪之交,美国已成为世界最大的工业国。在 1898 年的美西战争中取得菲律宾以后,美国开始向经济和政治强国过渡。这个时期,美国反对进一步孤立中国,国务卿海约翰关于"门户开放"的照会便是"百多年来美国卷入中国的顶峰"[1]。美国人懂得,中华帝国的保存有利于他们的经济和政治利益。

詹姆斯·瑞德(James Reed)强调在"门户开放"政策制定过程中传教士的作用。许多在华传教士与受"传教思想"影响的美国政府官员一起,主张以"门户开放"的政策作为抑制欧洲和日本在华扩张的工具。[2]亨特则指出美国"门户开放"并没有达到其目的。商人没有得到他们希望的市场,传教士也未能使更多的人皈依基督教,许多外交官、商人和国会议员发现整个"门户开放"政策不是毫无意义就是无法推行。[3]但是麦克·肖仑(Michael Schaller)肯定"门户开放"政策使中国免于灭亡,而美国则得以保持在华市场,美国仅通过口惠而成功地达到了目的。[4]

当"门户开放"政策作为外交政策产生之时,一个"关门"

---

[1] Cohen, *America's Response to China*, pp. 53, 41.
[2] James Reed, *The Missionary Mind and American East Asia Policy, 1911-1915* (Cambridge, MA: Harvard University Press, 1983).
[3] Hunt, *The Making of a Special Relationship.*
[4] Michael Schaller, *The United States and China in the Twentieth Century* (New York: Oxford University Press, 1979).

政策——即在美国排斥华人——却作为国内政策而形成。"门户开放"政策与排华没有必然的联系,但一些学者批评美国决策者对外鼓吹在华商业机会平等的"门户开放"政策,对内却否定了华人移民美国的权利。从19世纪40年代末开始,"中国移民到美国西岸就与中美关系联系在一起"[1]。越来越多的学者指出,美国对中国人的移民政策实质是与中美关系一体的。

过去的中美关系研究只注意官方关系,关于中国移民的研究成为研究非官方关系的一个极好的突破口,亨特首先系统地把美国的中国移民与美国开拓中国市场联系在一起。他指出移民问题的产生加剧了中美间的分离,"虽然中国移民在美国较之美国人在中国安分得多,但他们的肤色和抵制同化引起强烈的排华运动。"[2]孔华润分析,中国移民所得到的教训是,要意识到他们不同于欧洲移民。肖仑认为19世纪中国移民遭到公开的仇视和欺侮,结果损害了中美关系。[3]中国移民在美国的工业化中起了重要作用,但却受到粗暴对待。美国控制了这种关系模式,而中国政府在保护移民问题上却无能为力。在中国移民问题上,不是移民政

---

[1] Frederick B. Hoyt and Eugene Trani, "Chinese in America: The Nineteenth-Century Experience," in Etzold ed., *Aspects of Sino-American Relations Since 1784*, p. 25.

[2] Hunt, *The Making of a Special Relationship*, p. 300.

[3] Hunt, *The Making of a Special Relationship*; Cohen, *America's Response to China*, p. 31; Schaller, *The United States and China in the Twentieth Century*, pp. 19-22.

策而是移民本身成为研究的中心,这种研究可能提供了美国如何看待中国和中国人的丰富资料。

2. 美国对 20 世纪初中国重大事件的反应

一些学者以 20 世纪初美国对中国的重大事件(如辛亥革命、"二十一条"和巴黎和会)的反应来看美国的对华政策。关于辛亥革命,学者们有不同的观察角度。丹尼尔·科瑞(Daniel M. Crane)和托马斯·布鲁斯林(Thomas A. Breslin)认为,研究美国对辛亥革命反应的意义不在于考察其对中国的影响,而在于从中发现美国社会和外交决策的取向。1909—1916 年间的中美关系是由塔夫脱(William H. Taft)总统、罗克斯(Philander C. Knox)国务卿等的金元外交决定的。美国人一开始是同情孙中山革命的,但当美国在华经济利益受到威胁时,美国政府便撤回了对孙中山的支持。在各种压力下,美国政府最后决定支持袁世凯而背叛了进步的孙中山。在威尔逊(Woodrow W. Wilson)任总统期间,美国拒绝支持国民党的反袁活动。袁世凯称帝实际上也受到美国的鼓励。[1]

瑞德发现,1911—1913 年的事件第一次使中国事务成为美国国内的问题,美国在是否承认中华民国问题上的矛盾,实际反映了国内的政治矛盾。孔华润却指出,虽然美国在中国的利益使

---

[1] Daniel M. Crane and Thomas A. Breslin, *An Ordinary Relationship: American Opposition to Republican Revolution in China* (Miami: Florida International University Press, 1986), pp. 2, 160.

其有必要在中国保持武力,但美国并不希望这个武力威胁到其他列强。[1]美国采取这一政策的另一原因是谋求与日本的密切关系,因为日美在反德国问题上结成联盟。1917年,美国承认日本在华北和"满洲"的利益。

瑞德还从两大事件入手考察"传教思想"对美国外交政策的影响:一是美国是否承认中华民国问题,一是日本对中国的"二十一条"。在这两个事件中,美国的对外政策专家支持政府与其他列强保持一致,在新的中国政府证明能保护外国在华利益后才表示外交承认。这些专家认为"二十一条"对美国没有损害,因而建议美国应避免与日本的野心相冲突。然而,那些决定威尔逊政府外交政策的主要人物,像总统本人、国务院外交顾问罗伯特·兰辛(Robert Lansing)以及负责远东事务的爱华德·威廉姆斯(Edward T. Williams)等,却在"传教思想"的影响下认为应支持中国的共和,反对"二十一条"。[2]

根据大卫·特纳斯克(David Trask)的分析,第一次世界大战前后中国的革命和衰弱、日本的现代化和民族主义以及美国的野心和理想主义都在相互作用。一战以后,威尔逊对保持亚洲的和平十分担心,倾向保持中国的独立和支持整个亚洲民主的扩展。但是中国的内部问题和日本事务的现实、东亚稳定和世界秩序的关系使威

---

[1] Reed, *The Missionary Mind and American East Asia Policy*, p. 3; Cohen, *America's Response to China*, p. 47.

[2] Reed, *The Missionary Mind and American East Asia Policy*, p. 106.

尔逊改变了初衷。他低估了日本的扩张倾向。在1919年的巴黎和会上，日本外交官力图使其在一战中的既得利益得到肯定，试图以此测试美国的政策并向中国的权利挑战；中国代表却想依靠美国抵制日本的野心。但威尔逊及其助手们在巴黎和会上并未充分觉察到亚洲的秩序和进步已受到严重威胁，因而没有给予中国充分的支持。[1]

因此，从美国对20世纪初一系列中国重要事件的反应看，美国对华政策对中美关系的影响是消极的。关于美国采取这种政策的原因，后面还要做进一步的分析。

3. "特殊关系"

大多数美国东亚史专家都认为，美中之间有一种不同于他国的"特殊关系"。费正清在《美国与中国》中强调美中的"传统友谊"，认为美国对中国的行为是"善意的，寻求赐予和获得"。保罗·瓦格（Paul Varg）虽然承认在两国官方和政府层次没有"特殊关系"，但美国民间对中国的态度是真正友好的，强调两国人民的友谊。[2]但是一些学者对"特殊关系"这一观念提出了疑问。

---

[1] David F. Trask, "Sino-Japanese-American Relations During the Paris Peace Conference of 1919," in Etzold ed., *Aspects of Sino-American Relations Since 1784*, pp. 75, 76, 100.

[2] John K. Fairbank, *The United States and China* (Third edition. Cambridge, MA: Harvard University Press, 1971). p. 402; Paul Varg, *The Making of A Myth: The United States and China, 1897–1912* (East Lansing: Michigan State University Press, 1968), pp. 121, 129.

科瑞和布鲁斯林认为这是一个错觉，这个错觉产生于中美关系的早期阶段。[1]

科瑞和布鲁斯林比较了威尔逊政府对中国革命的态度和对墨西哥及俄国革命的态度，发现没有什么不同。他们试图证明中美间"既没有积极的，也没有消极的"特殊关系。美国对待中国与对待其他国家一样，采取什么态度取决于国内政局。政治控制和经济垄断是美国卷入中国的先决条件，由于中国内部事务的不确定和不稳定，因此保持其秩序、稳定和外国的控制是美国社会、政府和商人集团最强烈的要求，所以美国支持的是袁世凯而非革命党。在世纪之交，美国政府很重视中国，但是商人集团因中国不稳定的经济和未卜的政治局势而不愿贸然涉足，因而对华投资十分有限。[2]

与科瑞和布鲁斯林的观点相反，孔华润指出在世纪之交，虽然商人和传教士强调中国事务的重要性，但美国人民和政府对亚洲事务不再感兴趣，因为他们面临更严重的国内问题。瑞德则从经济的角度观察这个问题：中国乃至整个东亚都不是美国十分重要的贸易伙伴，美国从这一地区的进口双倍于出口，贸易的种类基本上局限于农业品。[3]但是他指出不能据此认为中国对美国不重要，批评那种认为在海外贸易和投资中加拿大、欧洲和拉丁美

---

[1] Crane and Breslin, *An Ordinary Relationship*, p. ix.
[2] Crane and Breslin, *An Ordinary Relationship*, pp. xx, 162.
[3] 其实日本比中国更依靠对美国的贸易，见 Reed, *The Missionary Mind and American East Asia Policy*, p. 43。

洲比东亚更重要的看法，认为这是一种误导。而亨特发现威尔逊对中国的关注重点并不在政治或经济，对发展对华贸易不感兴趣，重视的是美国对在中国"推动民主、法制和基督教这个现代三位一体的责任"[1]。

中美特殊关系的本意应是友谊、理解和互惠，但追溯从18世纪到20世纪初中美关系的起源和发展，可以发现这种关系从未存在于两国之间，而是这两个文化和地理位置不同的国家的不断冲突。中美人民也是误解和错觉的受害者。19世纪末和20世纪初是中美建立"特殊关系"的最好时机，那个时期中国试图向美国寻求安全保障。然而，奉行门户开放政策的美国对20世纪初中国重要事件的反应却未能推动一种特殊关系的形成。

传教士的角色

许多学者认为，研究传教士可以对美国的外交政策有进一步的了解。在费正清的"冲击—反应"模式影响下，东亚研究中的哈佛学派强调西方对中国现代化的贡献，传教士当然也被视为西方思想文化的传播者。1960年代，刘广京（Kwang-ching Liu）便赞扬传教士在19世纪是"西学的最好的源泉"，也是20世纪二三十年代中国农村重建的先驱，认为他们理解中国人民

---

[1] Hunt, *The Making of a Special Relationship*, pp. 217–225.

的问题和需要。[1] 1970 年代末，唐纳德·特瑞哥德（Donald W. Treadgold）重新肯定西方传教士对中国的贡献，认为他们推动了中国改良者和革命者思想的形成。[2]

实际上，在中美关系史研究的早期，就有学者批评传教士的在华活动，如 1920 年代杜威（John Dewey）就不同意当时西方流行的中国是一个危险的国家的观念，并反对把西化和基督教化作为中国理想未来的观点。[3] 史景迁（Jonathan Spence）指出传教士并非"急于帮助中国，而是为他们自己"。他们在中国的努力只是为了证明他们的价值。总的说来，他们在中国的活动是失败的，因为中国人既没有接受基督教也没有接受西方民主。[4] 这些对传教士活动的不同解释证明了研究这一课题的困难和复杂性。显然，那些强烈同情近代中国命运的学者把传教士作为帝国主义来批评，而那些相信宗教文化交流总是对社会有益的人则予以积极的评价。

[1] Kwang-ching Liu ed., *American Missionaries in China*（Cambridge：Harvard University Press, 1966）, p. 11.

[2] Donald W. Treadgold, "The Problem of Christianity in Non-Western Cultures," in James D. Whitehead, Yu-ming Show, and N. J. Girardot, eds, *China and Christianity*（Notre Dame：Center for Pastoral and Social Ministry, University of Notre Dame, 1979）, pp. 186–189.

[3] Yu-ming Shaw, *An American Missionary in China：John Leighton Stuart and Chinese-American Relations*（Cambridge, MA：Harvard University Press, 1992）, p. 5.

[4] Jonathan Spence, *To Change China*, *Boston*：Little, Brown & Co., 1969）, p. 292.

1. "传教思想"与对华政策

1970年代,一些学者便提出历史学家应揭示传教活动在其国内的根基;1980年代,有学者发现美国对华政策极大地受到传教士的影响。瑞德便通过他称之为"传教思想"对外交决策作用的研究提出了一个讨论的新方向。像其他许多新一代美国—东亚关系学者一样,瑞德用文化、社会和经济史的方法揭示新教对美国公众舆论和对华政策的影响,从而使人们重新考虑"外交史"的传统定义。在瑞德之前,已有学者意识到东西方两个世界冲击的两个侧面。阿瑟·施莱辛格(Arthur Jr. Schlesinger)在考察传教士作为文化帝国主义角色时指出:"传教士对美国人民思想的冲击比对非西方人的冲击更为深刻。"[1]

而瑞德却强调"传教思想"对中国和美国两方面的影响。什么是"传教思想"?这是美国"对亚洲特别是对中国道德责任的一种综合的共同意识"[2]。基督教文明是一种复杂的表现,它包括若干层次,交织着情感、带有文化偏见的宗教信仰以及部落狭隘意识的世界观。瑞德发现大部分商人、银行家和企业家把他们自己局限于经济事务,他们的"商务思想"决定了他们对中国的态度不同于宗教

---

[1] Arthur Jr. Schlesinger, "The Missionary Enterprise and Theories of Imperialism," in John King Fairbank ed., *The Missionary Enterprise in China and America* (Cambridge, MA: Harvard University Press, 1974), p. 372.

[2] Reed, *The Missionary Mind and American East Asia Policy*, pp. 1-3.

人士。由于瑞德并没有分析"传教思想"的性质及其在中国的具体运作，因此我们对这种思想在美国和中国的交互影响知之甚少。

2. 传教士与教育

教育可能是传教活动在中国最成功的事业，邵玉明（Yu-ming Shaw）关于司徒雷登（John Leighton Stuart）的研究从一个侧面揭示了这个事实。美国传教士曾在中国建立了十余所大学，学生人数占全国大学生总数的12%—20%。他们还资助数百所中学和几千个学习中心。[1] 这些机构成为两国思想文化交流的媒介。司徒雷登参加了20世纪上半叶传教士活动的整个过程，随着美国在华传教活动的进行，司徒雷登的事业特别是教育事业发展顺利。邵认为，可以毫不夸张地说，整个美国和西方在华传教士中，司徒雷登是最具特色和充满矛盾的人物。

司徒雷登在华的第一个职位是牧师（1905—1908年），然后执教10年直至1919年任燕京大学校长。在他的管理下，燕大成为中国最好的教会大学。作为一个教育者，他既因教育的成绩而受到赞扬，也因服务于美国的帝国主义文化侵略而受到批评。但邵认为，燕大在教育上是成功的，它给中国的年青人提供了当时一流的现代教育条件和精神环境。从邵对传教士活动的态度看，他仍继承了哈佛学派关于传教活动的基本观念。

---

[1] Shaw, *An American Missionary in China*, p.2.

人们可能要问，为什么一些传教士比另一些更成功？1930年代洛克菲勒基金会在中国的农村重建活动和传教士参与的"新生活运动"等都失败了。[1]司徒雷登的不同之处在于，他不仅试图拯救人们的灵魂，而且关心人们的社会处境。许多传教士的失败就在于他们没有同时重视这两个方面的问题。他的成功还可能在于与中国人较密切的交流。由于在中美交流中缺乏对中国有直接了解的人，传教士的活动便在一定程度上弥补了这个缺陷。在中美的宗教接触中，司徒雷登试图把基督教神学、伦理与中国宗教和文化传统结合起来。[2]

他了解中国宗教和文化的价值和力量，因而并不想像许多在华传教士那样力图影响美国对华政策，希望中国实现民主共和，这样基督教和传教士就能受到欢迎。在那时，传教士和商人是可以影响舆论和国家政策的集团，但是他们的目的经常是不同的。传教士反对许多商人所持有的中国不可能实现共和的"商务思想"，而持这种思想的人更倾向于发展与日本的关系。

瑞德相信"传教思想"是最有力量的，因为其他思想——如"商务思想""外交政策思想"等——都缺乏一种持续的愿望和影

---

[1] James C. Jr. Thomson, *While China Faced West* (Cambridge, MA: Harvard University Press, 1969), p. xiii.

[2] Shaw, *An American Missionary in China*, pp. 294, 293. 还有其他一些关于两国人民交流的研究，如 Jane Hunter, *The Gospel of Gentility: American Women Missionaries in Turn-of-the-Century China* (New Haven: Yale University Press, 1984)。

响舆论、外交政策的传播系统。一般来讲，传教士总是与外交保持一定的距离，但是从其往来信件和报告中得到的大量关于外交事务的信息证明，他们对外交有极大的影响力。瑞德强调，传教思想对外交政策"发挥了极大的、可能是决定性的影响"。他认为从一定程度上讲，"传教思想"影响了美国外交的整个过程。[1]

但是，当考察传教士怎样影响美国对华政策时，我们应当考虑到传教士与不平等条约的关系。西方国家用武力迫使中国承认他们自由传教的权利，因此传教士的角色不可避免地是作为不平等条约的一部分发挥着作用，因此他们不仅影响了外交政策的制定，而且极有可能也是这种外交政策的积极推行者。但是许多最近的研究却忽视了这一问题。

3. 传教士与中国政治

由于不平等条约给予外国人在华广泛的特权，到 20 世纪初中国已成为各国传教的中心，传教士也随之卷入了中国的政治。施莱辛格便承认传教士是资本主义经济的一部分和其政府控制中国的工具，他称之为"文化帝国主义"。因为只有在文化侵略上，"传教士才可能找到最合适的位置"。[2]但瑞德却分析传教士对中国政治影响的积极方面。对于传教士来说，辛亥革命无异于是他

---

[1] Reed, *The Missionary Mind and American East Asia Policy*, p. 150.
[2] Schlesinger, "The Missionary Enterprise and Theories of Imperialism," p. 373.

们梦想的实现。一些传教士甚至参加了革命活动，他们的卷入实际上使美国外交官感到难堪。传教士为在全美传播中国革命的消息而做出了极大的努力。从一开始，美国人民就对这个革命有相当的了解，这也应当归于传教士的宣传之功。[1]

司徒雷登不仅是一个传教士、教育者或中美文化的中介，他也是一个政治活动家。根据邵玉明的研究，司徒雷登支持中国民族主义，反对日本侵华，寻求美国政府和人民对中国的支持，以至于日本人称他为"在中国最危险的白人"。但最后，"作为美国驻华大使，他一直为国民党所不信任，为共产党所不容，也没得到美国人的青睐。"[2]他在华的最后三年帮助马歇尔协调国共两党争端，但未能完成外交使命，于1949年离开中国。

学者们一般都忽视传教士卷入中国政治的另一方面：由于他们在意识和宗教方面的角色，不可避免地会引起与中国人的冲突。而且传教活动随着西方军事、政治和经济的侵略一同扩张，因此，他们自然成为中国人民发泄愤恨的目标，从而酿成层出不穷的反教事件，不断引发中外间的外交纠纷。

中美关系的度量

以上评述的这些成果显示了中美关系研究的新发展，为进一

---

[1] Reed, *The Missionary Mind and American East Asia Policy*, pp. 124-127.
[2] Shaw, *An American Missionary in China*, pp. 3-4.

步理解一个世纪间中美关系的性质做出了贡献。不过这个研究领域的理论和方法都仍然存在需要加以认真考虑和解决的问题。对此，美国的中美关系史学者也有觉察并不断提出新的设想。瓦尔德·赫芮齐斯（Waldo Heinrichs）提出，除了经济的、文化的研究取向以外，东亚关系史的学者还应强调以下四个方面：

一是传统的"双边框架"，即具备充分运用中文和中国历史的语言能力；二是"多国框架"，即把着眼点放到整个亚洲—太平洋地区；三是比较研究，即对不同国家的对外关系进行对比考察；四是综合分析，即分析国家的一般对外政策，也就是不只局限于美国的对华或中国对美政策，而应结合总体的对外政策进行研究。[1]

而亨特提出的中美关系的度量应是：从两个国家的国内和国外事务的视野去考察外交的、经济的、文化的和政治的因素。一方面他认为应把中美关系放进贸易和投资的世界系统中；另一方面他强调社会、经济史与外交史的结合。[2]

学者们逐步形成了一种共识，国际史并不是分别研究有关外交的政治、经济、社会和文化问题的领域，而是综合研究形成外交政策和外交关系的各种因素。这些新的看法对扩大研究者的视

---

[1] Woldo Heinrichs, "The Middle Years, 1900-1945, and the Question of a Large U.S. Policy for East Asia," in Cohen ed., *New Frontiers in American-East Asian Relations*, p. 90.

[2] Hunt, "New Insights But No New Vistas," p. 28.

野无疑是很重要的。

在美国,中国历史研究一直是"西方中心论"占统治地位。[1]从费正清的"冲击—反应"模式到帝国主义和"依附"理论,都是从西方的观点看待近代中国史,把中国视为一个消极的角色。他们经常忽视那些可能对中国历史起决定作用的内部因素。最近几年,一些学者提出强调中国内部动力的"中国中心观",[2]这个新的倾向显然也影响到中美关系史的研究。例如,人们开始试图回答中国社会和文化的环境怎样影响中美关系。其实,关于近代中美关系的研究存在的问题犹如这个课题本身一样,也是一个中美在学术上的"关系",即相互交流和理解的问题,包括直接影响学术的历史的、社会的、政治的和文化的因素。我想,目前至少应该在以下三个方面进行努力:

首先,应该强调对影响外交关系的地方和地区层次的问题的研究。正如许多学者所赞同的,对外关系的研究不应只局限于外交史,当研究所谓"国际史"的时候,我们必须考虑到社会、经济所起的作用以及怎样起作用。必须注重中国和美国的国内因素,特别是对中美关系有潜在影响的地方和地区的社会、经济因素。例如对美国的中国移民的研究就必须了解中国历史本身,追溯他

---

[1] 美国对外关系史的研究与美国中国史的研究有这种共同倾向。见 Hogan and Paterson, *Explaining the History of American Foreign Relations*, p.1。
[2] Paul A. Cohen, *Discovering History in China : American Historical Writing on the Recent Chinese Past* (New York : Columbia University Press, 1984)。

们在中国的根和地方史，寻找他们移民美国的动机、移民模式的改变及对美国文化的态度。又如，在地方和地区的层次上，地方主义与外国势力在政治、经济和文化方面的冲突总是存在的，这类冲突事实上也影响了中美关系。

其次，作为以上问题的逻辑发展，应该注意非官方因素的研究。过去，美国学者注意美国官方的外交及其政策，但忽视了非官方和非外交的接触。因此必须把"国际史"既放入国际又放入国内的背景中，以使对外关系的研究有更广阔的视野和不同的层面。学者们不仅应考察国家的角色，还应考察非国家的角色；不仅应研究政策制定者和执行者，而且应研究那些没有掌握国家权力的人，如移民、商人和传教士等。美国的对华政策实际上就是各种因素综合的结果，政治家、官僚、实业家和传教士等都是其中积极的角色。

最后，美国学者有必要了解中国学者的研究，熟悉这一领域在中国的发展状况。应当承认，中美学者之间存在鸿沟，相互间缺乏了解，中美关系的研究应该通过扩大交往来填补这个鸿沟。[1] 对于美国对外关系史学者来说，除探讨美国的对华政策外，还必

---

[1] 已经有学者意识到了解中国方面资料和学术研究的重要性，如 R. David Arkush 和 Leo O. Lee 便编辑、翻译和出版了 *Land Without Ghosts：Chinese Impressions of America From the Mid-Nineteenth Century to the Present*（Berkeley：University of California Press, 1989）。这是一个关于近代中国人怎样认识和看待美国和美国人的中国资料翻译汇编。

须了解中国人对美国、美国人以及美国社会、文化的态度。还应该克服语言障碍，直接接触中文资料，直接与中国学者交流。这将有助于中美学者间的相互了解。这样两国研究中美关系的学者有可能建立一个在充分理解基础上的"特殊关系"，以推进中美关系史研究的进一步发展。

本文原题《近年美国关于近代中美关系的研究》，发表于《历史研究》1997年第2期。

三、从日本史观察近代中国

古代中国和日本具有许多相同之处，但是在近代它们却有着完全不同的命运。当我们对这两个国家的现代化过程进行比较的时候，不可避免地要提出以下问题：传统中国和日本社会的特点在现代化过程中扮演了什么角色？在西方资本主义侵入东亚之前，中日社会的性质和政治系统有什么不同？在中日社会向近代过渡过程中，其文化和思想意识传统有多么重要？然而最基本的问题是：为什么中日两国在近代有不同的命运？许多美国历史学家都力图回答这些问题，他们通过中日比较研究而提出了许多有启发性的见解。

在这篇文章中，我拟将就以下四个方面，即主要理论分歧、经济和社会结构、政治统治系统以及文化和意识传统，对他们的研究进行一些初步的总结和分析。这里需要特别提到的是，本文所涉及的有相当一部分是美国的日本史专家的研究，中国不是他们研究的主体而是他们的参照系。我们过去对这方面的研究知之不多，这些研究或许可以给国内学者的中日比较研究提供一个参考的新视角。

内部因素的决定性的作用

在1950年代初,美国历史学家已经开始进行近代中日现代化的比较研究。马瑞恩·列维(Marion Levy)在他的题为《中日现代化的不同因素》的文章中,通过比较,指出传统中国和日本在"不同的工业化过程中所遭到的新的外部力量是相同的"[1]。显然,他认为外部因素并不是关键,而应该探寻影响中日现代化的内部因素。

日本是唯一逃脱沦为西方资本主义工业国殖民地命运的亚洲国家。为什么日本能逃脱这个命运?根据保罗·巴兰(Paul Baran)在1950年代末的研究,认为有两个基本原因:首先,西方商人在东亚出现之初,其基本目标是中国。当它们开始把目标对准日本之时,欧洲各国已深深陷入了内部纷争,而无法全力顾及日本;其次,当日本受西方影响之时,各西方强国在亚洲已形成激烈的竞争之势。这种不同的国际环境,使日本免于成为任何一个西方列强的殖民地。由于日本没有成为殖民地,国民剩余掌握在自己手中,从而使明治王朝和资产阶级得以全力推动工业化。[2]显然,与列维不同,巴兰相信在日本的工业化中,外力因

---

[1] Marion Levy, "Contrasting Factors in the Modernization of China and Japan," *Economic Development and Cultural Change*, no. 2, 1953, p. 161.

[2] Paul A. Baran, *The Political Economy of Growth* (New York: Monthly Review, 1957).

素起着主要作用。

在 1970 年代，传统社会理论（tradition society theories）和世界经济理论（world economy theories）主导了对不发展问题的研究。传统社会理论发展自马克斯·韦伯的理论，致力于考察传统社会和文化怎样影响经济的发展和不发展；世界经济理论则是受马克思主义的影响，强调不发展的外部因素，认为不发展导因于其"卫星国"和"依附"的地位。在世界经济理论中，西方资本主义对非工业国家的冲击被认为是发展的根本障碍。虽然这两个理论是相互对立的，但都承认日本是一个例外。

弗朗西斯·莫尔德（Frances V. Moulder）在她的《日本、中国和现代世界经济——对 1796—1918 年间东亚发展的重新解释》中，指出世界经济理论的主体部分是基本正确的，"在世界系统中日本保持了相对的自主而中国却成了一个依附的卫星国"[1]。当日本进入世界系统时，它遇到的关于贸易、投资、政治和宗教的渗透状况都与中国不同，在这些方面所受的影响不大。但根据以上已提到的列维的研究，介入日本和中国的外力在本质上没有什么不同，不同的是这两个国家的内部结构。显然，在列维和莫尔德之间存在很大的分歧。

在 1980—1990 年代的中日现代化的比较研究中，更多的学者

---

[1] Frances V. Moulder, *Japan, China, and the Modern World Economy：Toward a Reinterpretation of East Asian Development ca. 1600 to ca. 1918*（Cambridge：Cambridge University Press，1977），p. 199.

采用了传统社会理论的观点。在他们的研究中,诸如经济、政治、社会和文化传统这些内部问题被认为是影响一个国家发展的主要因素,这些因素也是本文所要考察的重点。不过在我看来,虽然内部因素的确往往起着决定性的作用,但外部因素也可能扮演关键性的角色,因此不可忽视。19世纪侵入中国和日本的外力在本质上没有根本的不同,但是当西方冲击日本的时候,国际和亚洲的环境的确已经发生了明显的变化,西方也显然对中国比对日本更感兴趣。因此日本的工业化至少比中国有一个更自主和自由的环境。

前现代的日本与中国

前现代的中国和日本的经济和社会结构具相同性和不同性,然而,不同性对它们进入世界系统的方式有更强烈的影响。中国和日本都是传统的农业国,但日本的变化比中国要迅速。现代化理论历史学家吉尔伯特·罗兹曼(Gilbert Rozman)认为19世纪以前的中国社会在"持续性、规模、长期历史留下的物质财富……以及经济发展水平"上都优于其他社会。[1] 17—18世纪是

---

[1] Gilbert Rozman, *Urban Networks: In Ch'ing and Tokugawa Japan* (Princeton: Princeton University Press, 1974), p. 5. "前现代"(pre-modern)是西方历史学常用的一个词,是指向近代(或现代)社会过渡之前的传统社会。"近代早期"(early modern)则用来表示从传统社会向近代社会过渡的开始阶段。

中日社会发展最接近的时期,但这个时期的日本则是更集权化和城市化的社会。[1]而在清中叶,中国的经济却显示出分散化的特点,形成了高度发展的竞争性市场,广泛地使用货币和信贷以进行贸易活动。

不同的经济发展导致了不同的社会后果,正如赖肖尔(Edwin O. Reischauer)和阿尔伯特·克瑞格(Albert M. Craig)所注意到的,日本的经济在向近代社会过渡之前便达到了"生存水平"以上,从而推动了文化、经济机构和国家服务水平的提高,这有助于19世纪日本现代化的成功。[2]人口适当是日本经济能够达到"生存水平"以上的重要因素。虽然一些学者,例如巴宁顿·莫尔(Barrington Moore),也注意到前现代日本的人口问题,指出"在德川幕府建立和平与秩序之后,17世纪人口增长了百分之四十"[3],但日本仍然不像中国那样遭受长期的人口压力。

日本的人口随着经济的发展而增长,1600年人口估计为2000万,1721年第一次人口调查时大约为3000万,增长50%。在德川幕府的后半期,人口基本没有增长,而经济仍然在持续发展,尽管速度有所放慢,结果整个德川时期人们的生活水平特别

---

[1] Gilbert Rozman, *The Modernization of China* (New York : Free Press, 1981).

[2] Edwin O. Reischauer and Albert M. Craig, *Japan : Tradition & Transformation* (Sydney : Allen & Unwin, 1989).

[3] Barrington Moore, *Social Origins of Dictatorship and Democracy : Lord and Peasant in the Making of the Modern World* (Boston : Beacon Press, 1966), p. 283.

是农民的生活水平有明显的提高。[1]

另一个关于日本人口的研究也证明，由于人口的停止增长使按人头的收入提高，"从而为日本成功的工业化和经济增长的成功开辟了道路"[2]。与此形成鲜明对比的是，中国的人口从18世纪后半叶到19世纪初增长了一倍。为什么日本能成功地控制人口呢？根据研究者的分析，主要原因之一是，至少在18世纪，日本农民已经知道将家庭人口控制在一定的规模之内，具有追求保持和提高生活水平的"理性"行为。[3]

1750—1850年间是中国人口发展的高峰，这一时期中国人口由2.1亿上升到4.3亿。[4]按一些学者的解释，增长的原因是中国的"前现代社会结构倾向于以扩大数量来帮助生存"[5]，因为人们认为劳动力的增长会改变家庭的经济状况。实际上除了这个原因以外，根据中国学者的研究，清代红薯和玉米的引进和扩大种植也是其主要原因之一。这两种耐旱作物的种植使大量的旱地和山地得以开垦利用，粮食总产大幅度提高。粮食的增加刺激了

---

[1] Reischauer and Craig, *Japan*, p. 98.
[2] Akira Hayami, "Population Changes," in Marius B. Jansen and Gilbert Rozman eds., *Japan Transition: From Tokugawa to Meiji* (Princeton: Princeton University Press, 1986), p. 288.
[3] Hayami, "Population Changes."
[4] Ping-ti Ho, *Studies on the Population of China* (Cambridge, MA: Harvard University Press, 1959), p. 281.
[5] Rozman, *The Modernization of China*, p. 146.

人口的膨胀，从而使中国人口的总数达到空前的程度，最后人口的自然增长超过了农业发展的速度，而形成巨大的人口压力。其结果一是造成社会的不稳定，二是导致缺乏投资于近代工业的资本。

还应该看到，在中日两国人口的发展中，社会和家庭结构的因素也起着重要作用。在中国和日本，家庭都是社会稳定的基本单位，其日常生活的许多决定的做出和活动的进行都是围绕着家庭的。在传统中国，家庭不仅是个人生活和活动的主要领域，而且是基本的经济和生产单位。普通中国农民家庭在生产和消费两方面都基本自给自足。普通中国人也主要与他们的家庭成员发生联系，对家庭的责任是他们所承担的基本责任。这种"家庭中心"使普通中国人局限在他们的家庭或家族而缺乏流动性。

在德川时期的日本，家庭并不像中国那样主导一切。但日本的家庭系统在作为"维系日本人相互责任和继承传统的垂直结构"的同时，它还实行人口控制和长期的投资，"这两者都使人均产出得以提高"。[1]与中国的普遍继承权不同，日本的家庭财产只传给一个儿子，因此家庭财产得以集中，这有利于作为农业资本主义基础的经营地主的发展。

在前现代日本农村社会，农民与封建地主联系紧密，"地主在农民社区保持着无可取代的领导权"[2]。日本农村社会结构的关

---

[1] Hayami, "Population Changes," pp. 288–289.
[2] Moore, *Social Origins of Dictatorship and Democracy*, p. 308.

键是资本换取劳力或劳力换取资本,到19世纪初,贫苦农民在富裕农民的农场或乡村工业中挣取工资已是普遍现象。这样,"当日本随后实现工业化之时,他们已经为城市工业储备了劳力"。许多富裕农民变为雄心勃勃的乡村企业家,"引导了18世纪末和20世纪初商业扩张的第二次大浪潮"。[1]

在清代中国,虽然作为资本主义经济发展重要前提的劳动力市场已经出现在商品经济发达的地区,但是,直至西方资本主义的入侵,这些早期的"资本主义萌芽"并没有发展成熟为现代资本主义工业。

中国资本主义经济发展失败的原因是复杂的,但许多学者相信其主要原因之一是缺乏资本主义发展的基础,例如城市化的程度便是一个重要因素。马克斯·韦伯和吉德恩·斯鸠伯格(Gideon Sjoberg)都研究过中国和日本的城市。韦伯在他的《城市》一书中着重阐释了中日城市中缺乏资产阶级的自治;斯鸠伯格在他的《前工业化城市:过去和现在》中也认为城市在这两个国家中起的作用都非常有限。[2]

韦伯和斯鸠伯格都没有比较分析两个国家的城市网络,而那些把前现代社会视为静止的学者,却没有力图区别不同时期的中日城市,城市社会学家也往往关心的是单个城市而不是整个城市

---

[1]   Reischauer and Craig, *Japan*, p. 99.
[2]   Max Weber, *The City* (New York: Free Press, 1958); Gideon Sjoberg, *The Preindustrial City: Past and Present* (New York: Free Press, 1965).

系统的状况。罗兹曼在他的《清代中国和德川时期日本的城市网络》中则第一次从总体上对两个国家的城市发展状况进行了比较考察。他发现清代的中国城市状况像一个宽底的金字塔，其城市人口的集中在各层次上的差别很大。在18世纪末日本占世界人口的3%，但城市人口却占世界城市人口的8%，[1]而且在分布上也较为均衡。

根据罗兹曼的分析，如果说日本城市作为行政中心发挥着控制农村人口的作用，而中国城市则更多的是作为一种象征。中国城市的巨大城墙把它们与乡村相隔离，它们更多的是维持过去而难以开创未来。因此现代化的理论家们得出中国城市不能像日本和俄国那样凝聚社会变革力量的结论。[2]没有城市经济基础的支持，资本主义经济则很难从这个社会本身中产生。

显然，现代化理论的历史学家吸收了马克斯·韦伯关于中国城市的观念。根据韦伯的分析，中国城市"即使都有市场和堡垒，但根本没有城市社会共同体"[3]。而且中国城市居民在法理上都属于他们的家庭和他们土生土长的村庄，在那里有他们的宗祠而且永远是其中的一员。在《中国的宗教：儒教和道教》一书中，韦伯更清楚地说明，西方城市产生出了资本主义而中国城市却没有。在封建走向衰落之时，中国城市的力量十分有限而不能从国家的

[1] Rozman, *Urban Networks*, p. 6.
[2] Rozman, *The Modernization of China*.
[3] Weber, *The City*, p. 88.

政治和军事权力中摆脱出来。[1]

但是，罗威廉（William T. Rowe）在他那两本极有影响的关于汉口的著作中，以有力的证据证明清代中国已形成充分发展的城市共同体，而且这个共同体能够发挥其经济功能并提供经济发展的内在动力。[2]但是清代汉口是否是中国城市的一个例外？要回答这个问题还需要做大量进一步的研究。

中国资本主义经济发展的失败也与商人的地位和其在经济活动中的角色有关。在工业化过程中，中国对个人的控制系统与日本有明显不同。在19世纪初，中日两个社会中商人角色的差别相对较小，都有轻视商人地位的传统。在日本，商人财富的发展较之商业慢，"虽然商人数量和消费的标准都有较大的增长，但他们占有的国民资产却下降了"。统治阶级压低商人的社会地位，控制他们的经济活动，但是他们自己不屑贸易，而把这项活动"基本留给了城市商人"。[3]

新的明治统治者的基础是商人阶级，"他们与正在上升的资产阶级结成联盟而对工业化感兴趣"[4]，为进一步工业化实施了许

---

[1] Max Weber, *The Religion of China : Confucianism and Taoism* (New York : Free Press, 1951).

[2] William T. Rowe, *Hankow : Commerce and Society in a Chinese City, 1796-1889* (Stanford : Stanford University Press, 1984); *Hankow : Conflict and Community in a Chinese City, 1796-1895* (Stanford : Stanford University Press, 1989).

[3] Reischauer and Craig, *Japan*, pp. 97, 96.

[4] Moulder, *Japan, China, and the Modern World Economy*, p. 13.

多改革。在传统的中国，商人比士绅、农民和手工匠更自由一些，可能这也是国家力图限制商人权利和影响的原因之一。自从19世纪60年代清政府便力图实现工业化，但商人地位并没有根本改变。

直至20世纪初清政府实行"新政"，在全国范围内推行工业化和商业化，商人的地位才在中国历史上第一次受到法律的保护。不过这个改革来得太晚，甲午和庚子的战败、中国的内部动乱、人口压力、财政危机以及外国控制，各种不利因素聚集在一起使清政府无力回天，因而日本的奇迹没有能在中国重现。

谁是"封建社会"

许多学者相信，近代中国和日本的不同命运也与它们政治统治系统的不同有关。学者们在考察中国和日本的政治结构时，发现中国和日本对社会控制和社会秩序的保持的态度很不一样。日本的统治者看来对操纵社会的能力是成竹在胸，他们知道怎样对付面临的问题。日本政府的结构是高度集权化和高度分散化两方面因素的综合，由德川幕府统治者建立的控制系统是封建控制中最紧密、最有效的系统之一。列维认为前现代的中国和日本的政治系统是"明显不同"的。[1]

---

[1] Levy, "Contrasting Factors in the Modernization of China and Japan," p. 182.

而莫尔德虽然承认两国间不同的存在，但她批评传统社会理论夸大了这种不同。她认为在西方势力进入东亚之时，两个社会的总体特点是同多于异。[1]显然，当莫尔德强调外力因素的时候，她并没有仔细观察这两个社会的内部。实际上，那些强调内部因素的学者已经提供了很多证据证明中日两国政治系统的不同性。

"封建主义"一词经常被用来比较中日两国的政治统治系统，大多数学者认为前现代的日本是封建社会而中国不是。在讨论"封建社会"的时候，我们发现"封建"一词常常没有被明确定义。一般来讲，当"封建"一词用来描述社会性质时，在西方的概念中至少包括以下特点：

1）封闭的社会等级和非常明确的权力等级；2）贵族的权利以其土地占有为基础；3）土地占有系统决定政府形式；4）农奴不是奴隶，也不是领主的个人财产，但他们被束缚在土地上。

显然，美国历史学家在讨论中国和日本社会时几乎都用的是这个定义。根据这个定义，封建性在日本很强而在中国很微弱。德川时期的日本，农民和贵族都永远保持他们的原有身份而不可僭越，这种身份与他们的财产多少没有直接联系。巨富的农民不是贵族，而贫穷的贵族也不是农民。虽然中国的社会流动经常是很困难的，但自周朝以后便社会流动从来没有完全封闭过。在前现代的中国，向上和向下的社会流动普遍存在，一介村夫或农家

---

[1] Moulder, *Japan, China, and the Modern World Economy*.

之子可达到官僚层级的顶端，而同时富裕的士绅家庭不仅可能失去财产和权力，并且可能降至农民甚至更下层的社会身份。

不过，日本的封建也不同于欧洲。在12世纪，日本武士阶层便进入历史舞台的中心，把日本引导进入"一种社会和政治的组织更接近于封建时代的欧洲而不是集权化官僚国家的中国"[1]。根据莫尔的考察，德川幕府的政治系统处于"集权化的农业的官僚体制的中国"与"十分松弛的封建中世纪欧洲"之间。[2]这种系统使日本社会包含着不同的动力。我们都知道封建在欧洲是分散化，但根据赖肖尔和克瑞格的定义，日本却是"集权化的封建"。这种集权化的封建，是一种"非常稳固的政治系统"。[3]

但马里乌斯·詹森（Marius B. Jansen）和罗兹曼认为这种集权不是绝对的集权，德川时期的日本政治"不用实行可能导致倒退的绝对集权便克服了分裂"[4]。而且日本的封建还使"老的统治阶级有可能防止了一场革命"[5]。到19世纪80年代末，日本已经形成了集权化管理系统引导了日本的现代化过程。

为什么日本能成功地克服分裂和避免革命呢？这与日本的政治系统特点有关。在日本，天皇和"天"是"紧密联结在一起"的，

[1] Reischauer and Craig, *Japan*, p. 40.
[2] Moore, *Social Origins of Dictatorship and Democracy*, p. 234.
[3] Reischauer and Craig, *Japan*, p. 74.
[4] Jansen and Rozman, *Japan Transition*, p. 18.
[5] Moore, *Social Origins of Dictatorship and Democracy*, p. 228.

IV. 世界历史中的中国

由于这种紧密的联结,"实际的权力掌握便发生了变化,天皇和国家间的纽带便必然松弛。"[1]在明治末期,大多数日本人都把天皇视为"一种国家、军事成功和快速现代化的象征,而不是绝对的皇权"[2]。德川系统的起源是封建的和军事的霸权,这种霸权的基础是对个人的忠诚、继承性的社会身份以及非常强烈的荣誉和责任感,这种道德品质从商人阶级散布到其他阶级。而在中国,皇帝总是与他统治的国家"紧密联结在一起",因此不可能利用皇帝去反对国家。[3]

在前现代社会中,政治权力总是与宗教连在一起。到19世纪末,日本的国家崇拜已经成为全国性的大众宗教活动,通过神化帝国权威而创造了政治的合法性。在中国,国家也掌握有许多宗教机构并支持国家崇拜,但从宗教产生的权力和权威却相对微弱。[4]考察整个晚期中华帝国的历史(甚至整个中国历史),我们可以发现统治权和宗教是分离的,中国的皇帝并没有有效地建立起宗教的王朝象征。

中国和日本中央政府与地方政府的关系也颇为不同。在日本,在幕府和地方政府之间没有一个官僚主干系统联结。幕府官员虽

[1] Albert M. Craig, "The Central Government," in Jansen and Rozman, *Japan Transition*, p. 40.
[2] Carol Gluck, *Japan's Modern Myths: Ideology in the late Meiji Period* (Princeton: Princeton University Press, 1985). p. 245.
[3] Craig, "The Central Government," p. 40.
[4] Rozman, *The Modernization of China*.

然控制地方，"但并不由他们自己亲自管理"，而是另有一个从城堡到村庄的官僚管理机构。克瑞格指出了一个有趣的现象，即"日本的官僚机构的起点，恰恰是中国官僚机构的终点"[1]。

虽然19世纪五六十年代幕府及其控制被铲除，但地方官僚仍稳固地保持下来。在传统中国，政府的结构是中央、省和地方三级管理体制和由专门化的官僚操纵的全面的稳定的政治体系。罗兹曼认为这种理性化的官僚模式设立了各级行政运作的标准，控制了地方官的任免，这样便否决了地方自治的全部权利。[2]当讨论中国和日本的地方社会时，"自治"这个词常被用来描述社会控制的模式。[3]

在我看来，罗兹曼过分强调了中国的官僚权力。中国官僚系统从中央贯穿到地方，但终止在县衙。在县衙之下没有正式官僚行政，而是由衙门、士绅和村庄首领自治的权力平衡，实际上地方仍然有着相当的自治权。特别是在太平天国以及地方社会秩序的重建以后，官僚系统日益衰弱，而自治权进一步扩大，在清朝覆没以后这个政治力量的平衡才被打破。

按照莫尔德的描述，日本社会是"相对自治"的社会，而中

---

[1] Craig, "The Central Government," p. 63.
[2] Rozman, *The Modernization of China*.
[3] 这里"自治"英文原文是"autonomy"，是指传统社会中社会与国家的一种关系，特别是指地方社会受中央国家机器控制相对较少的状态。而像晚清和民国时期的"地方自治"，英文则用"self-government"。

IV. 世界历史中的中国

国社会是"结合"（incorporation）的社会。但这里的所谓"自治"与我们前面所讨论的地方社会的"自治"有不同的含义，其实是"独立"的意思，是针对国外势力影响而言的；所谓"结合"，根据我的理解就是中国社会被迫拉入或"结合"到世界系统中。莫尔德力图回答受外力影响的中国和日本的政治系统在19、20世纪对两国经济发展所引起的不同结果。中国的"结合"导致不发展，"引起了已经衰弱的帝国的瓦解"。但日本的自治"使衰弱的封建国家进入官僚和民族的国家"。明治政府能够稳定地扩张中央权力进入社会，"通过鼓励私人投资工业以推动国家的工业化"。[1]

中国的行政结构是由皇帝操纵的官僚国家。詹森和罗兹曼相信，在这个结构中，任何新机构的建立和新功能的产生，都只能是在一场大灾难和大危机之后。相反，德川幕府的行政结构是根据需要，"政府的发展是对存在问题的反应"[2]。因此政府相对容易去设立适应新需要的部门，如处理外交、军事和新工业的机构。其实中国的统治者不能有效地操纵国家机器的原因，还关系到统治结构的规模。相对其巨大的人口，清朝只有很小的官僚机构，因而导致了私人网络卷入行政管理，结果不可避免地削弱了国家行政管理的效能。相反，就其人口规模来说，德川日本具有庞大的和紧密的地方官僚机构，因而强化了控制社会的能力。

---

[1] Moulder, *Japan, China, and the Modern World Economy*, p. 200.
[2] Jansen and Rozman, *Japan Transition*, p. 16.

中日的文化和意识传统

马克斯·韦伯的《中国的宗教》力图证明中国没有能够发展理性的资本主义的原因是由于缺乏一种作为动力的宗教伦理。韦伯试图为他的理性资本主义在欧洲发展是因为其独特的新教伦理作为动力的理论，提供另一个证据，但是他没有解释儒家传统中的什么因素导致了中国资本主义的不发展。[1]不过这个问题一直吸引着美国学者的兴趣。

一些学者通过比较中日两国的司法系统，来揭示文化传统与社会控制之间的关系。约翰·赫利（John Owen Haley）在他的名著《没有权力的权威：法律和日本的悖论》中指出，日本缺乏能够保持法制秩序的一种普遍的道德或伦理标准。日本的法制进化在开始时受到中国的影响，19世纪才介绍进西方的法律。日本像中国一样在儒家思想的影响下，其道德结构趋向于与法律分离。然而，日本的习俗和社会惯例仍然是"作为日本社会共同体的社会标准的主要资源"，而儒家或其他道德准则仅是部分发挥着影响。[2]

日本权力与权威的分离，保证了非正式的社会共同体控制的

---

[1] Weber, *The Religion of China*.
[2] John Owen Haley, *Authority Without Power：Law and the Japanese Paradox*（New York：Oxford University Press, 1991）. p. 194.

发展和强化，这种控制依靠习惯和舆论去维持一个十分稳固的秩序，但同时个人、社会共同体和经济却都有同等程度的、相当的自治权。在清代中国，虽然法律的实施像日本一样受到习惯的影响，[1]但与日本相反，中国的权力和权威是紧密地结合而不是分离的。

众所周知，中日两国都有儒家传统。古代的日本文化和体制有相当一部分是从中国借用的，包括宗教、文字、艺术、科学和技术以及法律。不过，两国的文化和意识却分别发展，各具特点。当清朝通过统一政府、科举考试和文字狱限制了儒学的多样化发展之时，德川日本却有多样化产生的肥沃土壤。每个分离的社会阶级都产生了自己的世界观，政治的分权化使每个地区都有自己的儒学和儒师。

罗兹曼认为，中国和日本的儒学都有若干层次，即"帝国儒学""改良儒学""精英儒学""商人儒学"和"大众儒学"。帝国儒学反映了操纵权力的权威，改良儒学致力于社会改造和进步，精英儒学代表了精英意识，商人儒学是儒家意识与商人世界的结合，而大众儒学则是普通人所运用的儒家传统。这些各个层次的儒学在中日两国是各不相同的，[2]可惜罗兹曼没有比较两个国家

---

［1］ Philip C. C. Huang, *Civil Justice in China: Representation and Practice in the Qing*（Stanford: Stanford University Press, 1996）.

［2］ Gilbert Rozman, "Comparisons of Modern Confucian Values in China and Japan," in Rozman ed., *The East Asian Region: Confucian Heritage and Its Modern Adaptation*（Princeton: Princeton University Press, 1991）.

各个层次的儒学有哪些不同以及各类间的综合平衡，因此我们并不知道在中日儒学比较中有哪些结构性的差异。实际上这些儒学的各个类别也没有一个清晰的划分，它们经常是相互重叠的。

封建的日本与封建时期的欧洲一样，也被认为是处于古代和现代之间的文化的黑暗时期。赖肖尔和克瑞格追溯日本社会的过渡到较早的阶段，他们认为日本文化的新因素最早出现在12、13世纪，那时产生的那些新特点保持到日本的今天。12世纪的日本便强调学问和文化与更多财富的结合，主张更有效的组织和向更高文化的过渡。

马丁·科尔卡特（Martin Collcutt）相信，在这个过渡之前和之后，对天皇的忠诚可能在日本社会中比对父母的孝顺更为强调。[1] 赖肖尔和克瑞格进一步指出，"忠"在整个封建系统中处于中心，因为这个封建结构依靠对主人和集团的忠心。中国则不同，忠诚首先是对家庭和家族而言的，这就导致缺乏一种能团结全国致力于现代化的动力。

儒家概念给19世纪日本提供了社会转型的"另一种政治组织模式"，帮助德川社会逐渐认识到个人优良品质和修身的重要。在德川时期，当日本国学学者开始强调日本文化和宗教的独特性质时，他们同时也受到主张回到孔子原著的儒家古学学派的影

---

[1] Martin Collcut, "The Legacy of Confucianism in Japan," in Roman ed., *The East Asian Region*.

响。[1]德川时期封建和儒家价值的结合使日本形成了"一种不寻常的形式主义和坚定性质",并有着"严格的内部准则和个人动力"。学者们相信,德川的思想家比他们在中国的同侪们"从总体看来更注重实效"。[2]

从19世纪60年代开始,日本开始由德川时代的自给自足状态向着"视全球资源为其物质基础"的工业化秩序转变。康纳德·托特曼(Conrad Totman)强调,日本像其他工业社会一样,利用金钱和军事力量竭力去获得这些资源。他们运用各种综合因素,包括德川儒学关于责任和等级的观念、欧洲的种族、社会达尔文主义以及进步意识去达到他们的目的。[3]儒学也作为一种动力被应用于当时社会,从而使"习惯性的社会道德传统与固定不变的国家价值"结合在一起。[4]

战后日本自由派和马克思主义历史学家认为,明治领袖是国家正统——即集体道德和忠诚——的创造者,这些学者强调明治政府在塑造社会行为中所扮演的官僚民族主义的角色。美国学者却提出,明治王朝能够与新正统联结起来,在于它与广泛的社会信仰有共鸣。中央官僚和"大众"力量——诸如在野

---

[1] Mikiso Hane, *Modern Japan: A Historical Survey* (Boulder: Westview Press, 1992).

[2] Reischauer and Craig, *Japan*, pp. 100-101.

[3] Conrad Totman, *Early Modern Japan* (Berkeley: University of California Press, 1993), p. 550.

[4] Gluck, *Japan's Modern Myths*, p. 156.

的政治家、记者和地方名人——都持有产生皇统意识的共同的价值观。[1]

当学者们在揭示日本的现代"神化"时，把明治的意识视为最重要的因素之一。明治晚期意识的基本部分是"家族国家"的概念，皇帝扮演着家长和统治者的双重角色。按照这个概念，有着强烈责任感"美德"的日本人优于世界其他民族。这种意识加强了日本人的自信，但也刺激了他们领土扩张的野心。

日本运用儒家价值的能力可能来自其不同于中国的儒家的特点。19世纪下半叶和20世纪初日本的过渡便证明了儒家传统可以成为资本主义发展的思想武器，这种儒家传统与集中化、家长制以及快速从传统社会向现代化社会过渡是相容的。在思维方式上日本有很大的伸缩性，而且日本自治的分散性发展了地方思想和文化中的竞争意识。日本在发展中的极大成功便部分归因于其运用儒家传统适应现代化需要的能力。

在中国，儒教对全部受过教育以及大部分很少或没有受过教育的人的精神生活都保持着控制，为中国提供了道德体系、宗教、哲学、教育的程序和政治意识，但却缺乏日本明治政治秩序的那种稳定性。而且在没有大量中产阶级的非现代化的中国社会中，很难解决国家机构强化和克服社会分裂的问题。

[1] Gluck，*Japan's Modern Myths*.

西方概念能解释中国吗

任何社会变化问题的研究都是比较社会分析的问题。前现代中国和日本的工业都不发展，清代中国和德川日本都是处于现代化前夜的传统社会。但是，两个国家社会变化的内部机制是颇为不同的，许多学者一直力图揭示它们社会、经济、政治和文化不同的背景。

从上面我们的讨论，可以看到美国学者已经做出了极大的努力去回答为什么中日在近代有不同的命运、走了不同的道路。传统社会理论和世界经济理论都可以对理解近代中国和日本不同的命运提供有用的解释，不过，那些致力于社会内部因素的学者的确发现了两国经济和社会结构、政治统治系统以及文化和意识传统等许多有意义的对比因素，可以帮助我们理解在本文开始提出的根本问题。

当学者们意识到中日现代化的不同道路时，力图揭示前现代中国和日本社会特点的重要作用。然而存在的共同问题是，几乎全部这些研究都基于像"封建"和"现代化"这样的西方概念，便不可避免地会陷入一种矛盾的境地。

例如，如果说中国的前现代社会不是一个封建社会，那么是一个什么性质的社会？显然美国学者尽量回避对这一问题的正面回答。在1920年代一些中国学者如陶希圣便使用西方的"封建"概念而得出结论，封建作为一种区别其他社会的经济系统已消失在周朝中期。根据他的结论，中国在公元前若干世纪已进入向现代的过渡时期。[1]这恐怕也是一个很难被人接受的观点。有时一个词被东西方学者使用的时候却有着不同的含义，例如无论是上世纪二三十年代还是1949年以后的马克思主义历史学家，都把"封建"作为一种基本的剥削制度。在这个观念下，封建社会在中国持续了两千年。而在西方，正如我们前面已经提到的，封建社会是一种没有社会流动的、等级分明的、分封和城邦自治的社会。

"近代"也是经常使用而又带有矛盾含义的词。一些学者认为清代便是"近代社会"，而另一些学者却认为中国进入"近代"是在19世纪西方入侵以后。[2]日本的中国历史研究的奠基者之一、京都学派的鼻祖内藤湖南便提出中国进入"近代"是在宋代，其意思是中国的"近代"开始于1000年前。[3]虽然这些学者对中国社会发展程度的认识存在差异，但根本的问题还是在于他们对于"近代"的不同解释。因此，在研究东方社会时怎样使用西方

---

[1] Arif Dirlik, *Revolution and History*: *The Origins of Marxist Historiography in China, 1919-1937* (Berkeley: University of California Press, 1978).

[2] 这里"近代"英文原文是"modern"，包括了中文中和中国历史研究中的"近代"和"现代"两个概念，但在英文中都是用一个词。因此这里所说的"近代"也可同时理解为"现代"。

[3] Joshua A. Fogel, *Politics and Sinology*: *The Case of Naito Konan (1866-1934)* (Cambridge, MA: Council on East Asian Studies, Harvard University Press, 1984).

IV. 世界历史中的中国

概念,仍然是我们面临的一个"新的"老问题。

西方学者有意无意地用西化的程度,去衡量中国和日本的发展和不发展。在这个观念下,中国是传统、停滞、落后和专制的,完全是欧洲自诩的现代、发展、进步和自由形象的对照物。日本社会更接近于西方,因此具备发展的动力。事实上,在马克思和马克斯·韦伯的头脑中,中国都是作为停滞社会出现的。

马克思认为在"亚细亚的"或"东方的"社会中,国家垄断了全部经济活动的主动权,导致了东方社会不能转移剩余积累,影响了阶级、阶级意识以及阶级斗争的产生,从而使这个社会处于停滞状态。[1]马克思描述中国社会是"与外界完全隔绝",而这种隔绝是"保存旧中国的首要条件"。但是当这种隔绝状态"在英国的努力之下被暴力所打破的时候,接踵而来的必然是解体的过程,正如小心保存在密闭棺木里的木乃伊一接触新鲜空气便必然要解体一样"。[2]

其实,正如我们已经了解的中国历史,中国在任何时候都没有"与外界完全隔绝"过。韦伯在提出为什么现代资本主义只能在西方发展时,也自然而然地以西方或非西方的模式来进行分析

---

[1] Joshua A. Fogel, *The Cultural Dimension of Sino-Japanese Relations: Essays on the Nineteenth and Twentieth Centuries* (Armonk: M. E. Sharpe, 1995).
[2] 马克思:《中国革命和欧洲革命》,《马克思恩格斯选集》第2卷,人民出版社,1972年,第3页。

和寻找问题的答案。[1]在他们之后的许多比较研究大多运用类似的观念,正如爱德华·萨义德(Edward Said)在他那至今仍有广泛影响的《东方学》中所指出的,当这些学者在研究东方国家时,他们代表着的是西方文化,因此东方只能是西方形象的参照系。[2]

任何国家或民族的社会和文化传统,都有自己发展的有利和不利的一面,其命运和发展方向取决于许多复杂的因素。我们应该仔细分析这些复杂因素,避免根据一些既成观念——诸如东方或西方,封建或非封建,自治或非自治,儒家或非儒家,等等——而轻率下结论。进一步的努力应该是克服先入之见,充分意识到西方中心的东方历史研究观的局限,以深入认识中国和日本社会本身的演变和发展来扩大研究的视野。

其实,日本历史学家在1950年代便对所谓"停滞论"提出了疑问,证明中国的历史并不是简单的王朝更迭,传统中国社会并没有停滞在古代,而是不断克服其内部的矛盾向中世纪和现代的进步发展。[3]我自己关于长江上游区域社会的研究也证明了这个地区的社会和经济一直在发展,尽管有时速度很缓慢,特别是关于社会和经济的若干章节。[4]从其他中国学者的研究中还可找到不少类似的例证。

---

[1] Weber, *The Religion of China*.
[2] Edward W. Said, *Orientalism*(New York:Pantheon Books,1978).
[3] Michio Tanigawa, *Medieval Chinese Society and the Local "Community"* (Berkeley:University of California Press,1985).
[4] 见王笛:《跨出封闭的世界——长江上游区域社会研究,1644—1911》,中华书局,1993年。

爱德华·萨义德

第一次读他的《东方学》，是在约翰斯·霍普金斯大学我老师罗威廉所开设的中国史的讨论课上。虽然时间已经过去了近 30 年，但是这本书让我在阅读西方关于东方研究的时候，时刻警惕西方的话语霸权左右自己的思考。东方的大国，也需要警惕自己对东方小国的文化霸权。

美国的关于中国近代历史研究中,一个主张"在中国发现历史"的"中国中心观"也日益扩大了其影响。[1]他们试图探索中国社会发展的内部动力,虽然这个新的取向仍然囿于西方历史学的概念和框架之中。也有学者提出对中国历史的研究要"摆脱西方概念",我认为这是不现实的。美国的中国史和东亚史研究既然是作为西方历史学的一部分,因此它们都是按西方人所熟悉的和理解的语言和概念来表述的,其理论、方法和思维方式也不可避免地是西方的。如果真的有研究"摆脱"了西方概念,恐怕同时也失去了其赖以生存的学术空间。"皮之不存,毛将焉附"?因此"摆脱西方概念"是不必要、也是不可能的。

虽然西方对中国的研究存在种种缺陷,但毕竟提供了一个研究和理解中国社会的新方向,毕竟是迈出长期统治东亚史研究的"西方中心论"的一个良好开端。我们期待着在这个取向下新的中日比较研究问世。不过,对于我们在本文开始提出的基本问题,可能根本就没有一个最后的答案,但是任何回答这个问题的努力都必然会将我们对中日两国社会的认识向前推进一步。

原文的删节版以《近年美国关于中日现代化比较研究》为题,发表在《光明日报》2000年12月26日,这里是全文。

---

[1] Paul A. Cohen, *Discovering History in China: American Historical Writing on the Recent Chinese Past* (New York: Columbia University Press, 1984).

东渡日本的中国学生

中国人留学日本，是中国近代历史的一页。时人记载："自辛壬之间（即1901—1902），尉历游学，明诏皇皇，青衿之子，挟希望来东游者如鲫鱼。"（《浙江潮》第三期）以至于父遣其子，兄勉其弟，负笈东渡者络绎不绝，可谓极一时之盛。研究中国学生留日这一影响深远的历史运动的专著，以舒新城先生的《近代中国留学史》（中华书局，1927年）为最早。1949年以后，国内仅出有颖之《中国近代留学简史》（上海，1979年）。可见，国内史学界对这一课题的研究尚属薄弱，因此，实藤惠秀先生的《中国人留学日本史》一书的出版，对我国留日运动史的研究无疑将是一个很好的促进。

实藤先生是早稻田大学教育系教授，早年曾著有《中国人日本留学史稿》。早在1940年代，实藤惠秀和他的《史稿》等论著便被介绍到中国。1942年9月《留日同学会季刊》第1期由张铭三译介了《史稿》，1941年7月《更生周刊》11卷6期登载筱珊所译的实藤《中国留学生的分析》，1944年3月至9月，在《日本研究》第2卷3-5期、第3卷1-3期上又有张铭三所译的实藤《留日学生史话》等。战后，实藤先生对《史稿》改易、增订，于1960年以《中国人留学日本史》为名首次出版，1970年又经修订再版。

实藤研究留日运动史和中日文化关系已历半个世纪，读者可从这本著作中感到作者厚实的治学功力。他长期广事搜求档案文献、报章杂志、日记手稿等珍贵史料，对留日运动的原因、过程，留日学生的社会政治活动、组织团体、日常生活以及在教育、语言、翻译、文学、出版等方面对近代中国的影响，进行了比较客观和深入的探讨，取得了不少值得重视的研究成果。

实藤惠秀是一位严肃的学者，在这本书中，他尊重历史，并不隐讳日本侵略中国的罪行，慎重评价在这次中日文化大交流中日本所处的地位，笔端时常流溢出对中国人民不屈的民族精神的深情赞美。

这本著作具有以下几个显著的特点：

第一，重视思想文化的研究。《辛丑条约》之后，中国国势日蹙，清廷统治摇摇欲坠，被迫改弦更张，实行变法，谕令废科举、办学堂、遣留学，出洋学成，分授举人、进士等。科举入仕，已为蕉梦，原先以科举老路为宦达之途的学子们，便转视留学为终南捷径、利禄之阶，争相往赴。然而，也有很大一批留学生是抱着寻求救国救民真理之目的，踏上东渡里程的。这一过程，常常是研究留学日本原因时的注意力所在。然而，实藤并不着力于此，他认真比较了中国人与日本人对西方文化的不同反应，以及由此造成的后果，分析了中日近代化的差别，从思想上去探索中国近代化落后于日本的原因，从而解决了19世纪末20世纪初中国人留学日本的必然性和思想渊源。实藤在社会历史的各种因素中，比较重视思想、意识和文化的因素，特别是重视思想与政治之间的联系。读者不难看到，贯穿全书的一种研究和论述的方法是：从思想文化的影响、承接和演变来分析、探讨留日运动的历史。这是很有独到之处的。

第二，本书引证了大量日文报刊、文稿、报告等，为国内研究留日学生史提供了可信的、重要的史料，有助于许多疑难的解决。例如关于中国留日学生1906年所达到的最高数字，史学界过去便言人皆殊。舒新城《近代中国留学史》《中国第一次教育年鉴》称达到万余。实藤则根据《东京朝日新闻》1905年12月8日《三论中国留日学生问题》、1906年1月《太阳》时事评论栏《清国留学生同盟归国》、1907年8月《每日电报》上的《清国留学生之减少》等材料，指出："一九〇五与一九〇六两年，留日学生人数都在八千左右"。笔者以为，实藤这一结论是正确的。1906年中国驻日公使兼留学生监督杨枢密陈清廷："奴才初抵任时（1903年）在东官费自费学生仅逾千人，日增月盛，迄于今日，已至八千余人。"（《东方杂志》第3年第6期）此外《清光绪朝中日交涉史料》卷69与《辛亥革命回忆录》第4集第210、228页也说是8000人左右，恰可与实藤的材料相印证。

第三，本书并未严格按时间顺序去写历史，每章一个专题，分别论叙，使每一事件的每一过程，始终连贯，结构严密，条理明晰，这与我国目前流行的写史体例大相径庭。这使作者得以将广博的史料，系统、集中地加以运用，读者也能分别对留学生的留日原因、留日始末、留日生活、与日本人之关系以及政治活动等有一个整体概念。

不过，这本专著在内容上也并不是没有可商榷之处（作者观点本文拟不讨论），比如留日学生的政治活动的篇幅就未免嫌少。对一些重大事件，诸如1902年暮春留学生的"支那亡国二百四十二周年纪念会"事件、1903年的拒俄运动等，都有所忽略，不能说不是一个缺陷。特别是1903年的拒俄运动，是留学生从爱国迈向革命的转折点，轰轰烈烈，惊动中外，是值得大书特书的。本书在史料方面相当博洽，但仍难免挂一漏万。如第2章10节"在中国的日本教习"中谈到日本教习之分布，指出1909年前后，全国有日本教习461人。应该说还不完全，以四川为例，武备学堂、顺庆府中学、自流井私立树人两等学堂、泸县女子师范学校的日本教习都未收入。当然，这些不足并不影响本书在学术史上的地位。

本文系为实藤惠秀著《中国人留学日本史》（谭汝谦、林启彦译，生活·读书·新知三联书店，1983年）所写书评。原题为《中国近代历史的一页》，载《读书》1985年第4期。

V. 历史的中时段

中国历史反复证明了,大帝国并没有给人民带来幸福和稳定。而人民生活相对安定和稳定的时期如汉代的文景之治、唐代的开元之治等本来应该是常态,事实上在几千年的中国历史上,却是少之又少。

研究社会的历史，要从一个比较长的时段，才能够看到一个大致的趋向。正如法国年鉴学派的代表人物布罗代尔所指出的，自然的历史就是长时段，可以是上千年，或者是几百年的时间量度；社会的历史就是中时段，从几十年到几百年来观察社会的演变；政治的历史就是短时段，经常是突然爆发，在很短的时间内发生剧烈的起伏变化。研究政治的历史，必须要考察造成政治运动的社会土壤，就是说任何政治史后面，都有中时段——社会史的因素。

这个部分的第一篇文章是评论罗威廉的《救世》这本巨著，这本书研究了18世纪中国的精英思想，在中国社会管理和经济方面，已经萌生出相当现代的思想。中国社会"停滞论"，在相当一段时间里，都为西方和中国的学者所广泛接受。特别是中国的历史学家在回答中国为什么落后的问题时,其经常的解释就是,中国古代文明是非常辉煌的,但到了近代落后了,因此落后就要挨打。所谓的"停滞论"在西方的学术界越来越受到质疑,他们的最新的研究成果指出了中国社会从来没有停止它的发展和演变。中国在近代和西方走不同的道路的问题,很多学者都进行了研究,彭慕兰(Kenneth Pomeranz)的《大分流》(*The Great Divergence*)就是其中之一。在上一部分我讨论了西方关于日本的研究,也涉及中国和日本社会结构的不同造成它们近代不同命运的问题。

第二篇文章关于罗威廉《红雨》的书评。如果说罗威廉《救世》是写思想史,那么他的《红雨》就是一部社会史。他探讨了革命发生的历史土壤,他以湖北麻城 700 年的历史来展示暴力是怎样在地方发生,社会的控制、叛乱和革命。读了这本书,我们不得不思考为什么中国儒家以伦理道德来治理国家,但是在地方社会却还有这么多暴力行为发生?

第三篇文章是我阅读托克维尔《旧制度与大革命》《美国的民主》这些著作的时候,所启发的关于清王朝倒台原因的思考。辛亥革命的造成有相当多的因素,是各种社会矛盾的总爆发。我提出了清王朝倒台的结构性问题,认为高度的集权不但没有延缓或者加强清政府的力量,反而缩短和削弱了它的统治。清政府在它最衰弱的时候——即太平天国时期——没有倒台,而是在它力图进行改革的时候,反而是因为集权加速了它走向灭亡。

一、中国是"停滞"的吗

晚期中华帝国是一个"停滞"的社会,这是一个在西方和中国都十分流行的观点,从黑格尔的"一个无历史的文明"之说,到马克思"密闭在棺材里的木乃伊"之形容,以及中国史家"闭关自守"之论证,无一不是这种认识的反映[1]。然而,美国约翰斯·霍普金斯大学历史系讲座教授、美国《晚期中华帝国》杂志主编罗威廉(Wiiliam T. Rowe)却是这种观点最尖锐的批评者之一[2]。

从社会史到思想史

罗威廉 1984 年和 1989 年在斯坦福大学出版社分别出版的

---

[1] 还包括像孟德斯鸠、穆勒等欧洲启蒙时期的思想家。黑格尔的"一个无历史的文明"(a civilization without a history)其意思是指中国总是王朝兴替,周而复始,没有进步。他这里所称的"历史"是指历史的"发展",而非我们一般理解的"过去的事"。
[2] 罗威廉(William T. Rowe)是 John and Diane Cooke Professor of Chinese History。《晚期中华帝国》杂志即 Late Imperial China。他同时也是美国《近代中国》(Modern China)和《城市史杂志》(Journal of Urban History)的编委。

《汉口：一个中国城市的商业和社会，1796—1889》和《汉口：一个中国城市的冲突和社会共同体，1796—1895》，便以坚实的资料和严密的论证，证明了马克斯·韦伯所谓中国"没有形成一个成熟的城市共同体"的论断，是对中国社会发展的一个极大误解[1]。

1993年在承德召开的"中英通史二百周年学术讨论会"上，他以"最强的措辞"与《停滞的帝国》的作者、法兰西研究院院士阿兰·佩雷菲德（Alain Peyrefitte）进行了交锋[2]。集他十余年研究心血由斯坦福大学出版社出版的《救世：陈宏谋与18世纪中国的精英意识》，可以说是对"停滞论"的又一强有力的回应。这本无论从其体积（超大开本）还是从篇幅（600余页）以及从

---

[1] 即 *Hankow: Commerce and Society in a Chinese City, 1796-1889*（Stanford: Stanford University Press, 1984）；*Hankow: Conflict and Community in a Chinese City, 1796-1895*（Stanford: Stanford University Press, 1989）。两本大部头著作奠定了他在学术界的地位，被视为研究中国新城市史和社会史的代表作，成为美国新一代中国研究最有影响的历史学家之一，其第二本《汉口》获得1989—1990年度美国城市史学会最佳著作奖（Best Book on Non-North American Urban History），该书还引发了中国研究中"公共领域"和"市民社会"的激烈争论。站在他同一阵营还有冉枚烁（Mary B. Rankin，著作有 *Elite Activism and Political Transformation in China: Zhejiang Province, 1865-1911*. Stanford: Stanford University Press, 1988）和史谦德（David Strand，著作有 *Rickshaw Beijing: City People and Politics in the 1920s*. Berkeley: University of California Press, 1989）等。

[2] 见罗威廉：《驳"静止论"》，收入张芝联、成崇德等编：《中英通使二百周年学术讨论会论文集》，中国社会科学出版社，1996年。罗氏对"停滞论"的驳斥和大量实证还反映在他为《剑桥中国史》第9卷（清史卷）所撰写的长篇"社会稳定与社会变化"（Social Stability and Social Change）一章中。

学术水平而论，以"巨著"来形容，应是当之无愧。

这本著作共 12 章，外加导论和结论。这 12 章分为三大部分，刚好每部分 4 章。与罗氏的其他书的风格一样，尽管篇幅宏大，但章节目录都非常简洁，每部分的总题和每章标题都以相应中文字冠之，总题两字，章题仅一字，皆取自陈宏谋的著述。显然，罗采用中文并不仅仅是为了醒目，我理解恰恰表现了罗力图从中国语言的内在含义去解释中国的精英思想，即把其分析基点放在 18 世纪中国精英自己的话语之上[1]。

第一部分是"做人"（Being a Man），第 1—4 章的标题分别为："家"（Home）、"官"（Politics）、"天"（First Things）和"学"（Study）。"家"和"官"两章叙述了他的家世、家庭、为官生涯以及他的人缘关系。第 3 章分析他的哲学和世界观，特别是对"天""天良"和"人情"等观念的阐释。第 4 章的重点是他的学术思想和渊源。

第二部分为"生财"（Creating Prosperity），第 5—8 章的标题分别为："食"（Food）、"养"（Economics）、"生"（Production）和"益"（Accumulation）。整个第二部分都集中在陈的经济观点上，从第 5 章其对人口、粮食、物价、流通等问题的探索，到第 6 章对民生、财产、商业、经济法规等领域的讨论，以及第 7 章涉

---

[1] 不过罗本人也并不打算回避用西方概念对其进行分析，因为他认为 18 世纪中国与西方已经相互对话并影响，因而一些共性已经可资比较。

的农业、水利、农业技术、工矿方面分析，再加之第 8 章所集中发掘的其关于从国家到社区仓储的思想，都证明了陈氏经济思维的完整性。

第三部分为"经世"（Ordering the World），其 9—12 章分别为："人"（People）、"治"（Governance）、"公"（Community）和"化"（Civilization）。如果说第二部分着重在经济，那么这一部分则在政治方面，第 9 章主要认识人的各种关系，第 10 章为官僚行政管理，第 11 章为研究国家与社会的互动，第 12 章阐述其教育思想。

在中国，关于陈宏谋的研究成果不多，可以说还并没有引起应有的重视，但罗威廉却敏锐地发现：如果力图找到一个"窗口"去观察 1725—1775 年间（即雍正乾隆时期）的"盛世"，了解这种盛世的局面造成的因素，特别是探索正统精英的思想状况，那么陈宏谋便是一个最好的对象[1]。但在罗威廉看来，陈宏谋之所以重要，并不在于其任上傲然的政绩，而在于作为一个官员的典型意义，以及他对"经世"之说的阐释。19 世纪 20 年代魏源所编《皇朝经世文编》，收入陈氏著述达 53 篇之多，仅次于顾炎武。陈并非是一个独创性的思想家，其从政生涯与其他同时代的干练才俊也并无迥然不同之处，但其精力和对其使命的理解却是首屈

---

[1] 罗认为陈宏谋恐怕是 18 世纪清帝国最有影响的汉族官员。在 1733—1763 年整整 30 年间，他历任过十余个省，包括从云南到江南、从甘肃到广东等不同区域的从道台到巡抚、总督的职位，其任巡抚时间之长，据称整个清代无人可望其项背。

一指的。

18 世纪中国的悖论

罗威廉对陈宏谋的研究从解决若干围绕陈的悖论着手：其一，陈认为仁政和安定社会的基础是道德，强调文化的价值、妇道规范、社会准则以及公共生活的和谐等等思想，这以后都成为中国教育的圭臬。然而，为什么陈在其任内却力主削弱人们对这些伦理教化的参与？

其二，对陈的研究，必须注意到清代中央与地方的关系问题，观察地方社会的自我管理功能。孔飞力和闵斗基都强调过清及清以前经济和文化精英在帝国政治和统治中的作用，如顾炎武、魏源以及冯桂芬都曾讨论过"封建"与"经世"的交互影响[1]。然同倡"经世"之说的陈宏谋却以毕生精力致力于国家治理，并把国家权力深入到地方社会。为什么一个人的思想与实践可以南辕北辙呢？

其三，对于陈来说，人无论性别、族类、文化背景以及经济地位，都应享有个人的价值，然而为什么他又竭力强调个人应服从家庭、家族、社会以及国家呢？要回答这些问题，不仅需要对

---

[1] 这里应注意的是"封建"一词是与中央集权相对应的地方权利，即由精英主导的地方自治（elite-led local autonomy），与今天所理解的"封建制度"的含义不同。

陈本人的思想严密分析，而且必须了解其渊源和整个社会政治的大环境，这些悖论使这个研究更具挑战性，同时更显恢宏和精深。

但罗威廉并没有把这本书写成传统意义上的传记，他只在头两章中按时间顺序叙述了陈的生涯（其实即使是这两章也是有明确主题的），而其余各章都是专题性研究。罗在其前言中便明确指出，本书并不强调陈个人的发展，因为与其说该书研究的是陈宏谋，倒不如说是探索整个与陈在一个阵营里的"18世纪的正统精英"（第11页。以下凡只注页码者，皆引自本书）[1]。

罗指出，虽然这是一本篇幅宏大的书，但实际上归根结底问的是一个基本问题：那些18世纪的清代官僚怎样理解他们所从事的事业？更具体来讲，他们怎样看待他们所处的世界和社会[2]？他们怎样认识这个世界和社会的潜力和局限？他们这些人"拯救世界"的能力如何？他们的理想世界到底是何图景？这些问题之所以重要，在于他们影响了同时代以及他们之后的政界和思想界。显然，这个课题的意义远远超出对陈宏谋本身的研究，而是考察整个当时影响中国的正统精英思想、语言和行为。

罗威廉把他的研究还引向了一个更为广阔的视野，即把清中

---

[1] 这里罗威廉所谓的"正统精英"（official elite，直译为"官方精英"），是指那些受过正统教育而且关切治理国家（也可以说治理地方）的知识分子，而无论他们是否担任过官职。这个集团既包括陈宏谋这样的官僚，亦包括像顾炎武那样拒官不做的学者，还包括曾短期任过下层官职但以诗闻世的袁枚，他们对治国之道都有见解。

[2] 这里"世界"，英语是 universe，即指他们所存在的空间，与汉语中的"世界"即英语中的 world 意思不同。

期正统精英的意识形态放到当时世界这个大环境中，特别是与早期近代的欧洲相比较。罗认为，陈宏谋关于人和社会认识的基本点，与启蒙时期的许多欧洲学者十分相似，发现其所涉及的几乎所有主要方面，也是当时欧洲在社会文化发展中所面临的问题：如由于印刷发展而导致的文化程度的提高，社会生活中男女角色变化所引发的争论，职业的复杂化，身份等级观念的淡化，以及社会流动的加快，等等。虽然陈宏谋欢迎商品市场，但他像当时的欧洲人一样，力图把市场与个人和家庭关系的领域区别开来。他力主在流动社会里建立一种大家共同维护的准则。从经济方面来观察，与欧洲同道的相似则更为显著，如陈赞赏地方经济的货币化以及追逐利润的动机，罗威廉认为，陈将耕地所有权作为经济的基础同时又明确支持"市场原则"，从而使他非常接近18世纪法国的重农学派。

　　在政治领域，陈宏谋非常强调行政的标准化、沟通和提高效率，这正是早期近代欧洲也逐渐形成的观念。集权的经济控制、自由主义和个人主义都是早期近代欧洲精英意识发展的重要成果，但是罗威廉指出这种发展并非欧洲的专利，虽然清中期的正统精英并没有把这些观念发展到欧洲那样的系统和圆满，但已足以证明清帝国相对欧洲而言，并非是"停滞的"和"落后的"。罗指出：18世纪的亚洲和西方交往日益增多，分别都在发展，"如果这两个世界在精英意识上毫无共同之处，倒是真的值得奇怪的了"(第456页)。

"心性史"和"意识史"

罗威廉在 1980 年代开始这个课题的研究，当时选择这个题目是需要相当的勇气和见识的。其时西方史学界正经历着受法国年鉴学派影响的"社会史革命"，在那种气氛下，作为一个崭露头角的"新社会史"家去写杰出人物的传记可以说是一个异数。在他两本关于汉口的鸿篇巨制中，风云人物也并无位置。随后，西方史学界又经历了"新文化史"的扫荡，叙事手法和"微观史学"备受瞩目。然而西方史学界的这些倾向并未能左右罗的独立思考，他坚信，研究那些资料较为完善的人物可以对那些人物所处的环境有更真切的了解，这种研究对于人的考察是其前此采取的研究角度所难以企及的。

实际上，罗做出的这个选择在研究方法上隐藏着更宏大的目标：将其思考扩展到新社会史和新文化史通常阙如的领域。因此，作为一个社会史学家去研究思想文化史，从而把所研究的课题引向了更具意义的方面：沟通西方历史学界思想文化史（intellectual history）与社会史之间存在的巨大的鸿沟，通过这一研究把两者结合在一起，即在两个领域之间建立起一个中间地带，这种中间地带很像年鉴派社会史学家所称的"心性史"（history of mentalité）或文化史所标榜的"意识史"（history of consciousness）。即通过对一个历史人物的考察，去揭示个体与其存在的社会和文化的内在关系。因此，他的这个研究不仅是对当前史学倾向,而且也是对自己过去研究的一个挑战。

无论对其史学观或具体论点是赞同还是反对,对罗威廉在建构自己论证的逻辑、思想的敏锐、观察问题的深度、发掘资料的广度以及实证研究的细致,我相信学界都会有很高的评价。因此毋庸置疑,这本著作是近年美国清史、中国社会和思想文化史研究的最新贡献。也可以预见,本书的出版将会引起人们对早期近代中国社会的更大兴趣和关注,也可能引发关于18世纪中国社会、思想文化状况的重新思考和讨论。

我估计人们争论较多的方面可能不会是对陈宏谋本人思想的讨论,而可能集中在:(1)陈是否能够代表18世纪中国的精英思想;(2)这种精英思想对当时和以后的中国社会、政治和思想的影响程度;(3)这种精英思想与同时代欧洲思想家的可比性以及相互联系;(4)对中国历史学家来讲,如果罗威廉的主要观点成立的话,那么从五四新文化运动以来中国知识分子对自己文化问题的反思、对落后原因的文化探索、对自己思想文化"病灶"的批判都得重新认识。显然,中国历史学家对罗威廉的这本新著做出回应既是十分必要,而且交锋也是在所难免的。

本文系为罗威廉的《救世:陈宏谋与18世纪中国的精英意识》(William T. Rowe, *Saving the World : Chen Hongmou and Elite Consciousness in Eighteenth-Century China*. Stanford : Sanford University Press, 2001)所写的书评,发表于《历史研究》2002年第1期。

二、中国革命的历史土壤

在美国的中国史学界，罗威廉教授可谓是一个多产作家，迄今为止共出版了四本专著，而且每本都是砖头般的大部头。除了他1980年代出版的里程碑式的关于汉口的两部名著，2001年出版的《救世：陈宏谋与18世纪中国的精英意识》，今年他的新著《红雨：一个中国县域七个世纪的暴力史》问世。罗开宗明义点明了书名和本书的主旨：1928年5月，这正是国共合作失败之后不久，当地人称麻城突然下了一场红雨。对于麻城人来说，这场红雨预示着什么是很清楚的，因为这是国民党"清共""血洗"的中心地带，在集体暴力的混战中，军民死伤甚多（第1页，以下凡只注页码者，皆引自该书）。这种暴力及其后果对当地人来说并不新鲜，这个地方的历史是一个充满血腥的历史。罗是一个社会史家（特别是城市史），但他关于陈宏谋的研究则集中在官方精英思想和活动，这本书可以看出他从思想史向社会史的回归，重新把其关注的重心转移到了地方社会。

罗威廉

罗威廉是我的博士导师，如果有人问：在你的学术生涯中，谁对你的影响最大？那么非罗威廉莫属，他是我从中国训练的历史研究者到中西兼具转化的关键性人物。他思想开放、性情豁达而宽容，也让我知道应该怎样对待自己的学生。《袍哥》的英文版，便是献给他的，以此表示对他的崇敬之情。一个老师不需要给学生树立他的权威，而是让他们感到自己是可造之才。

暴力问题的研究

为什么罗威廉要把麻城作为他研究的对象？罗在导言中对这一问题做出了回答。很清楚罗对麻城的兴趣是由于作为共产革命根据地大别山的特殊地位，正如他指出的："当我们把深受考验的苏维埃革命根据地放到更长的历史视野中，中国革命看起来会是多么地不同？但是如果我们从更宽泛的角度看，这个研究想知道：为什么中国一些特定的地区有更多的超越其文化、经济、社会和政治变化的暴力？为什么这些地方用暴力解决问题成为最常见的方式？"（第2页）也就是说，当把中国革命最重要的熔炉——"苏区"置入一个长远历史视野去考察时，中国革命看起来将会有如何的不同？罗试图回答：为何中国某些地区与其他地区相较更容易出现暴力行为？他希望通过对一个县从元末到抗战爆发7个世纪间所进行的长时段考察，对中国农村社会历史上的暴力现象提供一个宏观的理解，并把中国革命与其所萌生的土壤联系起来，追寻中国农村社会暴力萌生的基本原因。

对暴力的研究是多年来西方学术界所重视的课题。1969年美国政治学家、哈佛大学教授罗伊·霍夫海因茨（Roy Hofheinz, Jr）发表《中国共产运动成功的生态》，便提出：为什么在中国一些地区更适合共产主义运动的发展，并使其在1949年最终取得政权？他发现在大多数情况下，社会生态与接受共产思想之间并无必然联系，革命成功的区域多是党组织活动卓有成效的地方。但是霍夫海因茨也确认有若干地区是例外，在中国 2000 多个县中有 8 个属于此类，麻城及其临县黄安便是其中的两个（在 1563 年之前它们其实是一个县），都位于将湖北和长江流域与华北平原分割开来的大别山地区，它们是"革命温床"，在这些地区革命发展迅猛。[1]

罗威廉选择麻城进行个案研究，分析在具体中国文化环境下暴力后面的深刻含义。像其他许多国家和地区一样，中国历史上也充满着暴力行为，本书便是力图具体考察暴力行为产生的土壤和社会影响。虽然这部书研究的是暴力，是中国历史和文化中的一段沉重的经历，但罗威廉指出："在谴责暴力行为问题上，中国比其他许多文化传统更具力量，而且建立了一个人民和平和谐相处的道德规范。"（第 3 页）显然，这是与他其他三部著作一样强调中国社会内部的发展因素、自治、和谐并不矛盾。

对暴力问题的研究首先涉及中国文化对暴力的认识。至少在 20 世纪之前，中国经典文献都反复强调了人们的和平相处，但是中国文化是怎样与暴力共存的呢？学者们对此有各种各样的回

---

[1] Roy Hofheinz, Jr."The Ecology of Chinese Communist Success: Rural Influence Patterns, 1923-45," pp. 3-77 in A. Doak Barnett ed., *Chinese Communist Politics in Action*（Settle: University of Washington Press, 1969）. 其他人也注意到了这种情况。吴应銤（Odoric Wou）最近的研究认为麻城是华中地区"共产主义革命的核心地带"（Odoric Y.K. Wou, *Mobilizing the Masses: Building Revolution in Henen*, Stanford: Stanford University Press, 1994, pp. 123-129）。但是麻城历史上异乎寻常的集体暴力现象绝不是近代才有的，至少可以追溯到 14 世纪元明交替之际，或者有可能更早。

答，可概括为三种主要观点。第一种认为中国精英文化主流是反对暴力的；第二种认为暴力也是中国文化的一个组成部分，"文武"就像"阴阳"一样是相辅相成的；第三种倾向于承认在中国精英和民众内部都存在对暴力认可的文化。以第三种而言，代表性的有田海（ter Haar）关于中国精英文化中不断变化着的暴力使用。他定义暴力为"为求改变状态、境遇或事务而实际运用身体力量做威胁"。他还把暴力分为文化认可的和不认可的两种，但田海研究的是前一种（但罗对这两种都进行了研究）。他指出，各种形式的暴力使用，曾是精英阶层身份一个组成部分，如孔子便根本不反对暴力，在汉朝以后，尚武之风逐渐衰弱。因此，人们普遍认为中国文化排暴而崇文，但田海认为这是中国士人所希望看到的现实，仅仅是一种理念的构筑。实际上中国精英为实现控制时，对使用暴力并不吝惜，虽然这种暴力的使用有日趋减少的趋势。[1] 罗威廉所持的是第三种取向，但与田海不同，罗既考察被正统承认的，也研究异端的暴力文化。

特殊的暴力文化模式

罗威廉认为麻城的暴力倾向实际上为晚期中华帝国和民国的

[1] Barend J. ter Haar, "Rethinking 'Violence' in Chinese Culture," pp. 123-140 in Göran Aijmer and Jon Abbink, eds., *Meaning of Violence: A Cross-Cultural Perspective* (Oxford: Berg, 2000).

官员和文人所欣赏。这种欣赏与大众文化和大众宗教相联系，并与集体记忆、地方史的记载有着不可分割的纽带。在麻城历史上，有两个特殊的暴力文化模式，一是崇尚著名的英雄、武侠、好汉，二是对鬼神的敬畏。根据人类学家武雅士（Arthur Wolf）的研究，中国人崇拜三种对象，即祖先、神以及鬼，而祖先与家庭、神与官僚、鬼与陌生人经常联系在一起，分别代表了人们在社会中的三种关系。[1]

  罗威廉的研究探索暴力与文化的关系，同时分析历史的记忆，观察一个事件是怎样被记叙的，怎样传下来的，又怎样为人们所解读的。不同的记叙、传播以及解读是怎样反映了人们的政治目的和现实语境。罗威廉试图解释，麻城之所以会发生周期性的流血事件，是由于其在地缘政治上的位置以及其特殊的文化传统。麻城在地缘政治上所具有的战略位置，其位于大别山南麓，有若干穿越这个高山之要隘。清政府对麻城的战略地位自来很关注，唯恐发生任何可能演变成大规模的反清民变的骚乱。显然，并不仅仅是地理因素，其实在地理上，麻城与其他许多中国县有相同之处。麻城对全国也没多大影响，没有南京、北京、上海、汉口等的重要性，地理位置上处于不利的地位。除地理因素外，特殊文化传统也扮演了重要角色，其中包括不断撰写的地方志和其他

---

[1] Arthur P. Wolf, "Gods, Ghosts, and Ancestors," pp. 131-182 in A. R. Wolf ed., *Religion and Ritual in Chinese Society* (Stanford: Stanford University Press, 1974).

文化记忆载体，如民间歌谣、传说、地方戏、诗歌、武术和民间宗教传统，还有各种历史遗迹与遗址。"地方集体暴力的结构与复杂的、历史上形成的模式一致"（第 324 页）。城市和乡村之间的冲突，西南经济中心与山地边区（如东山）之间的冲突，是地方的经常现象。这种经常现象不过是中国暴力文化的一部分。

从元末到抗战爆发，麻城经历了两个繁荣时期。一是明代中期，外销性农业的发展，从而带动了科举和文化的成功。二是盛清时期，得益于商业的发展。但之后在政治和文化上都边缘化了。这两个时期显示了麻城权力的不同结构。在前一时期，中心和西南地区富裕的和受过良好教育的地方士绅组成巨大的、相互通婚的宗族。在第二个时期，虽然大宗族仍然握有财产，但他们的权力受到受教育远逊的地方强人的挑战。但两个时期都受到经常性的暴力。

罗威廉还发现当地社会的三个显著特征，基本上都形成于明中叶麻城经济繁荣和科举成功的高潮期。首先，大宗族逐渐成为地方社会组织中最重要之势力，即使到了 20 世纪初仍然如此。其二，土地的集中造成大量奴仆和佃仆，奴变经常是造成动荡的重要因素。社会的不安定促成了地方精英的武装，他们安营扎寨，经常不受地方官管束。与全国其他县相比，麻城佃仆数量最多，这一点到民国时期仍有体现。奴变是明清更替之际造成麻城血腥动荡的主要原因，前后持续了二十余年。其三，17 世纪初持续的动乱，促使当地精英为了自身安全高度武装化，营造更大山寨，这种以山寨为中心的聚居地，成为麻城基层最重要的地方组织。该县各地都有此类山寨。如东山地区形成了一个山寨联盟，史称"四十八寨"，但实际包含了数百山寨，它们在明末事实上获得了极大程度的自治，在清代才逐渐瓦解。

另外，地方文化、集体记忆和当地历史的共同作用，促成了中国这一地区的一种暴力传统。在当地民间传说和历史遗迹中，都流传许多有关暴力的故事，而地方史家和方志编撰者也为各自的政治目的，时而把其描绘为英雄人物，时而又把其贬斥为盗贼土匪。罗威廉力图从长远的历史视野去发现为何某些地区能够成为革命基地，因此，如果说韦思谛（Stephen Avrill）关于井冈山根据地的专著考察的是比较直接的政治环境，那么罗的这个研究则是从一个长时段来观察更深层的社会和文化因素。[1]

社会环境与暴力行为

在这个研究中，东山民变是罗威廉所考察的重要对象之一，以此来观察生态和社会环境是怎样造就了暴力行为。

东山民变是17世纪70年代三藩之乱时以麻城为中心地区历史上的一个插曲，罗威廉特别关注清初麻城历史上的著名人

---

[1] Averill, Stephen C., *Revolution in the Highlands: China's Jinggangshan Base Area* (Lanham, MD: Rowman and Littlefield, 2006).

物——"名吏"于成龙。东山民变涉及一系列人物：一个名叫黄金龙的"妖人"多年来往返于各地山区，宣扬反清复明思想，试图发动一场民变。1674年新年刚过，黄金龙便出现在麻城，挥舞"宝剑"，手持"天书"，宣称自己的神通。东山强权人物刘君孚将其庇护在自己的山寨中，该山寨位于麻城与黄冈县交界的曹家河村。虽然他有时乐意庇护像黄金龙这样的亡命之徒，但也会让手下把一些进入其势力范围的匪徒押送报官，以获官府信任。刘青黎是刘君孚的外甥，热衷于参与反清活动。据说此人曾拜谒过吴三桂，有可能因此刘君孚获得吴三桂的伪札，命其在东山起事响应。随后，刘青黎利用当年四十八寨反抗的历史为鼓动，并依靠黄金龙多年来建立的信众网络，有计划性地寻求鄂东以及和豫、皖、赣等省邻近山寨强人的支持，宣称这是"官逼民反"。由于刘君孚认为这有助于增强其权威，从而被外甥拉入反叛。据称他直接间接地控制了数万人的武装。关于刘君孚即将起事的传闻四起，这加剧了麻城社会内部的分裂：当地精英与县衙官吏之间、效忠清廷与效忠明朝的士绅之间、县城士绅与山寨强人之间、长期不和的山寨之间等等矛盾开始激化。起事计划为另一山寨的仇家报官，刘君孚不得不仓促起事。而其他各寨主，无论是支持还是反对起事者，都率众退入山寨。但麻城的官吏，在得知了东山民变发生后，犹豫不决，在县城坐等有可能发动的围攻。

1674年仲夏麻城民变酝酿之时，湖北巡抚张朝珍将于成龙从鄂南召回以平息叛乱。于向各寨堡主发布一系列告示，保证不会派大军围剿。张朝珍接受于成龙的建议，宣布赦免悔过的士绅。在记述招抚刘君孚的官方文书中，于成龙几乎没有提及刘君孚的反满行径，以免妨碍对刘君孚等人的任用。他也没有提及"妖人"黄金龙，也未提刘君孚助黄金龙潜逃，以免将刘君孚与三藩之乱联系起来。但对于人数众多的"叛仆"参与，于成龙要求奴仆忠于主人，严厉惩罚俘获的叛仆。于成龙的新盟友刘君孚和其他地主武装帮助镇压反叛，成千上万的叛民及其家人被杀。虽然于成龙一再要求他们不要滥杀，但收效甚微。10月底于成龙逮住了黄金龙，为平乱画上圆满句号。于成龙将他问斩，砍下头颅送武昌邀功。11月，于成龙庄黄石镇召集百姓，告谕东山民变的终结，并赋诗一首："龟山已平，龙潭已清。既耕且织，万世永宁。"（第188页）

平定东山民变之功，成为日后对于成龙供奉祭祀的主因。从乾隆以降，于成龙的事迹就被列入方志，历次编撰者不仅强调于成龙短期内平乱的谋略，而更颂扬其依靠当地民团挽救麻城，避免朝廷对地方的重赋。为纪念于成龙对东山民变的理智处理，当地人修建了于公庙，还写了大量关于他的诗歌，其事迹广为传说。正如1935年的县志编撰者称，于成龙深受民众爱戴。然而，也有历史编撰者认为1674年的英雄并非于成龙，而是坚持反清最终失败的义军领袖鲍世荣。尽管历次精英所编写的方志对他并不青睐，但其英勇反抗的传说还是被传颂下来，后来还被社会主义史学家重新定义为"农民起义"领袖。事实上鲍世荣出身麻城望族，很难被看作是农民。

晚清的史料和历史编撰中对"民"的运用上一直存在争议，在精英的叙述中，只有那些清政府的支持者才是"民"，而反抗者则称为"群"或"众"。当然，在当代中国的历史编撰中，评价又恰恰相反。罗威廉通过分析各种历史的记述，来观察人们的历史记忆。他认为，"在1674年以后，麻城社会开始出现一种稳定的调节适应机制，并一直保持到19世纪中期灾难性暴力的发生。"（第190页）这种社会协调因素包括：逐渐的权力过渡，即地方权力从巨富和大族转移到东部山区刘君孚这样的小地主手中；基于双方的共同利益，当地由精英控制的较高程度的自治得到地方官员的默许；保甲制度、民团、山寨体系等系统的综合运用，从而可以成功镇压大规模的集体骚动。

因此，罗威廉所强调的是：地方文化、集体记忆、历史根源，这种共同作用推动了这一地区的暴力传统。不仅仅是于成龙这样的官方人物，而且诸如鲍世荣这些反叛者也都被纪念。民歌、地方戏、武术都对这一传统的形成扮演了重要角色。从清代以来的历届政府、官方史家、方志编撰者都不断地强化这种暴力传统，他们的历史叙述和研究经常各有其目的，将历史人物贴上各种英雄和盗匪之标签。

叙事史的范例

罗威廉很明确地表示本书是一本"叙事史"（narrative

history），他所采用的方法是编年史，"倾向文学式描写，而非科学性的分析。"（第11页）即把注意力集中在特定的、特殊的人的经历和其复杂性上。同时这是一本微观的社会史，不过罗认为本书并不是真正意义的微观历史，因为本书研究的是一个长时段，而且麻城的人口也有几十万。但是，从另一个角度讲，以中国幅员之辽阔，麻城的确只是一个小地方。像其他微观历史学家一样，罗也关注普通人们的生活，力图理解他们的经历。

同时，这本书也是一部地方史。用长时段的眼光可以同时揭示一个小地区的文化持续性与历史演变、身份认同、城乡关系、地方社区、对外部控制的抵制、霸权与受制系统、集体行为发动模式以及地方暴力文化的话语等。当然，从环境的变化经常说以千年来计算的话，那么700年的历史也可以称之为中时段的历史，这是不同的量度而已，因为时间的长与短，总是相对而言的。

但是罗威廉并不像广受批评的年鉴学派那样，撰写"没有事件的历史"，而是对地方的重要事件进行了系统研究，从元末的红巾军、明末的白莲教、清军入关、清初的三藩之乱、19世纪中叶的太平军和捻军起义、1920年代的国民革命以及1930年代的国共内战。他力图使读者感到中国历史在"现场"的意义（第12页）。因此，可以把此书视为是一部微观历史与地方史的有机结合。从这本书对长时段的历史场景的展示、对事件的细节描写、对资料的深入挖掘和熟练的运用，以及从"小历史"观察"大历史"的眼光，显示出作者精湛的历史写作技巧和对历史的深刻认识。无论是对研究政治史的学者，还是从事社会史的专家，以及一般的历史爱好者，这本书都可以为他们理解中国革命、政治演变及其历史土壤提供一个非常清楚而深刻的个案研究。

  本文系为罗威廉的《红雨：一个中国县域七个世纪的暴力史》（William T. Rowe, *Crimson Rain : Seven Century of Violence in a Chinese County.* Stanford：Stanford University Press, 2007）所写的书评，原载《中国图书评论》2008年第1期。

三、集权是清王朝覆没的根本原因

虽然关于辛亥革命的研究是过去中国近代史领域中出版和发表成果最多、探讨最深入的领域之一,但仍然有许多问题等待我们去回答。我在20世纪80年代就关注清末新政的问题,发表了不少文章。后来在《街头文化》中,我致力于从微观的角度来观察民众对这个革命的态度,关注大众参与街头政治的问题。[1]2011年纪念辛亥革命100周年的时候,我撰写了怎样从民众和微观的角度来看待这个中国近代历史的重要事件。

辛亥革命已经过去110年了,现在重新审视辛亥革命,我想从10年前的微观角度,转到宏观的视野来讨论清末新政与辛亥革命的关系,也就是试图回答:为什么辛亥革命没有在清王朝最顽固、最保守和最衰弱的时候爆发,而恰恰是在清王朝励精图治、

---

[1] Di Wang, *Street Culture in Chengdu: Public Space, Urban Commoners, and Local Politics, 1870-1930* (Stanford University Press, 2003). 中文翻译本《街头文化:成都公共空间、下层民众与地方政治,1870-1930》,中国人民大学出版社,2006年;商务印书馆,2013年。

开始进行全面改革之后？从 1901 年开始的清末新政，到 1911 年革命爆发，也只经历了 10 年的时间。而这 10 年可以说是一个改革的时代，从上到下，从中央到地方，从政治、经济到军事、教育，各个方面都发生着剧烈的变化。

在这种体制之下，没有自救的机制

从清末统治结构的改革看，这个时期也就是所谓的国家政权建设（state building），即国家政权现代化的过程。现代的国家管理机构开始在中国普遍设立，包括设立警察、各种基层管理机构、各种征税的局所……但是改革的结果，却并没有因此给清王朝带来稳定。问题出在哪里呢？

革命的发生，绝不是某一个因素造成的，而是各种问题的总爆发。过去，我们在讨论辛亥革命爆发原因的时候，指出主要有以下几点：1. 清政府的腐败无能；2. 编练新军造就了自己的掘墓人；3. 清政府成为西方列强的傀儡政府；4. 预备立宪的倒退，建立皇族内阁；5. 铁路收归国有，触发了保路运动；6. 长期的汉满矛盾；7. 人民的不满，各地民变层出不穷，等等。除了第三条今天看起来并没有充足的证据，《辛丑条约》后的清政府仍然是一个独立的政府，而非外国人控制的傀儡政府，其他各条应该说对清廷倒台都是有推动作用的。

我想指出的是，辛亥革命前 10 年，无论如何都是太平天国之后清王朝统治最成功、最开放的10年，但同时也是由于太平天国运动中央集权削弱以后，权力逐步集中的时代。晚清集权造成了这个王朝缺乏自我纠错的机制，削弱了执政能力，也因此缺乏应变能力。在这种体制之下，当任何危机来临，都很难正确地应付危机，因为缺乏一个有效、分散危机、减少损失的机制。犹如一艘大船一旦触礁，除了等待沉没，几乎没有自我救生的可能。

在新政废除科举和现代国家政权建设之前，中国是一个士绅社会。由于科举制度的发展，每年各地有大量的学子通过各级科举考试。但是清代实行的是小政府的政策，正式职位非常有限，大部分有功名的士人并没有机会加入官僚体制当中，甚至一辈子都没有机会获得任何实职。不过，他们却有另外一条出路，即积极地参与到地方事务中，成为地方事务的领导者。他们也享有一定的特权，如可以免于劳役，如果陷入官司也不会被上刑。清政府的正式权力机构实际上在县衙门一级就基本结束了，虽然近些年有学者对"皇权不下县"的说法提出了不同的看法，其实本质上和我们对清代县级政权的认识也并不矛盾，仍然是费孝通等前辈学者已经研究过的那样的士绅社会，即由地方精英所主导的地方社会的管理。[1]

---

[1] 费孝通：《中国绅士》，中国社会科学出版社，2006年。

清王朝为什么没有在最弱的时候倒台

太平天国后恰好是整个清王朝中央集权最弱的时候，或者中央和地方分权的时候。因为社会的大破坏，国家税收的减少，大量人口的丧失，而中央政府又无力来主持社会的重建工作，这样，地方社会便发挥了其非凡的动力，这就是冉枚烁（Mary Rankin）、罗威廉（William Rowe）所说的太平天国以后"公共领域"（public sphere）的发展。[1]这里要指出的是，他们的意思并不是指尤尔根·哈贝马斯（Jürgen Habermas）所称的那种欧洲资产阶级的公共领域，而是中国传统中介于个人（家庭）与国家之间的那个社会的"公"的领域，包括各种慈善、治安、防卫、宗教、经济、贸易等各方面的组织乃至相应的活动。

公共领域的发展，建立各种非官方的自发组织，促进了地方社会的稳定。而晚清新政之后，政府规模的不断扩大，官员的日益增多，税收的持续增加，人民的负担越来越重，执政和维持社会稳定的成本越来越高。而高度权力集中的体制是最不稳定的，一旦一个链条断了，就可以造成崩溃性的结果。最后清王朝只存

---

[1] William T. Rowe, "The Public Sphere in *Modern China*," *Modern China* vol. 16, no. 3（1990）and "The Problem of 'Civil Society' in Late Imperial China," *Modern China* vol. 19, no. 2（1993）; Mary B. Rankin, "The Origins of a Chinese Public Sphere: Local Elites and Community Affairs in the Late Imperial Period," *Etudes Chinoises* vol. 9, no. 2（1990）and "Some Observations on a Chinese Public Sphere," *Modern China* vol. 19, no. 2（1993）.

在两个极端，一个是官（或政府），一个就是民（或个人），中间缺乏一个社会的缓冲地带。失去了中间社会的支撑，这个体制是最缺乏稳定的。

正如杜赞奇（Prasenjit Duara）在他的《文化、权力与国家》中所指出的，现代化的国家机构把传统社会和宗教组织视为阻碍现代化的因素，因此从20世纪初的新政开始，在进行国家政权建设的时候，把地方的社会组织、宗教的和其他自发的组织削弱甚至摧毁，就造成了所谓的政治权力的"内卷化"。[1]也就是说，国家试图直接插手地方上的一切事务，扩大了政府的机构，增加了地方的税收负担，同时打破了过去由清政府和地方精英所建立的那种长期的稳定的地方自治的秩序，但是国家的管理并没有因此加强，反而由于对地方干涉过多，所起的作用经常是消极的。

过度集权实际上削弱了执政能力

这种现象并非是清王朝独有的，反而是世界历史上所常见的，甚至也是法国大革命爆发的原因之一。托克维尔（Alexis de Tocqueville）的《旧制度与大革命》讨论法国大革命起源时，指

---

[1] Prasenjit Duara, *Culture, Power, and the State: Rural North China, 1900-1942* (Stanford: Stanford University Press, 1989).

出了一个类似的状况:"为了做到身在巴黎而能领导一切,洞悉一切,必须发明上千种审查手段。书面文件已经十分庞大,行政程序慢得惊人,我从未发现一个教区重建钟楼或修理本堂神甫住所的要求能在少于一年内获得批准,最通常需要两年或三年才能获准。"[1]在18世纪,法国中央政府"已经摧毁了所有中间政权机构,因而在中央政权和个人之间,只存在广阔空旷的空间",而且中央政府似乎也得到了人们的尊重,"已成为社会机器的唯一动力,成为公共生活所必须的唯一代理人。"[2]

然而,集权并非是件好事情,哪怕是受到民众支持的集权。托克维尔接着指出,由于资源都在政府手中,那么政府将要对一切发生的不幸事件负责,万一人民有任何对现状不满意的地方,都会"指责政府",即使是"那些最无法避免的灾祸都归咎于政府;连季节气候异常,也责怪政府"[3]。因此,社会中没有其他的途径可以吸收和消化任何负面的因素,一切错误和不幸,都要由政府来承担。

权力高度集中,掌权者得到了满足,最后却发现正是这个高度的权力集中,把自己推向了绝境。所以托克维尔说:"想到这种几乎无止境的划分,我便明白,既然法国公民比任何地方的公民更缺乏在危机中共同行动、相互支持的精神准备,所以,一

---

[1] 托克维尔:《旧制度与大革命》,冯棠译,商务印书馆,1997年,第102页。
[2] 托克维尔:《旧制度与大革命》,第107页。
[3] 托克维尔:《旧制度与大革命》,第110页。

场伟大的革命就能在一瞬间彻底推翻这样的社会。"[1]地方缺乏多样性，社会变得死板，没有自我修复和调节的能力。托克维尔便探讨了"各省特有的生活已经消失；这就促使一切法国人彼此极为相似。透过依然存在的各种差异，国家的统一已经明显可见；立法的一致性是国家统一的表现"[2]。所以一个国家日益变得同一化，表面上看起来是步调一致，其实却埋下了衰落的祸根。

托克维尔反复地证明，"随着18世纪的进展，国王的敕令文告、御前会议的判决数量增加，它们在整个帝国以同一种方式执行同样的规章制度。不仅仅统治者，而且被统治者也认为法律应普遍一致，在各地都一样，对所有人都一样；这种思想，在大革命爆发前30年不断出现的改革规划中均有体现"[3]。王权的统一和王权的强大，其结果便是"普遍自由权利最后死亡，地方自由随之毁灭，资产者与贵族在公共生活中再也没有联系。他们再也感觉不到有彼此接近、和衷共济的需要；他们一天天彼此各行其是，也更加陌生。到18世纪，这场革命完成了"[4]。

因此，托克维尔告诉我们："必须详细研究旧制度的行政和财政史，才能明白一个温和的但是没有公开性并失去控制的政府，一旦它的权力得到认可，并使它摆脱对革命——人民的最后保障——

---

[1] 托克维尔：《旧制度与大革命》，第116页。
[2] 托克维尔：《旧制度与大革命》，第116页。
[3] 托克维尔：《旧制度与大革命》，第117页。
[4] 托克维尔：《旧制度与大革命》，第125页。

Ⅴ. 历史的中时段

的恐惧,那种对金钱的需求会迫使它采用哪些粗暴而可耻的手法。"[1]因此,法国大革命的爆发,相当程度上是集权体制的必由之路。同一化没有成为国家和平的基石,政权的稳定性反而被破坏了。

不要对全能政府抱有幻想

托克维尔在《论美国的民主》中,指出了一个全能政府和国家掌握一切资源的危害:如果社会进入到一个时代,人们越来越无法单靠自己去生产生活上的必需品,"政府当局的任务将不断增加,而政府当局的活动本身又将日益扩大这项任务。政府当局越是取代社团的地位,私人就越是不想联合,而越要依靠政府当局的援助。"[2]这就是说,政府的力量越强大,个人和社会的能动性就越低。"这个原因和结果将不断循环下去。这样下去,凡是一个公民不能独自经营的事业,最后不是全要由公共的行政当局来管理吗?"[3]托克维尔甚至认为,哪怕是在民主的国家,社会团体也是非常重要的,"如果一个民主国家的政府到处都代替社团,那么,这个国家在道德和知识方面出现的危险将不会低于它在工商业方面发生的危险。"[4]从另外一个角度看,托克维尔实际上也

---

[1] 托克维尔:《旧制度与大革命》,第138—139页。
[2] 托克维尔:《论美国的民主》下卷,董果良译,商务印书馆,1991年,第637—638页。
[3] 托克维尔:《论美国的民主》下卷,第638页。
[4] 托克维尔:《论美国的民主》下卷,第638页。

找到了为什么美国的社会具有高度的稳定性的关键,就是因为地方有充分的权力,而且这个权力不是中央政府所授予的,而是宪法所规定的。

塞缪尔·亨廷顿(Samuel P. Huntington)在其《变化社会中的政治秩序》中也表达了类似的观点:"完全仰仗某一个人的政治体制是最简单的政治体制。同时,这种体制也是最不稳定的"[1]。就是说,金字塔式的统治结构似乎能达到令行禁止,看起来很有效率,然而"着眼于研究稳定问题的经典政治理论家们"的结论是,"形式简单的政府最易衰败,而'混合的'的政府形式则稳定得多。"[2]如果用一句话来表述,就是如果政府是高度集权的,反而是不稳定的;恰好是让社会和个人充分介入和发挥作用的社会,才是最持久、最稳定的政治体制。

举一个简单的例子,美国在立国之初,那些先贤们经过长时期的反复磋商和讨论,制定宪法的宗旨,就是限定了政府的权力,即我们经常说的"把权力关在笼子里",保障人民的权利。说得再明白一点,就是采取了强社会、弱政府的国策。所带来的结果就是一个表面上看起来争论不休、执行能力低下的政治结构,而从长期来看,却建立了世界大国中最稳定的体制,从1778年建国以来,哪怕中间也经历过因为废奴引发的内战的灾难(不过美

---

[1] 塞缪尔·P.亨廷顿:《变化社会中的政治秩序》,王冠华、刘为等译,生活·读书·新知三联书店,1989年,第17页。
[2] 亨廷顿:《变化社会中的政治秩序》,第18页。

国历史上也仅此一次），而从来没有发生政权崩溃，延续着同样的政治体制、同样的宪法和同一个国家。而在美国建国之后，中国却经历了三次改朝换代。当美国建国的时候，中国正是帝国版图最大的乾隆后期，虽然国力强盛，但却没有带来稳定，而是一步步衰落，人民在所谓的"盛世"下，过着艰难的生活。

专制王权的致命伤

托克维尔和亨廷顿的分析对认识中国历史也是适用的，高度的集权不但不能巩固政权，而且造成了政权的不稳定。反而中央政府衰弱的时候，是经济、思想和文化蓬勃发展的阶段。春秋战国时代思想文化的欣欣向荣姑且不论，在宋代，军事力量非常衰弱，却是经济和文化发展的辉煌时期。20世纪也是这样，1917—1927年的北洋十年，军阀混战，中央的政令经常不出京城，但却是中国民族资本主义发展的"黄金时代"，还出现了五四运动和新文化运动，成为中国思想和文化的转折时期。群龙无首的时代，似乎看起来是混乱的，但是中国社会本身就有强大的自我修复的能力，因而是经济和文化发展的机会。

太平天国运动发生在清王朝最弱的时候，却因为分权拯救了政权。当时八旗和绿营不能有效地镇压起义，而曾国藩、李鸿章通过编练湘军、淮军而掌握了军权，使中央集权大大削弱。这个权力的下移，是清统治者不得已而为之，地方督抚不仅控制了地方的经济，而且还掌握了军队，军事权力被转移到地方，并主导了洋务运动。但是，晚清新政的改革是中央收权的一个过程，但这个努力不但没有强化清王朝，反而削弱了清廷的统治。

其实，当时西方记者就看到了清王朝这个政治结构的致命弱点。辛亥革命爆发后，英国人丁格尔（Edwin J. Dingle）作为上海英文《大陆报》（China Press）的记者往汉口进行报道，便觉察到清朝体制存在的严重问题："中国特有的行政机构既是清朝的中流砥柱，也是清王朝最薄弱的地方。这个机构需要完全听命于一个严格、正直而又不缺乏机敏的皇帝。"皇帝本人也知道这个体制的弱点，"不止一次考虑去寻找有效的补救方法。但是，当问题被提出来时，就连皇帝最能干最忠实的大臣也坚持说，没有补救的方法。"也就是说，无论这个皇帝是多么英明或者有才干，这种金字塔结构的本身，即皇帝大权独揽的本身，就是一个致命的弱点。更可怕的是，哪怕皇帝意识到这个问题，仍然是无法补救的，"皇帝本人也无能为力，弊端无处不在。"[1]

为什么会是这样呢？丁格尔认为，"由于皇帝具有无上的权威，因此，所有的官员都对他隐瞒事情的真相。"因此皇帝看不到出现的问题，从上到下敷衍，都回避现实问题，无人愿意承担责任。皇帝本人（其实经常应该是指慈禧太后）也被蒙蔽，"毫

---

[1] 埃德温·丁格尔：《辛亥革命目击记——〈大陆报〉特派员的现场报道》，刘丰祥等译，中国青年出版社，2002年，第184页。

无疑问，他看不到这种骚乱和民愤怨天的场面，而这更导致所有的官员更肆无忌惮地搜刮民脂民膏。下层的地方官吏为了保住职位，也会向上司行贿。而皇帝却被告知所有的一切都很好，即使是每件事都很糟糕，穷人们正在饱受压迫。"[1]

因此，由于通过正常的官僚机构，皇帝难以得到真实的信息，几乎不得不完全依靠他的"耳目"。如果皇帝能"亲自做和考察每一件事情，好倒是好，但是，在一个像他的帝国那样大的国家里，事实上这是办不到的"。哪怕皇帝精力充沛过人，哪怕是非常勤勉的皇帝，哪怕是绝顶聪明的皇帝，哪怕他关爱百姓，做出许多努力，使他的属下忠实并恪守他们的职责，"尽管是他们分内的事"。[2] 然而又能怎么样呢？像中国这样的大国，只依靠一个大脑做出决策，那么，犯大的错误就是不可避免的了。

为什么在这种体制下不能建立一个稳定的政权呢？因为在这种体制下，下面的人所作所为，都是为了做给皇帝一个人看，让皇帝一个人高兴，任何事情的出发点，不是考虑是否合乎百姓（或者人民、民族）的利益，而是是否能得到皇帝的首肯，得到皇帝的青睐，而非选择于国于民最有利的方案。此类的错误选择如果只是偶尔发生，还无伤大雅；但是如果长时期每天都在做出错误的抉择，那一个王朝的衰落甚至覆没就是不可避免的了。

---

[1] 丁格尔：《辛亥革命目击记——〈大陆报〉特派员的现场报道》，第184页。
[2] 丁格尔：《辛亥革命目击记——〈大陆报〉特派员的现场报道》，第184页。

清末的王朝权力体系，是最不稳固的体系。士绅被剥夺了对地方社会的领导权，也是他们反对清王朝的原因之一。传统社会所形成的社会的中间阶层是一个王朝稳定的基石，当这个中间阶层被抽出以后，底层社会与官僚集团之间缺乏缓冲地带，那么社会就会变得十分不稳定。对统治阶级来讲，最关心的是权力是否都掌握在自己手中，以为手中的权力越大，就越能巩固其政权。但事实却相反，反而是权力分散的社会，才是一个稳定的社会。

是帝王史观，还是民众史观

作为历史研究者，我们应该有多种角度观察历史，归纳起来，无非是两种史观，一是帝王史观（或者英雄史观），二是民众史观（或者日常史观）。不少历史学家虽然言必称历史唯物主义，但是实质却是帝王史观，在他们的眼中，只有帝王的开疆辟土、大国声威，万方来朝，皇恩浩荡，宫廷谋略，严刑峻法……在他们的历史书写中，这些帝王的基业带给那个时代的普通老百姓的是什么却是几乎可以忽略不计的，他们看不到、也不关心那些血淋淋的历史：尸横遍野，妻离子散，家破人亡，生灵涂炭……

西方历史学家也给这种集权神话的流行做出了贡献。如魏特夫（Karl August Wittfogel）在其《东方专制主义》的巨著中，便证明大规模的水利工程的建设和管理必须建立一个强大的中央集权，以统治那片广袤的大地，因此君主专制便是必然选择了。[1]而拉铁摩尔（Owen Lattimore）的《中国的亚洲内陆边疆》认为北方和中亚的"蛮族"对中原的入侵，也是建立强大专制政权的推动力。[2]但是我们的历史学家对历史事实却是视而不见：在专制集权的统治下，中华民族一代又一代的惨痛付出，而在治水和戍边两方面都是失败的。反反复复的黄河水患，北方游牧民族的不断入侵，乃至汉民族的两次被征服，宋朝和明朝的被灭，就是活生生的历史教训。

表面上看来，一个政权能够调动一切资源，便能够有效地解决国家面临的危机，但是历史证明了恰恰是相反。中国历史反复证明了，大帝国并没有给人民带来幸福和稳定。而人民生活相对安定和稳定的时期如汉代的文景之治、唐代的开元之治等本来应该是常态，事实上在几千年的中国历史上，却是少之又少。

如果我们纵观中国历史，集权体制带给中国的是灾难多于稳定，几乎每个朝代都有波及全国的大动乱。当力量和资源过分集中的时候，一旦某一点被突破，混乱和崩溃就是全国性的，死亡动辄就是百万和千万。在世界历史上十大死亡千万以上的战争中，中国就独占了5个，任何一个民族都没有中华民族所

---

[1] 魏特夫：《东方专制主义》，徐式谷、奚瑞森、邹如山译，中国社会科学出版社，1989年。

[2] 拉铁摩尔：《中国的亚洲内陆边疆》，唐晓峰译，江苏人民出版社，2008年。

遭受的战争苦难那么多，那么惨烈。本来地大物博应该给中华民族提供更多的幸福保障，但事实却是恰恰相反。究其终极原因，正是我们经常所以自傲的集权和强大的王朝。

最新的记忆就是太平天国运动，造成几千万人的死亡。而且每次在一个大帝国走向崩溃的时候，给中华民族和文化带来的几乎都是灭顶之灾。有时候，哪怕是星星之火，就可能燎原到整个国家。从秦末带领一个村庄的劳役去戍守渔阳的陈涉，到元末修黄河的民工韩山童，到近代拜上帝的书生洪秀全……因此，对一个只是想好好过日子的老百姓来说，如果他可以选择的话，强大无比的集权体制，可能是他想要过安稳日子的最坏选择了。

辛亥革命为什么爆发？首先是社会的崩溃。为什么社会走向崩溃？士绅（或者地方精英）是清朝统治的基石，士绅社会是国家稳定的基础，他们是传统社会的领导者。过去由士绅自治和统治者与士绅所达成的妥协（即地方社会由士绅和精英自己去管理）遭到了破坏，整个王朝失去了社会的稳定性。清末新政对社会组织的摧毁，打破了过去社会所建立的稳定性，过去对清朝改革抱有希望的士绅对清王朝彻底失望。法国年鉴学派代表人物布罗代尔指出，政治革命是由社会决定的，也就是说短时段的政治波澜是由中时段的社会潜流所决定的。

人们经常引以为傲的所谓庞大的中华帝国，恰恰是中国混乱、积贫积弱的一个原因。正如 1922 年中国军阀混战时《纽约时报》的一篇评论所指出的：广袤的疆域和众多的人口，反而因为分裂造成的内乱经久不息,"成了中国共和之路上的绊脚石"。[1]

不过,在辛亥革命已经过去了110年的今天来看这段历史,辛亥革命对那个时代的老百姓来说是幸运的,因为那是中国历史上所有改朝换代中带给人民最少灾难的一次。清朝覆灭的原因是复杂的,在这篇笔谈中,我只是集中讨论了过去所很少关注的政治结构的问题。清末新政虽然取得了不错的成绩,但是在其后期,清王朝却试图收回曾经下放的权力,川汉铁路收归国有,就是压倒骆驼的最后一根稻草。各阶层普遍不满,从而也失去了政权稳定的社会支柱。从这个角度来看,辛亥革命的爆发虽然带有偶然的性质,但是清王朝的灭亡,却是其政治体制早已决定的了。

本文发表在《华中师范大学学报》2021年第5期,原题为《清末新政与辛亥革命的关系再思考》。

---

[1] Walter Littlefield, "War Clouds over China," *New York Times*, April 30, 1922.

VI. 20年不能磨一剑

出版一本有独创的专著，比写10本平庸的书更有意义。

研究历史是一个艰苦的过程，一个课题通常花费几年，可能十几年，乃至二十几年，甚至几十年的时间。我自己对此也深有体会，我从 1980 年代开始研究袍哥，直到 2018 年才出版了第一本书。我茶馆研究的第二卷（社会主义时期），收集资料和田野考察的时间不计在内，仅仅写作和修改就花了整整 12 年。我认为，出版一本有独创的专著，比写 10 本平庸的书更有意义。

本部分的第一篇是评述美国得州大学荣休教授路康乐（Edward J. M. Rhoads）的《满与汉》，这是一本关于辛亥革命时期满人与汉人关系的专著。过去国内都把其名译为罗兹，其实他的中国名字为路康乐。他告诉我其中国名字的来历与他的中国经历有关：他生于岭南大学，并在那里度过童年时代。岭南大学位于广州康乐，因而得名。他 1970 年在哈佛大学获博士学位，其著作有《中国的共和革命：广东个案，1895—1913》和书目文献索引《中国红军，1927—1963》。[1]

第二篇是评论美国哥伦比亚大学教授曾小萍（Madeleine Zelin）的《自贡商人》，从社会史和经济史的角度研究自贡盐业商人的发展。曾小萍教授是哥伦比亚大学历史系丁龙讲座教授，她的第一本书就是《知县的银两》[2]，这本书奠定了她在中国史学界的重要地位，科文《在中国发现历史》一书中，认为本书是中国中心取向的几部代表性著作之一。至于说"丁龙讲座教授"的来源，读者可以自己去网上搜索，后面有非常有趣而且令人感动的故事。

另外在这里值得一提的是，我申请攻读博士学位的时候，曾小萍教授也录取了我作为她的博士生，虽然最后我去了霍普金斯大学，但是她仍然孜孜不倦地支持我。我的《街头文化》一书，她作为斯坦福大学出版社的外审人，提出了非常严厉而又具有建设性的评论，对我那本书的修改、最后出版获奖，都起到了非常重要的作用。

在这一部分所评论的两本书的作者，都是在美国名校任教的教授，他们第一本书都是他们的成名作，然后又都花费了20年

---

[1] Edward J. M. Rhoads, *China's Republican Revolution: the Case of Kwangtung, 1895-1913*（Cambridge, MA: Harvard University Press, 1975）; *The Chinese Red Army, 1927-1963*.（Cambridge, East Asian Research Center, Harvard University, 1964）.

[2] Madeleine Zelin, *The Magistrate's Tael: Rationalizing Fiscal Reform in Eighteenth Century Ch'ing China*（Berkeley: University of California, 1984）.

以上的时间去完成第二本专著,而书出版以后,获得了重要的学术图书奖。他们学术研究和出版的经历,或许帮助我们理解,什么才是有意义的学术研究;特别是让我们思考,怎样在质和量两者之间做出正确的选择,也给我们展示了什么才是好的学术研究的态度。

一、族群矛盾与革命的爆发

2002年4月初在华盛顿召开的亚洲学会第54届年会上,宣布本年该学会的列文森20世纪中国研究著作奖(Joseph Levenson Book Prize, Post-1900 Category)授予得州大学历史系教授路康乐,以表彰其2000年由华盛顿大学出版社出版的《满与汉:清末民初的族群关系与政治权力,1861—1928》对"中国近代史研究的杰出贡献"。

为什么要研究族群

关于族群问题的研究是西方史学界的热点,如在中国史研究领域,仅最近就有若干本有影响的关于满人的研究成果出版,除路康乐的这本外,尚有罗友枝(Evelyn Rawski)的《末代皇帝:一个清代帝制的社会史》、柯娇燕(Pamela K.Crossley)的《透镜:清代帝国思想中的历史和认同》以及欧立德(Mark C. Elliott)

的《满人之道：八旗与晚期中华帝国族群认同》[1]。在《亚洲研究季刊》上最近发表的有关书评称，这四本书在今后可能成为满人研究的"四书"（the Four Books）[2]，这显示美国中国史专家对中国历史研究的一个新趋势，即对族群问题的关注。

实际上在中国，关于民族关系的研究已经相当深入，有不少有分量的作品问世，但他们的注意点主要在民族关系，特别是汉族和少数民族的关系。满汉问题的研究亦有不少佳作，但是多把"满人"或"满族"作为一个既定的概念来使用，没有深入到满人社会集团内部考察满作为一个民族形成的过程、不同时期的不同内容以及这种演变所反映的社会、文化和政治的复杂因素。

路康乐的新著共有七个部分，即导言、五个专章和结论。第一章，"分离与不平等"。主要针对革命党人对于满人是外来人的

---

[1] Evelyn Rawski, *The Last Emperors : A Social History of the Qing Imperial Institutions*（Berkeley and Los Angeles : University of California Press, 1998）; Pamela K. Crossley, *A Translucent Mirror : History and Identity in Qing Imperial Ideology*（Berkeley and Los Angeles : University of California Press, 1999）; Mark C. Elliott, *The Manchu Way : The Eight Banners and Ethnic Identity in Late Imperial China*（Stanford : Stanford University Press, 2001.）

[2] R. Kent Guy, "Who Were the Manchus ? A Review Essay," *Journal of Asian Studies* vol. 61, no. 1（February 2002）, p. 152. 前此较有影响的著作还有 Pamela K. Crossley, *Orphan Warriors : Three Manchu Generations and the End of the Qing World*（Princeton : Princeton University Press, 1990）; James M. Polachek, *The Inner Opium War*（Cambridge, MA : Harvard University Press, 1992）等。实际上 Philip Kuhn, *The Soulstealers : The Chinese Sorcery Scare of 1768*（Cambridge, MA: Harvard University Press, 1990）亦对满汉关系有精辟的讨论。

宣传，讨论满人的身份、革命党人对满抨击的确切性，以及满汉分离的程度。第二章，"慈禧与'特殊制度'"。探讨慈禧太后时期的新政措施以及对满汉关系的影响。第三章，"载沣与'满人权势'"。分析慈禧之后载沣的政策，指出他虽在某些方面继续了慈禧的改革，但在平息满汉矛盾上无所作为。第四章，"辛亥革命"。揭示革命中满汉问题与政治斗争的复杂过程，从武装起义、清廷反应、反满暴力、南北议和到清帝退位。第五章，"辛亥后的皇室和满人"。集中观察辛亥革命后皇帝和满人在共和制度下的经历。从这些章节目录和主要内容便可看出，本书结构并不复杂，以辛亥革命时期为中心来讨论满汉族群关系、面临的问题以及对政治的影响。

革命中的族群

虽然辛亥革命在中西方都是一个研究相当深入的题目，早期集中在孙中山等革命者方面，后发展到改良精英（如国内对立宪派的研究），但路康乐发现，人们对这一时期的宫廷内部却知之不多，但这正是本书所要分析的要点。本书以梁启超在戊戌变法失败后在日本创办《清议报》、呼吁"平满汉之界"开始，以纵论20世纪初中国族群问题为结束，从错综复杂的清末民初的政治风云中，以族群这样一个新的角度来考察政治权力的斗争。

路康乐把注意力主要集中在回答以下问题：谁是满，谁是汉？义和团运动后革命党人是怎样批评满人的？在满人统治中国两百多年后，满汉到底有多大的区别？清政府是怎样处理这些批评的？满汉畛域是否有所弥合？关于汉满关系，清廷到底是有所作为或是无所作为而导致精英与之分道扬镳并激发了辛亥革命？革命期间以及之后，满统治阶级和满民众的命运如何？总而言之，本书最终是要探索清末清廷是怎样处理汉满关系以及在此问题上的教训，特别是辛亥革命前十年间族群与政治权力的关系。

路康乐在本书仔细分析了满汉关系以及对政治权力的影响，但我认为更应该注意的是他将满作为一个"族群"以及对"族群关系"（ethnic relations）的独到分析。在西方学术界，在研究不同人群关系时，经常使用三个词，即 race（种族）、people（民族）、ethnicity（族群）。在一般的英汉字典中，都把 ethnicity 译为"种族划分"或"种族区别"，把它的形容词 ethnic 翻译为"种族的"或"人种的"。然而在近来西方史学界关于 ethnicity 的研究，其含义却比"种族"宽泛得多。其既可以是"种族"，亦可以是由于文化、经济、社会、语言以及政治等等因素而形成的人群间的隔阂[1]。因此，为使这一概念区别于"种族"和"民族"，我把 ethnicity 译为"族群"，其既可以表达种族，亦可以说明人群间的鸿沟。

---

[1] 在这方面最典型的例子便是韩起澜（Emily Honig）关于苏北人在上海的研究（*Creating Chinese Ethnicity： Subei People in Shanghai, 1850-1980*. New Haven： Yale University Press, 1992），具体分析见我在《历史研究》1996 年第 1 期上发表的《近年美国关于近代中国城市的研究》一文。

另外，路氏在本书非常小心地使用关于"满"身份认同的一些词语，并从这些词语的发展演变，来观察"满"作为一个"民族"形成的过程。正如他在本书标题所采用的，他以 Manchus 泛指"满"这个族群，而分析了"满洲""旗人""满人"以及"满族"的演变轨迹。因此，为了不使读者对作者的这种匠心发生误解，在一般情况下，本文并未按国内习惯笼统用"满人"或"满族"，而以中性的"满"来代之（除非作者有所特指）。但在个别读起来实在不大符合汉语习惯的地方，则仍以满人称之。

路氏指出，在整个清代，满的身份总是和八旗历史和结构纠缠在一起，实际有三种不同的含义。其一是狭义的、早期的意思，满即满洲，分布在满洲各地女真的后裔，在 16 世纪 90 年代为努尔哈赤所统一，1615 年又把他们组织为八旗，后称为"满洲"，又称为"佛满洲"（即"老满洲"），以与后来的满旗相区别。他们在历代皇帝眼中都有其特殊的地位。其二的范围稍宽，包括整个八旗满洲，其不仅有老满洲，而且有伊彻满洲（新满洲）、通古斯人以及通古斯化的蒙古人。他们在清入主中原后加入满旗。其三，含义更广，满人即旗人，囊括了满洲八旗、蒙古八旗和汉军八旗，按此定义，满人即这 24 个旗的旗人。

汉化与"满化"

路康乐认为，总的来说，"旗人缺乏种族、语言和文化的同一性"（第290页）。历代清皇帝力图以要求多习满语和骑射来"满化"，但早期满汉的区别并非族类（ethnicity）或政治地位，而是职业。从一开始，八旗的基本功能便为军事性的，其核心是旗兵，是清征服汉人的主要力量，之后又成为各主要城市的驻防，威慑各地。他们中除极少能谋一官半职或务农外，不能从事其他职业，因此只能混迹于兵营，从国家取得生活之资。从职业上看，作为旗人的满人即世代以军旅相承，与德川幕府时期的武士很相似。

路康乐指出，19世纪末20世纪初，"满开始从一种职业身份转化为一个族群"（第291页）。在这一时期，越来越多的中国文人和官员在西方帝国主义压迫下，不再把"国"（country）只是作为一个文化概念，而开始以"民族—国家"（nation-state）这个政治和地域的范围来考虑。梁启超在这个认知上起了重要作用，是他把"中国"的概念从一种文明转化为一个地域性的国家。作为这个重新定义的一部分，满人成为一个"种族集团"（racial group）。根据梁对满汉关系的阐述，正如黄种人与白种人间生死攸关的种族冲突一样，在中国，这种对立也存在于同属黄种人的两个亚群（subgroups）之间。路氏认为梁启超实际是以社会达尔文主义来定义满和汉。

在19世纪末20世纪初，满汉区别日益加剧，这种畛域主要表现在种族（racial）上，而非过去的文化和职业的差异。虽然"满族"这个词在晚清便存在，但很少使用，而这一时期用得最多的词是"满人"和"旗人"。前者主要为革命派所称，革命前普遍使用；

而后者则为清官方所用,革命后则更为流行。在辛亥革命前,由于革命者认为中国是汉人之中国,因此按《同盟会章程》,满人应被"驱逐"。革命中,共和人士抛弃了这一思想,开始接受中国作为多民族国家的概念,即集汉、满、蒙、回、藏为一体。

该书出版后,英国《中国季刊》、澳大利亚《中国杂志》、法国《汉学论著评论》以及美国《亚洲研究季刊》等都发表有书评[1],受到学术界的高度赞扬。《中国季刊》指出,"该研究生动、资料坚实,对理解19世纪末20世纪初的中国历史以及中国不同族群间的斗争,做出了重大贡献"[2]。《亚洲研究季刊》认为,该书"在好些方面都独树一帜",而且对晚清"正发生着变化的意识机制"有着"非凡的表述"。[3] 评奖委员会的赞词也称:"路康乐敏锐的分析对认识满人以及满汉关系开辟了新的途径。"委员会认为他对满人身份性质的分析是非常精湛的,他通过"对清末民初汉满隔阂的丝丝入扣的描述,证明了辛亥年革命者的反满并非只是停留在语言之上"。

[1] China Quarterly no. 168(December 2001), by Shelley Rigger; China Journal (January 2002), by Michael Lickorish; Revve Bibliographique de Sinologie 2001, by Marianne Bastid-Bruguiere; Journal of Asian Studies vol. 61, no. 1 (February 2002), by R. Kent Guy and by Sudipta Sen.
[2] China Quarterly no. 168(December 2001), p. 1015.
[3] R. Kent Guy, "Who Were the Manchus? A Review Essay," Journal of Asian Studies vol. 61, no. 1(February 2002), p. 160; Sudipta Sen, "The New Frontiers of Manchu China and the Historiography of Asian Empires: A Review Essay," Journal of Asian Studies vol. 61, no. 1(February 2002), p. 175.

毫无疑问，本书的出版对辛亥革命史的研究将会是一个新的启发和推动。学者们意识到，辛亥革命研究在几代中外学者的努力下，已经相当深入广泛，进一步发展将有一定的难度。路康乐的研究告诉我们，辛亥革命课题实际上还有很大的空间，关键在于我们是否能扩展资料的使用、更新研究的方法、变换思维的方式、转移观察问题的角度。对于辛亥革命的研究，不仅是在最近发展较快的社会文化史方面、即使在政治经济史以及人物等这些过去研究较深入的方面，仍有极大的发展潜力。[1]

在本文结束之际，我想补充两句题外话：路氏的这本著作并没有使用目前西方任何流行的理论或"话语"，也并没有建构复杂而宏大的分析框架，其观点和论证都建立在坚实的资料、平实的叙事之上，其手法仍以传统的实证为主，读起来清晰、晓畅，逻辑严密。这本书的获奖也说明，虽然多学科交叉和理论上的突破为西方学术界所重视，美国历史学的主流对坚守传统叙事和实证手法的研究，仍然是十分欣赏的。

本书的获奖或许对我们一些片面追求西方时髦的理论和方法但又没有认真理解和消化的学者可以起到一点清醒的作用。另外，本书的问世离路康乐的上一本书的出版已整整 25 年，这 25 年对一个学者来说是多么漫长的学术探索。他的探索之路反映了一本

---

[1] 另一例子便是萧邦奇（Keith Schoppa）关于沈定一的研究《血路》（*Blood Road: The Mystery of Shen Dingyi in Revolutionary China*. University of California Press, 1995）。该书获得 1997 年的列文森奖。

杰出的著作所经过的艰苦磨炼。路康乐的治学态度，对我们克服浮躁、急于多出成果而忽视学术质量的心理，倒是可以有所启发的。

本文系为路康乐《满与汉：清末民初的族群关系与政治权力，1861—1928》(Edward J. M. Rhoads, *Manchus and Han：Ethnic Relations and Political Power in Late Qing and Early Republican China, 1861-1928*. Seattle and London：University of Washington Press, 2000）所写的书评，发表于《历史研究》2002年第4期。

二、内陆商人的大事业

曾小萍的《自贡商人：早期近代中国的工业企业家》2005年由哥伦比亚大学出版社出版。本书的宗旨是探讨"中国第一个"资本密集、生产集中的私营井盐产业（第 xiv 页。以下凡只注页码者，皆引自本书）。本书不仅是一本经济史著作，而且是一部关于商人集团的社会史。在这个研究中，作者试图达到两个目的：一是探索中国本土经济发展的机制，二是重构19世纪和20世纪初中国的企业史。该书除序言和结语外，共分为10章。第一章，盐政和井盐技术；第二章，晚清富荣的投资结构；第三章，分工和经营策略；第四章，清代富荣的社会组织；第五章，城市劳动力的增长；第六章，官运与商销；第七章，1894—1930年间技术和组织；第八章，富荣盐场控制的变化；第九章，20世纪初自贡盐场的政治、税收与市场；第十章，关于自贡是工业还是手工业城市的讨论。

曾小萍

曾小萍的第一部专著《知县的银两》出版于 1984 年，但是她所涉及的关于清雍正时期财政改革的失败，直到今天仍然值得我们仔细研读。为什么那次改革会失败？制度的缺陷，外加官员的腐败、土地所有与税收的矛盾、通货膨胀的恶化等等，都是其中的因素。读一读改革怎么会失败的书，对改革成功也是非常有必要的。

商业的社会史

清代盐业是中国经济史研究的重要课题,到目前为止已有不少成果出版。1954年,何炳棣用英语发表《扬州盐商:18世纪中国商业资本研究》长文[1]。两年以后,日本学者佐伯富则有《清代盐政研究》问世。1980年代以后,关于盐业的专著明显增多,其中有徐弘的《清代两淮盐场的研究》、陈锋的《清代的盐政与盐税》、张小也的《清代私盐问题研究》等。通史性的著作也陆续出版,如1997年人民出版社出版多卷本《中国盐业史》,包括古代编(郭正忠主编)、近现代编(丁长清主编)和地方编(唐仁粤主编)。张学君、冉光荣的《明清四川井盐史稿》则是关于四川井盐史的开拓性研究。[2] 自贡不仅历史上是中国井盐的集中生产地,现在实际上也成为中国盐业史研究的中心之一。自贡市有盐业历史博物馆,还长期出版《盐业史研究》学术刊物(1970年代称《井盐史通讯》,1980年代改为现名)。然而,关于中国井盐业的研究主要集中在盐政管理、盐的贸易、盐业技术等问题,

---

[1] Ping-ti Ho, "The Salt Merchants of Yang-chou: A Study of Commercial Capitalism in Eighteenth-Century China," *Harvard Journal of Asiatic Studies*, vol. 17, nos. 1 & 2 (1954).

[2] 佐伯富:《清代盐政の研究》,京都大学东洋史研究会,1956年;徐弘:《清代两淮盐场的研究》,嘉新文化基金会,1972年;陈锋:《清代的盐政与盐税》,中州古籍出版社,1988年;张小也:《清代私盐问题研究》,社会科学文献出版社,2001年;张学君、冉光荣:《明清四川井盐史稿》,四川人民出版社,1984年。

基本上以经济史为出发点。我们很少从社会史的角度,把从事盐业的商人作为一个有代表性的整体,分析这个行业在中国工业化过程中的地位和作用,总结他们经营活动的特点,探讨他们兴起和衰落的原因,然而这些正是曾小萍所关注的问题。

在这个研究中,曾小萍指出自贡盐业的繁荣经历了三个近代中国历史上的重要时期,即清的早期统治,太平天国后的调整,以及清王朝覆没后军阀以及国民党的统治。[1]自贡过去由自流井和贡井两个城市组成,其盐产量占四川盐产的60%。这些井盐商人的成功,得益于丰富的井盐和天然气矿藏,但也是由于他们的富有成效的经营手段。自贡盐商在聚集资本、发展技术、扩大市场、组织合作等方面,都有着非凡的能力。他们能够充分利用各种资源发展生产。自贡盐场是中国本土不多的几个"大事业"(big business)例子之一,是探讨中国本土经济组织的一个理想对象,也为了解井盐企业怎样在一个地区内或若干地区间发生作用,提供了非常有用的分析典型。

曾小萍这本专著与过去的研究不同,她力图把自贡盐业的发展放到中国早期近代工业进步这个大环境中,以自贡商人集团为中心,考察他们在中国工业发展的独特的作用和角色。她指出,中国本土所产生的企业组成和经营方式,是适应中国内部经济结构的结果,是中国内部经济发展的一个特殊形式。本书通过对自

---

[1] 这里"近代"是一个较广义的概念,西方学者经常将清史纳入中国近代史的范畴。

贡盐业发展的深入的个案研究，对过去一些中国经济史研究的传统看法提出不同的思路。本书的中心观点是：长期以来学术界认为，中国缺乏银行系统以及对商业长期的歧视等等因素，阻碍了中国的工业投资和发展，但自贡商人成功地将手工业作坊转变成为规模的工业生产却对这种观点提出了挑战。富荣盐场早期的发展得益于相对的政治稳定，国家对产权和合同方面的保护，弥补了缺乏商法的缺陷，这成为井盐业发展的重要基础。

内部机制和外部条件

以上述观点为中心，作者进行了具体详细的论述，首先是讨论自贡盐业发展的内部机制和外部条件。作者发现，自贡大盐商发展的经济条件与中国其他地区有着明显不同，正是这种不同使自贡成为对中国早期工业进行比较研究的一个重要个案。直至18世纪中期，自流井和贡井在四川不过是地位一般的两个盐场而已，其生产规模不及川北的射洪、蓬溪盐场，也不及川南的乐山、井盐、犍为等地。但到19世纪中期，几个因素改变了自流井和贡井的生产状况。四川人口的增加、边缘市场的扩张、其他盐场特别是川北盐场资源的逐渐枯竭等，都为富荣盐场的发展提供了极好机会，刺激了富荣井盐的钻探。

在相对自由的市场环境下，生产技术得到发展。实际上，自流井和贡井的经济结构已经为盐场的发展奠定了很好的基础。在盐场发展的早期阶段，商人们知道怎样利用其他各种资源。随着市场机会的增多，自贡商人经常进行新的、有时甚至冒险的投资，利用富商和宗族力量发现新资源，建立合作经营结构。由于深井的钻探，丰富的气田，使盐场对煤的依赖降低。太平天国运动爆发阻碍了华东与传统的淮盐销售域两湖的贸易通道，富荣盐商则趁机扩展其市场范围。这样，生产技术和国内政治为富荣盐场的兴起创造了条件。到19世纪末，四川盐产的二分之一以上来自富荣两县。

自流井和贡井商人是如何成功地发展生产和扩展市场的？打深井是一个重要途径。但深井开销巨大，而且十分冒险。在19世纪中期，一般打一口深井至少花银万两以上，甚至经常数倍于这个开销，而有时深井并非能得到直接的回报。在四川，很少商人能承受这样大的投资。由于明末清初的长年战争，四川经济衰败，但经过康、雍、乾三世，经济得到全面的复苏。到乾隆中期，有两大集团控制了四川的财源：一是重庆的米商，二是得到政府许可的盐专卖商。19世纪下半叶，四川成为山西票号的据点。尽管缺乏集中的、财大气粗的工业银行系统，但对富荣的投资仍然急遽增加，因为人们看到了盐场有利可图和盐市场的扩张。钱庄最重要的功能是把铜钱换成银圆和地方各商号间的结算。这些钱庄在相当的程度上扮演着现代银行的角色，为扩大生产提供了资金保证和金融服务。

经营模式和商业习惯

自贡盐场为研究生产发展中的技术和制度的相互作用，提供了一个非常好的个案。那些井盐业的经营者，成为工业资本形成和经济发展的先驱。成功地钻盐井和气井不过是井盐业发展的第一步，商人们还需要在许多其他方面进行合作，以解决劳力、资金、钻井、烧盐等生产环节的问题。在19世纪，依靠家族聚集资本和盐业投资的商品化，与农业和矿业中形成的契约文化结合在一起，直接推动了自贡盐场商人组织和商业习惯的发展。

许多学者强调中国的经济不发展，是由于中国缺乏商法，忽视了像富荣存在的"场规"这样的习惯法的意义。实际上，"富荣提供了了解中国经济发展的另一种模式"（第73页）。盐场既显示了所有权的分散化倾向，亦表现了在经营和组织方面的一体化。生意合伙人的发展、监督钻井和熬盐不同工序管理方法的运用，便是这种模式的实例。自贡盐商及时利用川盐市场扩张和丰产井开发这样的机会，许多以家族为基础的盐业集团得以扩展。

通过本书对盐的生产和销售过程的考察，我们可以看到近代中国商业经营的另一种形式。商业经营的成功，血缘关系甚为重要，大盐商几乎都有其家族资本作为后盾。大多数富荣的投资者都把资金放在打井、出卤、烧盐等环节。目前可见到的富荣盐场数百合同表明，大多数在钻井、烧盐等方面的投资都是家族资本。在那些最成功的企业中，在家族下的管理是最常见的模式。这些家族把资本集中，成为投资的重要来源，家族组织的潜力得到了最大的发挥。虽然自贡的投资者喜欢与本族的成员打交道，但是可以发现大多数生产资源的开发是由各种不同家族集团共同组织的。如王三畏堂成为大的宗族企业，但与外族甚至外省人都有着紧密的生意合作关系。

自贡盐业的经营环境

根据曾小萍的研究，在早期近代四川，盐业是除农业外最大的劳动力雇佣行业。在 19 世纪，川盐生产提高了若干倍，其最重要的因素是自由劳动力的流动性。至少在晚明（甚至可能从更早时期），大多数中国人都可以自由迁徙和自由改变行业。成千上万劳动力来到盐场谋生，成为雇工、小贩、搬运、矿工等。尽管打井、出卤、烧盐等工作条件严苛，但为他们提供了谋生之道，并加入了会馆、行会、宗教、秘密会社等组织活动。

自贡盐业生产创造了一种不同于其他中国传统工业的劳动环境。其打井、出卤、烧盐、管道等工序，其稳定劳动力、劳动分工、劳动力的层级管理，为现代井盐业的技术和管理提供了借鉴。在同时，工人利用其组织帮助适应劳动和城市生活。在这个过程中，会馆起着重要作用。19 世纪末 20 世纪初，是四川盐业大变动时期，地方政府力图增加收入，因而加强对盐业的控制，从而导致业主和工人的不安全感。然而直至清廷覆没，政府控制的企图并未成功。

作者指出，至迟在20世纪30年代，自贡是四川最大的工业中心，对四川工业的发展有重要贡献。但是由于受大的经济形势的影响，自贡在19世纪初的迅速发展以及在20世纪二三十年代的急遽衰落，成为观察市场扩张和收缩的极好对象。她证明，"自贡盐业市场的扩张并非是交通发展的结果，也不是市场整合的产物，亦非信息交流的结果（虽然随后这些因素都起了重要作用）"（第 xvi—xvii 页）。

工业企业怎样聚集资本取决于它们所处的地方条件。在19世纪初，自贡盐商与当时世界上许多地方的纺织、酿酒、开矿等行业的资本家一样，发现了市场扩张和经济规模所带来的机会。自贡商人在集资方面十分成功，吸引了许多从山西、陕西、江苏、河北及其他省的商人投资井盐，四川各县商人和自贡本地商人更是踊跃投资。对大多数资本有限的商人来说，需要通过其他人的投入，因此长期和短期借贷便扮演了重要角色，钱庄因而大行其道。但钱庄很少直接同个人打交道，而是与宗族发生经济联系。

在太平天国运动爆发前不久，自贡发现了高产盐井和气田。那些有充足资本的商人们一夜之间成为大盐场主。19世纪末，自流井和贡井的商人还加入外省人组织的行会。富荣盐场不仅成为人们投资的对象，而且成为人才培训地。在自贡，层级的管理结构从以宗族为基础的盐场发展起来。经营技术要求完善的学徒制度，许多管事实际上都是根据其工作经验，从学徒在盐场中一步步升起来的。井上和灶上的许多管事并非世代以盐业为生，他们来到盐场学徒，多年后成为盐场的管理和投资者。

家族企业是"封建"的吗

19世纪的自贡盐业是近代中国经济史的一个重要部分。19世纪中期以来的自贡盐场发生了变化。太平天国运动结束后，两淮盐政官僚竭力把川盐逐出两淮市场。在战时，从川盐输淮收取的厘金成为重要的税收来源。这"威胁到四川盐业在太平天国后重建过程中的发展"（第140—141页）。新商人精英的背景更多元化，他们面对更为复杂的社会、政治、经济状况，像商会、贸易、盐政管理、新旧法律系统的发展，投资也变得更多样化。虽然社会网络在盐场早期发展中起着重要作用，但到20世纪初，从上到下的垂直经营成为主要模式。而且不仅是简单的经济关系，政治关系也变得十分重要。

曾小萍指出，中国学者经常把19世纪盐场的衰落，同封建制度的没落联系在一起。她认为这一方面存在"封建"一词误用的问题，另一方面"封建"在清代并不存在，王、李、颜、胡四大家族的控制与封建也没有什么关系。他们甘冒风险，进行长期投资，在寻求新市场、新资源、新技术中运用新经营手段和依靠新商业组织。18和19世纪自贡商人政治资本的发展，与地域和制度密切相关。会馆、书院等为地方精英的纽带的建立,提供了重要的环境。外省商人有自己的会馆,这些组织在经济活动中扮演着重要角色。但在20世纪初,它们不再有过去那种影响力,取而代之的是"在盐场最重要的机构宗族集团"(第223页)。

19世纪末的自贡,无论是土著还是外来人,无论是劳工还是商人,都为这个独特的工业系统做出了贡献。与上海和汉阳的城市企业家不同的是,自贡盐业是一个纯粹中国人的工业,是技术和经济组织为生产服务的一个范例。这个工业与周围农村建立了密切的经济联系,组成了密集的市场网络,雇用成千上万的工人从事生产和运输,同时促使了四川的木材、竹、桐油等行业的繁荣。"在西方工业技术进入之前,自贡已成为中国非农业雇工最大的集中地。"(第290页)可能对经济组织最重要的影响,是在20世纪初政治环境的变化。清政府的覆没,随之的军阀政府统治,使自贡盐业处于前途未卜的地步。但1937年抗战的全面爆发改变了四川经济状况,中国大量的人口再次依靠川盐,国民党政府重新采纳了政府专买专卖的政策,在短期内,富荣盐产达到数十年生产的最高点。

比较研究的视野

在对自贡盐业个案深入分析基础上,作者将自贡盐业与美国工业进行了比较。在美国经济史学界,对18世纪末19世纪初美国纺织业的经典研究中，强调新技术、新经济组织、银行金融的作用。这三个因素的作用同样也可以从自贡盐业的发展中看到。如果说技术的输入对美国纺织业发展甚为重要，而自贡的技术则是本土的。不过，自贡与美国纽约、新泽西、新英格兰的纺织工业一样，需要不断地更新技术和发挥经济组织的功能。在美国，银行和借贷的发展适应了工业发展的需求。成功的纺织企业则又投资银行。在自贡，个人间网络对企业发展十分重要，它们依靠宗族、家族纽带得到投资和借贷，以扩大生产。

最后还应该强调的是，这个研究建立在坚实的资料基础上。虽然中国经济史研究面临缺乏数字统计资料的困难，但在自贡，大量税务的统计留存下来，其中最重要的是产出、运销、付税、成本等记录，许多是官方资料，如地方和省的盐政史等，另外，盐场的私家调查也为数不少。自贡盐业档案、自贡商会、四川省盐政资料等也较为完备。另外，20世纪50年代以来，自贡像中国其他城市一样，开始收集口述资料，编辑有像《自贡文史资料选辑》等文献。这些资料为曾小萍揭示自贡盐业发展的秘密和规律，提供了有力的论据。

总之，本书并不是传统意义上的区域经济史或行业经济史，这是一本具有社会史视野的微观和宏观研究相结合的社会经济史，也是作者继续从中国社会本身发现经济发展和社会进步的内在动力的又一个成功的探索。本书最近获得由美国社会科学历史学会颁发的艾伦·夏林图书奖（Allan Sharlin Memorial Prize of the Social Science History Association），以表彰本书对中国经济史研究的杰出贡献。

本文系为曾小萍《自贡商人：早期近代中国的工业企业家》（Madeleine Zelin, *The Merchants of Zigong：Industrial Entrepreneurship in Early Modern China*. New York：Columbia University Press，2005）所写的书评，发表于《清史译丛》第7辑（2008年）。

VII. 历史的断想

尽管司徒雷登本人希望被葬在燕京大学的旧址之中，但未获批准，为这段复杂的历史又平添了新的插曲。他的骨灰回到中国，唤起了沉睡半个多世纪的记忆。

这一部分涉及的内容比较广泛，分为四组。第一组的书评涉及地方社会的治理。那篇关于班凯乐（Carol Benedict）的《十九世纪的中国鼠疫》，于 1998 年发表在《中国国际书评》上，到今天已经 23 年了，但是今天全球正在遭受新冠病毒的侵害，我们仍然面临怎样与自然、与病毒相处的问题。其余两篇书评是对日文著作的关于地方社会的研究，涉及地方自治以及村落之间的冲突与合作问题。

第二组讨论乞丐文化、秘密会社和监狱，这些书评发表在《亚洲研究国际学刊》《中国历史学前沿》《历史人类学刊》上，这些研究都是社会史的前沿课题。

第三组包括了 5 篇书评，其中 4 篇发表在英文的顶级刊物如《美国历史评论》《亚洲研究季刊》等学术杂志上，其中有两篇是关于南京，两篇关于上海，一篇关于北京，从近代这些城市的某一个方面的变化,来看城市、城市形象、景观以及日常生活,这些研究在一定程度上都采取了新文化史的取向。

第四组是对王晴佳筷子研究的书评。这本书告诉我们,在日常生活和日常物质文化的研究上,也可以有宏大的关怀,包括跨国和跨文化大问题的探索。

一、地方治理面临的挑战

在中国传统的社会,特别是晚期帝国时期,是一个在相当程度上自治的社会共同体,官方的权力实际上并没有完全进入到基层社会,而基层社会是由地方士绅与官府共同管理的。这一组书评,便展示了这样一种复杂的关系。

传统社会怎样应对瘟疫

人类已经历过三次世界范围内的鼠疫传染,每一次都付出了巨大的代价。在前两次6世纪和14世纪的传播中,瘟疫在中东、欧洲以及亚洲共计带走了175万人的生命。班凯乐(Carol Benedict)的新书关注的是第三次瘟疫,它源于中国,并且比前两次传播得更为广泛。尽管已有一些针对瘟疫史的出色学术研究,如威廉·麦克尼尔(William McNeill)的研究;也有世界范围和区域性疫情暴发的一般研究,如菲利浦·柯廷(Philip

Curtin）的研究，[1]但《19世纪中国的鼠疫》(Bubonic Plague in Nineteenth-Century China）一书仍对中国疾病的社会史研究做出了全新且重要的贡献。

瘟疫一词在中文中语义宽泛，就像"传染病"（epidemic）之于英文。中国人在他们的史书和方志中有大量关于疾病的记载，从这些历史文件中，尤其是与战争和自然灾害相关的历史文件中，我们都能找到诸如"瘟疫流行"或"大疫"这样的词语。最近中国省、市、县各级的公共卫生机构编辑出版了《卫生史料》或《疫情史料》，中国的疾病史学者也撰写了很多的研究。其中最重要的是《中国鼠疫流行史》，收集了中国各地方公共卫生部门的疫情报告。班凯乐认识到这些材料的重要性并大量使用，以建构她自己的分析。

从社会史的角度来看，有两种研究瘟疫的基本方法：一是观察瘟疫对社会的影响；另一则是观察社会对瘟疫的反应。班凯乐的书聚焦于后者，只涉及少量鼠疫所造成的社会影响，如人口减少，经济危机，以及城市和乡村生活的变化。与此相关的中文历史材料数量巨大，但班凯乐似乎只有两个目标：说明瘟疫如何散播，以及社会对此如何反应。

本书前三章旨在实现第一个目标。基于施坚雅（G. W. Skinner）的宏观区域理论（macro-regional theory），班凯乐

---

[1] William H. McNeill, *Plagues and Peoples*（Garden City：Anchor Press，1976）；Philip D. Curtin, *Death by Migration：Europe's Encounter with the Tropical World in the Nineteenth Century*（Cambridge：Cambridge University Press，1989）.

分析了鼠疫的传播模式。施坚雅的理论已被中国史学者广泛用于检验中国社会在政治、经济和文化上的诸多面向。然而班凯乐是第一个强调鼠疫传播与贸易路线之间的联系，以及瘟疫传播中核心与边缘的关系的学者。根据她的研究，诸如人口增长、移民、军队移动以及长程贸易这些社会变迁都导致了瘟疫的扩散。"这些变动为瘟疫传播到居民区提供了先决条件，因而可被视作瘟疫已开始流行地区经济发展的不良副作用"（第167页）。

鸦片贸易同样在瘟疫扩张中起到作用：其"加剧了货物流动，并增加了瘟疫被从一个地区携带到另一地区的可能性"（第70页）。这场鼠疫自1770年代始于云南西部，并在1830年代移动到核心区域。这一传播过程在其到达高人口密度地区时速度加快。到1890年代，疫情横扫中国最繁荣的地区，包括南方、东南地区，以及东部沿海的省份。

与医学史及疾病史学者将会被本书前三章所吸引不同，社会史学者会对探究中国社会反应的后三章更有兴趣。本书更着重于社会史而非医学史，尽管她还是用了一章来解释中医"寒"和"热"的理论。但作者并没有深涉医学上的分析，而提出了她对中国社会史上的一些主要关注点的看法。

近年来，中国历史学者愈发关注国家—社会关系以及国家建构（state-building）的问题。而班凯乐同样探究了这些问题，但基于不同的角度。她告诉我们，中国人对瘟疫有不同程度的回应，并向我们展示了中国人通过从发自本能的到高度制式化

（institutionalized）的不同反应去理解疾病。基本而言，中国人视"传染病为不道德行为的天谴（divine retribution）"（第110页）。地方民众创造了关于"异鬼""瘟神"以及"瘟元帅"的想象，而这些想象成为民间信仰和宗教狂热的重要部分。

第二种程度的回应以瘟神醮和清醮之类的社区活动的形式展示出来（played out）。作者总结道，这些宗教性活动"提供了精神上的安慰，但并不能防止或延缓疫情的传播"（第119页）。这一对社区中的民间崇拜和宗教节日的研究将令社会史和文化史家感到有兴趣，但我们还可以从康豹（Paul R. Katz）的新书中学到更多，书中提供了对这类回应疫情的民间崇拜更为全面的研究。[1]

第三种程度的回应来自慈善组织、官员，以及国家。地方官员运用祈祷与仪式寻求对瘟疫的抵抗。然而在西方医学知识和外国对公共卫生改革的政治压力到来之前，他们并没有施行"有力的公共卫生举措"（第130页）。相反的是，"瘟疫危机鼓舞了乐善好施之人去设立特殊的济贫院"（第135页）。对部分地方精英而言，诊所成为提供公共服务与活动的一个空间。当政府开始介入公共卫生时，政府与地方社区在有效的疾病控制方法上，与传统体制有了冲突。

在20世纪早期，许多城市中的警察开始应用西式控制传染病的手段，如天津卫生总局和沈阳防疫局。就像杜赞奇对华北的清末新政研究那样，班凯乐注意到在实施新措施的过程中，国家

---

[1] Paul R. Katz, *Demon Hordes and Burning Boats: The Cult of Marshall Wen in Late Imperial Chekiang*（Albany: State University of New York Press, 1995）.

权力延伸进入社会,"这些政策以空前的方式将人们置于国家控制之下,因此为应对瘟疫威胁而发展起来的警察主持的公共卫生机构,可以被视为20世纪早期国家权力扩张历史中的一个重要元素"(第164页)。与杜赞奇对新政的消极态度相反,班凯乐视之较为积极,声言"国家在公共卫生的紧急事件中的介入对社会整体而言无疑是有益的"(第163页)。

班凯乐更多地研究了瘟疫与人口的关系,尤其是在地方精英的反应方面。尽管她在书的第五章和第六章确实谈到了广东的善堂以及沈阳的商会,但这些重要议题的研究还并不成熟,我们还未真正得见地方社会精英在控制瘟疫过程中的活动及影响的全面分析。在过去十年里,对地方精英的活动的研究受到了大量关注,也使得研究中国的史家关于公共领域和市民社会间关系的争论有所升温。多数新近的研究承认精英在地方慈善活动中的作用,但没有去特别关注公共卫生与精英活动间的关系。班凯乐因此也错失了对这一重要议题提出自己独到讨论的机会。

本文系为班凯乐《19世纪中国的鼠疫》(Carol Benedict, *Bubonic Plague in Nineteenth-Century China*. Stanford: Stanford University Press, 1996)写的英文书评,发表于《中国国际书评》1998年春季号(*China Review International*, vol. 5, no. 1, Spring 1998)。

地方自治是社会稳定的基石

近代中国的国家政权建设问题，引起了近代史学者的大量关注。黄东兰通过比较的视野考察中国的自治运动，对这个问题的讨论做出了新的贡献，她的书将帮助我们更好地理解中国政治体制转变的过程与复杂性。作者的关注点不在于日本自治运动的影响，而在于其在中国的嬗变，以及回答这一嬗变中发生的问题。黄因在这个重要议题上的出色研究，获得了东京市政调查会藤田奖。

在本书中，黄比较了在英国、德国和日本的"自治"与"地方自治"的概念异同。作者认为，人们经常认为地方自治是"地方政府与中央政府分享权力"，"反对中央集权"，或"地方独立"。然而实际上，地方自治的理论与实践之间有着巨大的落差。理论上，现代国家中的"地方自治"保障一个国家的主权，并有助于强化其政策。而自治的实践实际上必须要面对中央政府与地方政府间利益的冲突。在国家政权建设的过程中，国家利益总是取代地方利益。

黄东兰在她的分析中认为，尽管晚清自治的运动仿效日本，但当自治被引介至中国时，由于中日两国间政治、意识形态以及社会的不同，还是出现了巨大的变异。1909年，当清政府颁布《城乡自治条例》时，梁启超指出，清政府的自治政策是"日本城乡制的移植"。黄认为这是梁启超的一个误解，并试图寻找发源于中国的自治（通过考察自治的传统概念）与以顾炎武为代表的地方行政理念二者之间的关联。

对于顾炎武的经世思想，多数学者都已关注到他对郡县制度的批评，并认为他回归分封制度的理念是地方自治主张的起源。然而黄东兰指出，顾炎武的改良思想由两部分组成。一部分是官僚制度的内部改革，比如废除总督和巡抚，以便皇帝的诏令更快地传达至地方乡镇。顾炎武还建议取消禁止官员在其出生地任职的回避制度，并给州县官员更多的权力。其改革思想的另一部分是从地方百姓中挑选下级官员（乡官），以协助州县官处理征税、治安、诉讼等问题，这一观点对清末改革者影响巨大。

黄东兰还对在19世纪末20世纪初支持地方自治的知识分子的不同政治构想，以及这些构想与日本自治思想的关系进行了探索。作者发现了自治的三种形式：严复的"个人自治"，欧渠甲的"各省独立"，以及康有为的"公民自治"。黄主要分析了第三种。自治在晚清宪政运动中成为知识分子关注的焦点。改良主义者康有为和梁启超相信，日本在短短30年内崛起的背后原因，就在于其自治的体制。康梁希望将民众都置于地方自治的框架之下，以奠定坚实的社会基础。

黄东兰指出，顾炎武的改革理念成为中国知识分子接受现代自治的一个中介，顾炎武推崇的"乡官"，成为与从外部引进的自治理念相区别的标志。黄还考察了留学日本的中国学生以及访问过日本的地方官员以及乡绅所理解的日本式自治：行政体制自内务省而下，至府县、郡以及乡镇，十分高效；各级议事会成员从居民中选出，以作为政府与普通百姓间沟通的媒介。然而在"救亡图存"的大旗下,中国知识分子忽视了日本自治中的一个特点:官员得到过多的权力。

黄东兰仔细分析了地方自治的各种理念,并提供了许多个案研究,包括1907年天津的县级自治实验、1911年江苏川沙的反自治事件,以及民国时期山西的乡村体制,用以探讨近代中国地方自治的嬗变。在日本,地方自治由两种体制组成:一是行政部门,二是郡县、市镇及乡村的各级议会。在明治政府废藩置县以及官员控制各级自治机构后,县级政府的新体制在旧制度的基础上得以确立。行政官员由内务省任命,负责工业、农业、灌溉、教育、卫生等事务。尽管地方公共组织在城镇和乡村合法运作,但它们却在国家行政序列中排序最末,还要执行来自州、县、郡各级上峰下达的命令。天津以及其他地区的自治没有采用日本自治中"官员主导"的核心原则,把官方控制与自治相分离。

自治机构由城镇乡的议事会议员构成,从地方选出,但从未纳入地方行政系统之中。他们只在地方福利、教育,以及卫生等方面发挥作用。在新政时期,清政府依靠地方精英来加强社会控制,并有意将自治退居到"官方行政的补充"这样的角色。地方自治的参加者继承了地方精英负责农业灌溉、福利、教育、卫生,以及其他公共事务的自治传统。在晚清的宪政运动期间,所有党派,包括立宪派、清政府、地方士绅,都支持自治的概念,这一点在川沙的例子中已得到证明。基于对满清中国和明治日本的自治的比较,黄东兰总结道,中国的地方精英相较于日本的地方精英而言，有着更大的施展活动的空间，他们运用议会合法地实现了许多有益于地方的事业。

相较于晚清的自治，民国时期阎锡山推广的"村治"更接近于日本的"城乡制"，其融合了中国传统的"保甲"与日本体制。另一方面，在阎锡山的统治下，县区建立起来了，自然定居点变成了行政村，用省、县、区、村、邻里最后到家庭的这一从上至下的网络，对社会进行有效的控制。另外，阎锡山并没有照搬日本间接选举的方法，而是推行全体居民直接选举村领导的制度。当然，阎锡山的"全民自治"，从未真正代表过人民的意志或利益，他的体制仍然是官方主导的一种。

本书是一个优秀的研究成果，其立足于坚实的材料、清晰的叙述、谨慎的分析，阐释了中国的自治的特点、不同的面向以及其建构的过程。这一研究为我们了解国家与社会、中央与地方政府，以及个人和集体等等复杂关系，都提供了更好的认识。本书是研究中国近代自治运动的最新发展，并应该推荐给所有对中国政治与社会变革感兴趣的学者。

> 本文系为黄东兰《近代中国的地方自治与明治日本》（黄東蘭『近代中国の地方自治と明治日本』東京、汲古書院、2005年）所写的英文书评，发表于《中国历史评论》第12卷第2期（*Chinese Historical Review*, vol. 12, no. 2, Fall 2005）。

村落虽然有冲突，但合作是主流

19世纪以前的乡村社会是什么样子的？对于我们了解传统中国社会而言，这是一个重要的问题，但是由于缺乏充足的资料，这个问题尚未得到充分研究。徽州文书的发现和对徽州文书的研究，为研究这个问题提供了很好的途径。熊远报的这本最近出版的著作就是这一领域研究最新进展的良好范例。这部专著的研究是建立在丰富而众多的资料基础上的，这些资料包括村落地图、日记、文集、家庭和店铺的收支账、家产登记簿、书信、社团规约、合约、族谱、纳税记录、诉讼档案、关于宗教典礼和仪式的卷宗、地方公共事务的档案等。

为了进一步深入研究乡村社会，作者还进行了田野调查，考察了明清建筑、自然村落以及它们的环境。在这项研究中，熊远报试图重构人们居住的外在景观，来揭示形成当地社会的种种因素，尤其是商人在其中发挥的作用。他也强调社会关系网络；从这里，他试图理解各种群体和社会组织的形态，以此来观察乡村社会的特征和行为，最终弄清清代徽州的社会秩序。

作者发现，大的村落和小的市镇是伴随着明代中期以后人口的膨胀和耕地的减少而出现的，当时的徽州人致力于长途贸易。在这个过程中，货币通过贸易流入该地区，改善了这里的居住条件，提高了这里的生活水准，也对徽州的社会组织、村落景物和生活方式产生了很大的影响。通过研究，这些村落的房屋都是按风水的原则而建。同时，不同姓氏的人居住在同一个村社里，会引发这些群体之间的冲突、抗争、协商以及合作。熊远报发现，每个村落里总会有一些具有象征意义的建筑，它们是用来操办仪式和典礼的地方。其中一些建筑物反映出国家在思想意识和价值取向领域对地方乡村社会的影响力。

该书还分析了复杂的社会关系网络，以此来透视这些社会关系网络是如何形成的，以及它们的重要性。作者发现，在编纂家谱的过程中，人们经常会臆测或者有意篡改事实。在重新修订和刊印多次后，这样的讹误就被当作了"真实的历史"。结果，传说的和杜撰的故事成了地方性知识。人们编造这些故事的目的，就是为了改善其社会形象，提升其社会声望，获取当地的资源和权力，来构建能够用于满足多种需求的社会关系网络。

熊远报还揭示出当地探讨学问的社会团体，逐渐演变为帮助读书人博取科举功名的组织，这个变化使这样的组织显得更加重要。这些组织经常参与纠纷的调停，并逐渐变成地方村社共同利益的代言者。熊远报指出，"钱会"在徽州地区非常活跃，其功能不仅在于宗教信条、娱乐和经济利益，而且在于寻求建立合伙关系、社会关系网络以及互助互利，这也是他们"生存策略"之一，也成为乡村秩序的重要功能。

该书还考察了村落之间和村落内部的纠纷。根据詹元相《畏斋日记》所记载的康熙年间徽州府婺源县庆源村发生的具体事例，熊远报发现，在所有的纠纷中，属于村落内部者占50%，而村落之间者占40%。提诉到地方官府的事件约为总事件的三分之一。源村的上述事例显示，明代中叶以来，伴随着长途贸易和社会流动的发展，在父子之间、兄弟之间、宗族内部、村落内、村落之间，诉讼纠葛不断增多。这种增多也是土地所有权的复杂形式、公私财产的模糊界限、地方预算和支出的矛盾等的结果。

就宗族在处理事务方面的作用而言，他们避免了介入宗族成员之间的纠纷，只要这些纠纷没有涉及不孝、通奸、屡教不改的违法事件，就不会被投诉到宗族组织。"乡约文会"作为乡村社会的公众代表，参与到村落之间纠纷的调解，以及类似冲突的解决。作者认为，"教官"不仅帮助地方官员处理这些纠纷或诉讼，而且独立解决当地读书人的此类事件。这些纠纷和诉讼主要是由"教官"们的调解而处理完结的。

通过研究婺源县的案例，作者分析发生在这个县内部的纠纷。在这个案例中，县衙里的一些胥吏勾结县城里的某些商人，打着保护县城风水的幌子，提议在婺河上进行一个水坝建设项目，他们可以借此机会控制运输业，并垄断本地与江西、广东的贸易。这项工程引发他们与依赖婺河作为运输通道的另一些商人的冲突。作者把这场冲突放在处于中心地位的商人与处于边缘地位的商人之间，如何争夺利益的背景之下来考察。县城里的商人有更多的机会获得官府的支持，并利用那些处在底层的商人。熊远报认为，此类冲突是城乡矛盾的反映。

这项研究是基于极其出色的调研考察之上的。虽说对徽州的研究已有大量成果出版，但这部著作却是独特的，因为它仔细研究了这个复杂的社会关系网中多种多样的关系。当关于乡村社会的现存研究关注保甲制度、地主和农民的关系、农业、自然经济等的时候，村落应该受到历史学家的足够重视。而且绝大部分相关成果都出自人类学家之手。这部带有历史学关怀的专著，提供了关于徽州地区前现代乡村社会更为深入的认识。

本文系为熊远报《清代徽州地域社会史研究——境界、集团和网络》(熊遠報『清代徽州地域社会史研究——境界・集団・ネットワークと社会秩序』東京、汲古書院、2003年)的英文书评,发表于《中国历史评论》第13卷第2期(*Chinese Historical Review*, vol. 13, no. 2, Fall 2006)。

二、考察边缘人群

对于边缘人群以及相应的国家反应的研究，应该是社会史的一个重要部分。这一组三篇书评，都是从一个特定的角度来观察近代中国社会。第一篇是卢汉超关于乞丐的研究，乞丐处在社会底层，形成了他们的生存方法，自己的组织和独特的文化。第二篇是孙江关于秘密会社与中国革命关系的研究，通过分析"革命"与"秘密会社"的概念，找到造反与革命间的关联，将革命与秘密会社两个领域的研究结合在一起，让我们从一个新的角度来认识中国革命。我们会发现参加中国革命的群体是多元的，他们所扮演的角色也是很复杂的。第三篇是冯客对近代惩罚和监狱制度的考察，监狱制度是现代国家机器建构的一个部分，他指出监狱作为一个现代工具，但却被国家用于维持传统的秩序。

乞丐文化能够告诉我们什么

中国的历史学家一直过于关注重大事件和精英人物，而非常遗憾的是，对下层百姓的研究相当薄弱。然而，这种状况近年来开始有所改观，关于日常生活和寻常百姓的著作越来越多地问世并出版，包括卢汉超的获奖作品《霓虹灯外：二十世纪初日常生活中的上海》。[1] 与那本关注上海的《霓虹灯外》不同，《叫街者》研究的话题是在更广阔的地域范围内的乞丐和乞丐文化。这是这个最新学术倾向的一项新成果，是一部研究深入、论述清楚、分析细致的著作，是一部关于近代中国乞丐的优秀叙事史。

　　这部著作的研究不仅专注于晚清民国的乞丐文化，而且提供了20世纪50年代初共产党是怎样成功消除乞丐的论述。在这部著作中，卢汉超把乞丐视为一种全国性的现象，尽管他的研究是以地方资料为基础的，但他强调乞丐在不同城市所具有的共同特征。他发现，乞丐们使用的乞讨方式、人们对他们的看法、乞丐们的组织以及政府对乞丐的政策，在不同的城市里并无显著区别。正如他所说，"在中国，对乞丐的基本看法与世界其他地区没什么不同"（第15页。以下凡只注页码者，皆引自本书）。卢汉超的这个研究涉足广泛，比如乞丐的观念与实践、丐帮、贫困以及国家和社会对于乞丐的措施等。为了研究底层百姓（subaltern，意为"下层"，是该书中频繁使用的词汇），我们要经常面临何处才能找到他们的声音的问题。卢汉超发现，对于乞丐们的描述，

---

[1] Hanchao Lu, *Beyond the Neon Lights: Everyday Shanghai in the Early Twentieth Century* (Berkeley: University of California Press, 1999).

并不是来自他们自己的声音，因为他们通常是被社会精英所记载的。因此，卢汉超努力利用第一手调查报告和调查资料，以及"倾听乞丐们自己的声音"（第12页）。

卢汉超认为，汉语词汇"乞丐"包含多种意思，可以反映出街头到处行乞的人是如何为生存而挣扎搏命的。从这本书中，我们可以看到，乞丐们不仅在街头要饭，而且通过各式各样的卖艺和出卖力气来乞求得到钱财和食物的施舍。并不是所有的乞丐都无家可归；事实上，其中的一些人虽然被人们称为"乞丐"，而且他们也认可这样的分类，可他们是有自己的居所。乞丐们有各种各样的乞讨方法，可以"适应当地的文化和习俗"。通过对上海乞丐的论述，卢汉超认为，"每天城市环境中有如此之多的行乞方法产生和运用"（第133页）。根据这项研究，在中国，许多乞丐的观念和习惯可以追溯到13世纪中国史无前例的商业化时代。在那个时代，乞丐变得既是受助者，亦为受害者。乞丐在社会里变得越来越引人注目，行乞变成一种职业。20世纪初的城市改革和革命并没有改变乞丐的处境，这个行当一直存在到20世纪50年代初。

乞丐通常与流民或游民有紧密联系，而流民或游民被社会精英和国家政权视为社会恶习的载体。其实也有一些乞丐常常为了获得食物和钱财而打家劫舍，因而被孔飞力冠以"盗匪帮伙"。但在卢汉超看来，他们打家劫舍实属求生的行为。通过研究，卢汉超发现乞丐文化影响着主流社会，而且依旧是底层阶级与主流阶层之间交往的纽带。尽管人们对社会上的乞丐怀有不同的看法，卢汉超还是认为，"中国的宗教信条、世俗民风以及精英学识，都会帮助我们形成非常富有创造性的乞丐形象的框架，会帮助我们看到主流文化和底层社会文化的交融"（第53页）。

乞丐们崇拜神灵、皇帝和古代英雄，并且形成了他们自己的亚文化。具有讽刺意味的是，尽管乞丐们贫穷且毫无希望，但许多人相信他们有能力与天神沟通。举例来说，中国的春节期间，乞丐们经常被看作是天神的信使。卢汉超总结道，"世界上几乎不会有人会从历史和传说中得到关于中国乞丐如此充实而鲜明的印象"（第54页）。

在中华帝国晚期，国家权力很难渗透到社会的最底层，绝大部分地方事务，包括乞丐事务，都要由形形色色的慈善组织和职业机构来管理。清廷处理乞丐问题主要有三种方式：设立了大量施济所和粥厂；将乞丐置于保甲制度下，使所有的乞丐在当地官府登记入册；鼓励乞丐们建立自己的帮会以自我约束。在这样的政策下，乞丐们获得了相对较大的社会空间，并且建立了他们自己的职业组织。

由于国家缺乏解决贫困问题的能力，那么穷人只能寄希望于社会。因此，在晚清和民国时期，"乞丐组织成为这个国家众多秘密社团的组成部分"（第108页）。乞丐帮会在管理乞丐事务方面发挥了重要作用，其帮会头领的权力"来自他的个人魅力、社会关系网，以及地方精英和官府在策略上的认可，而这种认可显得至关重要"(第108页)。事实上,乞丐们组织他们自己去寻求安全和公正,以及增强他们的生存能力。在这个方面,"中国的乞丐帮会与其他社会团体没什么差别"(第8页),就像商会、同乡会等等一样,它们的目标是保护其团体自身的利益。乞丐帮会通常是由当地官府组织,这样做可以帮助官员有效地约束乞丐们,并且将乞丐帮会的成员限制在一定的区域内,以及通过颁布法令来确定这些行为。这一切要比官员们承担这些任务更加有效。

卢汉超探讨的主要话题之一,就是关于乞丐问题的改革。从晚清以来,乞丐问题都是城市改革的主要目标之一,这个问题已经成为近来研究的一个焦点。[1]在中国,处理乞丐问题有两种途径:同情或憎恶。这经常引起类似于他们是否"应该或不应该得到"社会救济的争论。根据卢汉超的研究,这样的改革,其成果很有限。在民国时期,频繁的战争、日寇侵略、饥荒,以及自然灾害,所有这一切都会制造更多的乞丐。尽管慈善组织试图做出减轻这种痛苦的努力,但它们的能力有限。此外,政府的政策缺

---

[1] Zwia lipkin, "Modern Dilemmas: Dealing with Nanjing Beggars"; Kwan Man Bun, "Beggar Gangs in Modern Tianjin: a Discourse on Mendicancy and Strategies of Survival." Both papers presented at the annual meeting of the Association for Asian Studies, 6 April 2002, Washington D.C. Kristin Stapleton, *Civilizing Chengdu: Chinese Urban Reform, 1895–1937*(Cambridge, MA: Harvard University Asia Center, 2000); Di Wang, *Street Culture in Chengdu: Public Space, Urban Commoners, and Local Politics, 1870–1930* (Stanford, CA: Stanford University Press, 2003).

乏持久性，政府的力量经常不足以处理好乞丐事务。对此，卢汉超认为20世纪初期的改革，不管是辛亥革命前，还是辛亥革命后，应该都不能被看作是"标志着乞丐世界发生巨大变化的一个显而易见的里程碑"（第11页）。

卢汉超用一章的篇幅论述了新政权成立之初的乞丐问题。他并不试图探讨关于乞丐问题的各个方面，而把注意力聚焦于毛泽东对于"武训事件"的处理上。武训是19世纪山东的一个乞丐，他把一生的大部分精力都献给了实现其在家乡办学堂的梦想，他的做法受到了社会的广泛赞誉。电影《武训传》公映之后，尽管获得了观众的好评，却受到了毛泽东的严厉批评。毛泽东的批判矛头不仅指向电影本身，而且指向该电影的创作和演职人员。这是人民共和国成立之后对知识分子的第一次打击。

虽然乞丐在社会主义中国从未完全绝迹，不过"不可否认的是，1949年以后的30年里，乞丐在中国的城市里确实比较罕见"（第197页），国家有能力"有效地控制人口从农村向城市的流动"（第197页）。在20世纪50年代初，政府在全国范围内设立了逾600个收容所，以将乞丐从城市撵回乡下。国家还在20世纪50年代中叶设立了严格的城市户籍管理制度，这成了阻止农村人口，特别是乞丐，从乡村涌入城市的最有效的方式。在结论中，卢汉超描绘了一幅近年来乞丐现象重新抬头的图景，并且指出，这是"国家采取了相对温和的政治控制和市场经济"的结果，这也反映出不发达地区的弱势群体"受到了忽视和冷遇"（第198页）。

卢汉超不仅成功地撰写了关于近代中国乞丐的历史，而且绘出了这一特殊社会群体的鲜活生动的日常生活图景。加之该书关于乞丐问题的精辟见解，卢汉超为我们讲述了关于乞丐谋生的绚烂多彩的故事。这本书给我们提供了关于底层百姓及其社会生活环境的更多知识，应该推荐给研究中国的学者、对中国问题感兴趣的学生以及大众读者。

本文系为卢汉超《叫街者：中国乞丐文化史》（Hanchao Lu, *Street Criers : A Cultural History of Chinese Beggars*. Stanford, CA : Stanford University Press, 2005）所写的英文书评，发表于《亚洲研究国际学刊》第5卷第1期（*International Journal of Asian Studies*, vol. 5, no.1, Jun, 2008）。

秘密会社与革命

对中国秘密会社的研究一直受到中国、日本和西方历史学者的巨大关注。他们试图回答的问题是相似的：怎样理解近代中国的革命？它何以成功？对中国秘密会社的研究同样也是热门话题，但中、日及西方学者各有不同的关注点。对中国学者而言，这类研究反映的是他们对当下政治、意识形态和社会问题的关切；而对日本和西方学者而言，相关研究则体现的是他们对中国革命的思考，以及革命如何与中国历史相关联。他们假定，挑战既有体系与权威的秘密会社成了革命的一个因素，并试图通过探索造反与革命间的关联而找到中国革命兴起的推动力。本书成功地将革命与秘密会社两个领域的研究结合在一起，做出了新的贡献。本书的研究继续关注"革命"与"秘密会社"这两个核心概念，分析它们在不同记载和历史时期的含义，以及它们如何相互关联。

本书探究了从清王朝到民国这一巨变时期秘密会社与近现代政治的关系。作者发现，清政府普遍意识到秘密会社的存在。在排满运动期间，革命党人试图招募秘密会社成员加入他们的军队，然而孙江指出，秘密会社的作用被夸大了。实际上，秘密会社在推翻清王朝中的影响主要在于革命党人采用了秘密会社的社会网络。因此革命党人得以在普通民众和军队中扩展他们的组织，以达到夺取满人权力的目标。孙江述及，辛亥革命后的政局有两个事件应仔细考虑：一是一些杰出政治家合法化秘密会社的努力，以及其为何并不成功；二是讨袁运动后，孙中山试图让他的组织退回到秘密会社的形式，并给予其参加"政治革命"的重要意义。他的试验失败了，于是之后他开始相信，秘密会社不是他的革命的"驱动力"（第181页。以下凡只注页码，皆引自本书）。

根据本书，通过跟随反满的脚步，革命者同样利用青帮、红帮的人际网络以接触劳动阶级。然而在革命组织扩张后，由于有着不同的利益，他们更为依赖劳工而非帮派，并逐渐与帮派分离。

相反，蒋介石联合青帮、红帮，在1927年发动"四·一二"反革命政变，许多共产党人及工会领袖遭到处决，共产党人在上海劳动运动中的领导也随之结束。在1920及1930年代的农村革命的讨论中，孙江发现，革命者运用红枪会的力量去推进苏维埃和农民运动。尽管红枪会没能成功地转化为革命力量，但却成为武装革命的重要参与者，这显示出理论与其实践的分离。通过探究革命根据地红军将领们的戏剧性故事，孙江展示了革命兴起与地方社会间的联结与冲突。

本书尝试用一些个案研究来支撑总论，例如陕西北部革命的联系与哥老会的社会网络。通过探究其两次集会，孙分析了党内关于意识形态与革命策略的争论。对于"苏区"以及国民党控制的"白区"内的秘密会社政策，中共运用不同的策略。当兄弟会被编入"苏区"的序列时，中共同样寻求其在"白区"的组织的支持。这一模式影响了抗战期间华北和华中的革命实践。

本书仔细考察了红枪会与八路军的关系，以及其与日军的关系。日军占领华北大部后，曾试图征募红枪会成员；与此同时，八路军也致力于将红枪会纳入其军事基础序列。通过分析红枪会分别与日军及八路军对立这两个案例，作者揭示出这些力量间的复杂关系。孙还发现，新四军采用了秘密会社的网络，以图在战争期间生存和发展。

孙江所做的另一个贡献是他对1949年后如何镇压秘密会社的探究，本书提供了一个在"剿匪"和"镇反"运动期间如何定义和去镇压秘密会社的清晰过程。对秘密会社的镇压成为土地改革、社会重建，以及政治统一的一项重要措施。孙特别关注镇压一贯道的过程，新政权将帮派和宗教组织以及首领和普通成员区别开来，由此对他们施行不同的政策。通过使用强制和思想改造的方法，不仅摧毁了秘密会社的组织，而且剪断了它们的社会网络。许多秘密会社的头目被镇压（第402页）。

总而言之，孙江提供了一个开创性的著作，带我们进入中国社会和政治的内部，并带我们发现前所未见的秘密。基于新的材料和已有材料的重新解读，以及将秘密会社置于社会史的语境之中，孙江重访秘密会社的既有研究，并从革命的角度对它们进行分析。就某种程度而言，在本书出版后，我们会重新看待中国革命史，它打开了理解秘密会社、革命以及中国近代史的窗口。

本文系为孙江《近代中国革命与秘密结社——中国革命的社会史研究，1895—1955》（孙江『近代中国の革命と秘密結社—中国革命の社会史の研究（1895—1955）』東京、汲古書院、2007年）所写的书评，发表于《中国历史评论》第15卷第2期（*Chinese Historical Review*，vol. 15, no. 2, Fall 2008）。

犯罪、惩罚与监狱

英国中国史家冯客（Frank Dikötter）在哥伦比亚大学出版社出版了《近代中国的犯罪、惩罚与监狱》，对中国近代的监狱系统的兴起和发展进行了全面的清理。本书是其继中国近代种族观念（即《近代中国的种族话语》）和性文化（即《中国的性、文化和现代观：民初的医学和性认同的形成》）研究之后的又一力作，[1]再次反映了作者在历史研究中的那种独特的观察问题的眼光和思考问题的方法。

西方学术界对中国法律和司法系统的研究十分重视，例如在20世纪60—70年代卜德（Derk Bodde）和克拉伦斯·莫里斯（Clarence Morris）便出版有《中华帝国的法律：190个清代案例》，另外还有瞿同祖（Ch'u T'ung-tsu）的《传统中国的法与社会》，G.A.海登（G. A. Hayden）的《中世纪中国戏曲中的犯罪与惩罚：三出包公案》等。[2]上世纪90年代，有关研究更加丰富，如杰弗

---

[1] Frank Dikötter, *The Discourse of Race in Modern China*（London：Hurst, 1992）; *Sex, Culture and Modernity in China：Medical Science and the Construction of Sexual identities in the Early Republican Period*（London：Hurst, 1995）.

[2] Derk Bodde and Clarence Morris, *Law in Imperial China：Exemplified by 190 Ch'ing Dynasty Cases*（Harvard University Press, 1967）; Ch'u T'ung-tsu, *Law and Society in Traditional China*（Paris：Mouton, 1965）; G. A. Hayden, *Crime and Punishment in Medieval Chinese Drama：Three Judge Pao Plays*（Cambridge, MA：Council on East Asian Studies, Harvard University, 1978）.

里·麦克科纳克（Geoffrey MacCornack）的《传统中国刑法》，布赖恩·麦克拉特（Brian E. McKnight）的《宋代的法律与秩序》，白凯（Kathryn Bernhardt）和黄宗智（Philip Huang）编的论文集《清代和民国的民法》，以及黄宗智的《中国的民事法：清代的表述与运用》。[1]但是冯客的新著则从一个新的角度——考察中国近代的监狱与惩罚——对中国法律和司法史的研究做出了新贡献。

全书分八章，第一章为导言，第八章为结论，其余六章分为三大部分。第一部分研究1895年至1927年间中国近代刑事系统的产生，其中第二章探讨晚清（1895—1911年）的监狱改良运动，回顾了传统中国的监狱、西方监狱系统对中国的影响，以及第一批模范监狱的出现。第三章把注意力放在民初（1911—1927年）的监狱系统，包括司法部与监狱改革，北洋政府下的北京、奉天、江苏的监狱和惩罚等。

第二部分分析国民党时期（1927—1949年）的犯罪和惩罚理论学说的兴起，其中第四章概括了西方刑法和惩罚学说介绍进中国的过程，讨论了监狱中的工作、性别、少年犯等问题。第五章考察了中国犯罪学的兴起过程以及各种不同认识和观点。

---

[1] Geoffrey MacCornack, *Traditional Chinese Penal Law*（Edinburph: Edinburph University Press, 1990）; Brian E. McKnight, *Law and Order in Sung China*（Cambridge: Cambridge University Press, 1992）; Kathryn Bernhardt and Philip Huang, *Civil Law in Qing and Republican China*（Stanford: Stanford University Press, 1994）; Philip Huang, *Civil Justice in China: Representation and Practice in the Qing*（Stanford: Stanford University Press, 1996）.

第三部分主要探索国民党时期的监狱改革,其中第六章研究南京十年时期的监狱改良,包括这个时期的司法部和刑事管理、监狱规章、地区间监狱系统的区别等。在这一章中,还叙述了犯人的监狱生活,讨论了政治犯、外国人犯等问题。第七章集中研究战时(1937—1949年)的监狱系统,包括这个时期战争造成的监狱被破坏、犯人的释放、战时的监狱改革、战时的红十字会和战俘、日占区的监狱,以及共产党1949年对中国监狱的接管等等问题。

本书的主要贡献是第一次将中国近代监狱系统进行了全面的考察。在晚期中华帝国时期,大多数被定为有罪的犯人都面临罚款、受刑、监禁、流放或处死。作者指出,义和团运动后,清政府把司法改革视为当务之急,这个改革受到英、美、日等国的支持。在1905年之后,行之已久的酷刑被废除。1908年,拟订了一个新的刑法草案。在这样一个时刻,监狱的改革也势在必行。中国的监狱改革运动肇始于晚清新政,辛亥革命后继续发展。

作者考察了北洋军阀在监狱改革方面的动作,提供了当时监狱系统发展的一个大致轮廓。1912年,中国第一个模范监狱——北京第一监狱设立,这个监狱立即成为现代性的标志和维持秩序的一个有力工具。本书的另一个显著特点,是揭示了从1895年到1949年间中国监狱的文化含义之变化,以及监狱的社会作用,通过监狱来考察20世纪上半叶中国社会的剧烈变化。

在这个研究中,作者指出,监狱改革是一个世界现象,并将中国的监狱改革与西方进行了比较。他发现拉丁美洲、俄国、日本、中国、印度的监狱都有其各自的发展进程,用所谓"世界资本主义"或"文化帝国主义"是很难一言以蔽之的(第6页。以下凡只注页码,皆引自本书)。作者认为,历史学家经常指出在近代中国和西方关系的不平等,强调了帝国主义在近代历史中的角色,但通过对中国近代刑事和监狱的研究,显示了西方的入侵不仅造成了治外法权等司法独立的丧失,同时也给了中国改革新机会。新式精英不仅仅是对西方的"冲击"进行"反应",他们还积极地传播了新思想和新技术(第7页)。

作者在本书的一个主要观点是,在中国,监狱是一个现代工具,但却被国家用于维持传统的秩序。这个研究考察了对于改良者所提出的刑事理论,考察犯罪、惩罚和监狱改革之间的复杂关系,揭示监狱在中国是新旧间杂的组织机构。在中国传统的刑法理论中,最基本的理念之一是,惩罚是教育的一部分。在中国,虽然模范监狱的出现是基于改革思想,也是世界范围内司法改革的一部分,但传统的中国,教育、道德和法规也在中间起着重要作用,因而新与旧是相辅相成的,像传统中国一样,监狱仍然是教育的一部分(第9页)。

在民国时期,树立模范非常流行,诸如模范学校、模范村、模范城市等。模范教育不仅是设立学校,而且还建立监狱去规范人们的行为。推行对人们行为进行规范的律令,是确立一个模范社会的一部分。因此作者认为,模范监狱实际是那个所谓"模范社会"的一个缩影。

本书分析了1895年至1949年间中国刑法理论及其运用的变化。作者根据上海和南京的档案资料，第一次揭示了民国时期中国城市、省级以及国家监狱的状况。作者还大量利用了北京市和辽宁省的档案，用以探索民国时期监狱管理的状况。在西方，历史学家已经力图从单纯对监狱的研究转移到对犯人的狱中经历的考察，通过对高墙后面犯人的生活的研究，去研究他们之间以及他们与监狱系统间的复杂关系。本书也注意到对狱警的研究，虽然他们是这个系统的一个重要组成部分，但在过去的中国监狱的有关研究中，则几乎听不到他们的声音。

过去，对于犯人的狱中生活也缺乏研究，但冯客对此进行了认真的探索。从作者的描述中，我们看到了他们在高墙内的处境，包括监狱对他们的防范和管理、衣食、生活条件、做工、改造、教育、逃跑和骚乱现象、犯人的申述、管理人员以及监狱的公共形象、监狱里的疾病与死亡等（第241—289页）。

作者意识到，虽然民国时期关于中国监狱的资料十分丰富，但是仍然存在一些问题，例如，关于军方的监狱资料便十分缺少。虽然作者尽量采用了不同地区的资料，以对全国情况有一个较平衡的论述。例如一方面本书的大多数论述都集中在北京、上海以及那些沿海省份地区，但也选择了像湖南这样的内地省份进行一些个案研究。然而总的看来，本书对中国内陆地区，特别是西部地区研究仍然显得薄弱。

我们知道，19世纪中期以来沿海地区在西方的影响下，政治、经济、社会和文化的变化的确较之内地更为剧烈，但不能就此认为中国西部省份在监狱改革方面无所动作。实际上，在新政时期，中国内陆像全国一样，在各个方面进行着改良。例如四川省在20世纪初便进行了比较全面的对监狱的改造，包括建立对轻罪犯人的迁善所、罪犯习艺所、罪犯学堂以及建模范监狱等。[1]

对中国内陆特别是西部地区的研究，有助于我们对不同地区发展的比较，将有助于我们深入对中国近代的犯罪、惩罚以及监狱这些重要问题的理解。另外，在本书的结构上也有不尽如人意之处，由于作者所要谈论的问题过多，所包括的范围太广，本书显得枝蔓丛生，因此妨碍了对一些重要问题的深入讨论。由于本书的主要部分以1895—1927年和1927—1949年划分为两大时段，各时段又按专题论述，使一些问题纵向线索被打断。当然，我们应当看到，这个研究是基于原始资料的原创性和开拓性探索，存在这样那样的不足是难免的，本书的这些不足并不影响其对近代中国政治、社会和文化研究的重要贡献。

本文系为冯客的《近代中国的犯罪、惩罚与监狱》（Frank Dikötter, *Crime, Punishment and the Prison in Modern China*. New York：Columbia University Press，2002）写的书评，发表于《历史人类学学刊》第2卷第1期。

---

[1] 参见王笛：《跨出封闭的世界：长江上游区域社会研究，1644—1911》，中华书局，1993年，第635—636页。

三、乌托邦、夜生活和城市记忆

进入新世纪以来，在美国学术界出版了若干关于中国城市空间和城市文化的论著，应一些英文杂志的邀请，我为这些杂志撰写了一系列书评，这些论著包括查克·伍德瑞基（Chuck Wooldridge）的《理想城：乌托邦时代的南京》、查理·莫斯格罗夫（Charles D. Musgrove）的《打造中国的首都：南京的建筑、礼仪和回应》、舒衡哲（Vera Schwarcz）的《鸣鹤园的空间与记忆》、姜进（Jin Jiang）的《女扮男装：20 世纪上海越剧和社会变迁》，以及刘雅格（James Farrer）和费嘉炯（Andrew David Field）的《沪上夜景：一个全球都市的夜生活传记》。其中三篇发表在历史学界最权威的《美国历史评论》上，一篇发表在亚洲研究权威杂志《亚洲研究季刊》上，一篇发表在《中国历史学前沿》上。这些著作代表了西方关于中国城市研究的某些新趋势。

劫难后的重建

在 19 世纪，一系列因素，诸如人口增长、政治危机、经济恶化等，再加之清王朝的软弱，为中国造成了"乌托邦的想象"（utopian visions）的时代（第 5 页。以下凡只注页码，皆引自本书）。查克·伍德瑞基的《理想城：乌托邦时代的南京》涉及的时段始于乾隆帝，讫于孙中山和革命党人，但主要集中于 19 世纪，审视了南京这座城市独特的乌托邦运动。本书不仅是对南京城市史的研究，也是对"用政治影响塑造这座城市"（第 20 页）的政治权力与政治人物的考察。空想理念曾经一度在全球流行，是对帝国主义、工业革命以及其他全球化影响的总体反应。本书为乌托邦理念对一个城市的影响，提供了个案研究。

在 19 世纪，南京的政治活动家，运用乌托邦的理念来设计城市的未来。本书通过考察这些理念，提出了关于城市发展的许多重要问题，比如空间与国家权力的关系，19 世纪乌托邦运动广为散播的原因，清政府对此如何回应，"气"如何与中国传统，与中国关于自然的基本观念结合在一起，以及在空间上如何与礼仪及国家权力相关联。

整个中华帝国晚期，南京都是长江中下游地区的中心。有宋一代，南京城市化进程十分迅速，孕育了繁荣的文学团体，南京的乌托邦运动便为新文学发展提供了空间。南京本身也在从清至民国的政治史中扮演了一系列重要的角色。太平天国运动摧毁了南京绝大多数的公共设施，包括经典小说《儒林外史》里所描述的亭台楼阁、客栈、茶肆等。太平天国以后，南京的重建者试图将"南京塑造为一个理想世界的缩影"（第 5 页），通过建筑、诗歌、写史以及典礼等等活动，将乌托邦城市的实践得以表达出来。

实际上在太平天国大灾难之后，曾国藩便根据自己对这个城市的未来的想象，对南京进行了改造，包括书院、祠庙以及衙署的修建，彻底改变了整个城市的面貌。曾的设想是消除天平天国留下的痕迹，并创造一个新的区域行政的中心，同时纪念战争中的死难者。因此，南京的重建是基于曾国藩的意念，那些建筑、活动、文章以及典礼，都帮助塑造了那些重要的历史记忆。纪念死难者成为太平天国后南京最重要的礼仪之一，这一活动是为了创立新的政治和社会秩序。

1912年1月1日南京被确定为新生共和国的首都，孙中山希望将他的政府与清政府区别开来，并限制袁世凯的影响。但袁世凯一旦掌权，便迁都到他的权力基础所在的北京。然而在随后的时间里，当蒋介石重新统一中国后，他再次将都城迁回南京，由此开启"南京十年"的新时期。抗战期间，重庆成为战时首都，而战争一告结束，蒋介石便再次迁都回到南京。

南京城市的规划者试图扮演某种政治的角色，他们想象出一种回归到"古典中描述的那样的和谐世界"，并认为南京应该展示出"达到这一和谐的可能性"（第74页）。国民党用乌托邦运动作为获取政治权力的工具，他们学会了"如何在一个现存的城市布局中构建有意义的空间，如何将这些空间与国家的更宏大的概念相连接，以及如何展示和创造他们的用于庆典的空间"（第178页）。

乌托邦的幻想是一种世界观，也是政治的和都市的意念。精英们越来越多地介入到国家的典礼,并希望建设一个"中华民族共同体的象征性中心"(第177页)。不同的人表达他们不同的远景,比如城市规划者描绘的"乌托邦的世界本性",多根植于中国历史的传统思想,如道教中的"太平"以及《礼记》中的"大同"世界。

对南京城市和乌托邦理想关系的研究,有助于"阐明都市生活与政治权力间的关系"(第14页)。在1980和1990年代,历史学者开始重视城市精英的活动,一些学者运用"公共领域"的概念去分析公共机构及其影响。最近关于中国城市的研究已经提供了一种不同的研究方法,即通过探索物质建筑与文化的空间建构的关系,将19世纪城市生活与政治变迁相关联。本书便是这一研究取向的新成果,通过一个独特视角来展示城市的历史,对一个首都的发展是怎样基于意识形态、理想主义的规划者以及各种典礼活动,提供了一个极好的案例。本书还揭示了一个城市的重建过程如何可以告诉我们丰富的历史,包括其中持续不断的政治权力的斗争。

本文系为查克·伍德瑞基的《理想城:乌托邦时代的南京》(Chuck Wooldridge, *City of Virtues : Nanjing in an Age of Utopian Visions.* Seattle and London : University of Washington Press, 2015)所写的英文书评,原文发表于《美国历史评论》第121卷第5期(*American Historical Review,* vol. 121, no. 5, December 2016)。

塑造模范首都

近年来，对中国城市空间和城市景观，以及它们的政治含义的研究，吸引了一些历史学者的注意，查克·莫斯格罗夫的新书《打造中国的首都：南京的建筑、礼仪和回应》是这一研究倾向的新成果。在1912年中华民国诞生时，南京被选作首都。作为现代化的一个典型，这座城市"重新定义了……现代中国首都的象征性角色"（第262页。以下凡只注页码，皆引自本书）。

莫斯格罗夫考察了南京在1927—1937年间，是如何作为"中国国家地位象征"的，描述了建都的"政治资源"，还揭示了城市规划者与建筑师为建设"全新且现代的国家中心"所施行的程序与措施（第6页）。通过分析南京的重建过程，本书讲述了国民党如何创造"国家认同观念"的。国民党努力塑造了一个模范首都，改善交通和基础设施，创造全新的建筑风格和纪念碑式的空间，并举办党和政府的庆典活动。莫斯格罗夫认为，"国民党构建模范首都的努力，是为成功地培育出现代公民，以达到这个城市人们的期待"（第245页）。

莫斯格罗夫讨论了城市规划、建筑以及礼仪在现代公民中扮演的重要角色。城市规划不但有助于建设现代化的基础设施，还能"合理规划空间，使之更高效地用于发展"（第251页）。通过对首都现代化过程的探究，本书展示了国民政府如何建立新秩序，人们对新的规划如何反应，政府在多大程度上建立其合法性，以及谁才是城市建设过程中的主角等等问题。城市规划者相信，南京将成为"民族国家形象的中心"（第252页），他们希望将这个城市"从一个落后的地方"，转变为"熠熠生辉的中国元素的现代都市"（第18页）。

莫斯格罗夫还分析了新的首都是如何通过国家组织的庆典活动，被用于建立普遍的民族认同的。国民党成功将南京打造为国家的仪式和庆典中心，并创造了一个"新的象征体系"（第256页）。例如中山陵，当国民党"需要一个坚实的具体象征，使其对民族的抽象感情更加真实"时（第127页），中山陵被用作政府最重要的纪念中心。

南京作为首都的塑造，是政治派系、公众争论以及地方利益的产物。莫斯格罗夫的考察触及了城市下层，并揭示了居民如何抵制空间管制的新规，以及人民如何利用首都作为政治活动的舞台。在南京十年中，许多人参与了公共事务。本书讨论了许多典礼活动，并解释了人们为何加入到这样的公共庆典之中。作者还说明了南京建都的过程，是多种不同意见和对话的结果，且强化了"国家的神圣性"（第16页）。这一特性被用于合法化国民政府的统治，建立一个新的集体身份认同，以及实现"在一种意识形态下，但具有广泛执政的合法性"（第55页）。

莫斯格罗夫将历史、建筑、城市规划以及文化研究融合在一起，使读者从新的角度理解近代中国。这是一本研究扎实、表述清晰的书,尽管导语和结论的部分稍有些重复。我希望作者在结论中更多地总结前六章讨论的重要议题,并在建设模范首都、规划的愿景、建筑以及庆典等方面讨论的基础上,进行更为全面的分析,而不是重复导言中的部分观点。

本文是为查理·莫斯格罗夫的《打造中国的首都:南京的建筑、礼仪和回应》(Charles D. Musgrove, *China's Contested Capital: Architecture, Ritual, and Response in Nanjing*. Honolulu: University of Hawaii Press and Hong Kong University Press, 2013)所写的英文书评,发表于《美国历史评论》第119卷第2期(*American Historical Review*, vol. 119, no. 2, April 2014)。

圆明园的诉说

满族亲王绵愉于1830年代在北京西北角修建了鸣鹤园,作为远离尘嚣的僻静处,但在1860年第二次鸦片战争中被英法联军所摧毁。一个世纪后的"文化大革命"期间,这一园址被改造为为北大教授而设的"牛棚"。然而改革开放为这个地方带来了新的变化,这里在1980年代后期被改建为阿瑟·姆·塞克勒考古与艺术博物馆(Arthur Sackler Museum of Art and Archaeology)。舒衡哲(Vera Schwarcz)在本书中认为,这座花园可以"在今天向我们述说",因为"来自遥远过去的声音,仍在继续讲述我们今天的困境"(第1页。以下凡只注页码,皆引自本书)。

这座园子静静地传达着政治纷争与人们苦难的故事,为我们提供了窥见近代中国重大事件的窗口:大清王朝、战争、国民政府、共产主义运动,以及"文革"。读者们会对舒衡哲"将鸣鹤园的理念带出地面并进入历史与语言的领域"(第5页)的尝试感到惊奇,因为作者将景观、文化、政治、社会变革,以及中国长达百年的伤痛巧妙地编排其中,将"将过去带入现代的思考"(第29页)。

尽管书中讨论了许多事件,但舒衡哲主要关注的是两个时段:鸣鹤园被毁坏的1860年代,以及当"文革"爆发的1960年代。然而舒衡哲强调,悲痛的故事不是她做此研究的动力;相反,最使她着迷的是"在有创伤的遗迹中文化复兴的可能性"(第5页)。她在书中展示了一个"事件的流动被重新排序"的空间,这一空间继续"在北京西北部构建历史事件,并赋予其更深的意涵"(第223页)。

因此,本书找回了许多早已遗失的记忆。比如,其中描述了在鸣鹤园废墟上建立起来的燕京大学(校园现在是北京大学的一部分),在1948—1949年转移到新政权的控制之下。当作为燕京大学的创立者以及最后一任驻华大使司徒雷登离开中国时,毛泽东写下了他那篇著名的文章《别了,司徒雷登》(1949年),把超过40年致力于中国教育事业的司徒雷登视为"美国侵略政策彻底失败的象征"(第143页)。

巧合的是,在舒衡哲本书出版的几乎同时,司徒雷登在去世40年后,终于在他出生的杭州入土为安。尽管司徒本人希望被葬在燕京大学的旧址之中,但未获批准,为这段复杂的历史又平添了新的插曲。司徒雷登的骨灰回到中国唤起了沉睡半个多世纪的记忆。中国应当防止类似"文革"这样的悲剧性事件再次发生,作家巴金"呼吁建立一个文革博物馆"(第206页),但是到现在为止,还没有见到付诸行动。

当我阅读这一研究时,有两本书映入脑海:何伟亚(James Hevia)的《英国的课业:19世纪中国的帝国主义教程》(2003年),讨论了第二次鸦片战争期间英法联军对北京的洗劫;以及梅尔清(Tobie Meyer-Fong)的《清初扬州文化》(2003年),其中通过扬州的花园检视了扬州的历史与文化。[1]这两本书所包含的内容应该会引发作者对民族悲剧和历史记忆进一步的讨论,但在舒衡哲本书的参考文献中均未收入。

总体而言,这是一本语言流畅、结构清晰的学术专著,采用了易于被更大读者群接受的写作方式。作者运用了大量的材料,

---

[1] James L. Hevia, *English Lessons: The Pedagogy of Imperialism in Nineteenth-Century China* (Durham: Duke University Press, 2003); Tobie Meyer-Fong, *Building Culture in Early Qing Yangzhou* (Stanford: Stanford University Press, 2003).

包括诗歌、绘画、图像和访谈，以及细致而详尽的描述，使读者置身于历史情境之中：他们被带入过去的时光，思考怎样从历史以及鸣鹤园的记忆中，吸取到经验和教训。

本文是为舒衡哲的《鸣鹤园的空间与记忆》（Vera Schwarcz, *Place and Memory in the Singing Crane Garden*, Philadelphia：University of Pennsylvania Press, 2008）所写的英文书评，发表于《美国历史评论》第 114 卷第 3 期（*American Historical Review*, vol. 114, no. 3, June 2009）。

魔都夜生活

近 20 年来，对中国城市日常生活的学术兴趣有所增长。刘雅格（James Farrer）和费嘉炯（Andrew David Field）的《沪上夜景：一个全球都市的夜生活传记》，就是此新趋势中的又一佳作。其研究的着眼点是从民国时期到后毛泽东时期的上海夜生活，该书基于历史材料和作者的田野调查，提供的故事生动而详细，展示出一幅中国最大城市夜生活的多彩画卷。

作者认为，一座城市"就像一个人"，应该有"一部传记"（第 7 页。以下凡只注页码，皆引自本书）。在某种程度上，正如作者在其书名中表明的那样，他们写的是国际化上海的"传记"或"夜间的"历史,为我们讲述从国民党到共产党时期的上海人,是如何进行他们的夜生活的,这样的生活如何在政治经济变迁中发生改变,以及上海如何成为"日益多样的阶级、年龄、性别、国籍,乃至特殊文化品味"的多元文化大都市(第115页)。

除了1950—1970年代,上海从1920年代开始就成为"一个全球夜生活都市",云集世界各地文化,并将它们"传播至中国各地"(第11页)。夜生活的社交性质催生了"都市亚文化"的许多形式,包括时尚、交际舞以及表演等,夜生活为在艺术、娱乐、交友以及建立社交圈上有共同兴趣的人,提供了聚会的场所。

作者将现代上海的夜生活概括为三个阶段。第一阶段是1920—1930年代,这时期的上海成为世界有名的"爵士乐时代的声色之都",许多舞厅在半殖民地环境下生意兴隆,租界区内的尤其如此。

第二阶段是抗战及随后的革命年代(直到毛的去世)。1937年后的日本军事占领将这种夜生活带至"颓废堕落的新高度"(第7页)。在1940年代后期,国民政府曾尝试对舞厅进行限制,但收效甚微。然而当中共夺取上海后,至1950年代中期已取缔了舞厅行业。

第三阶段始于1980年代,"都市夜生活"再度出现,数以百计的商业舞场在上海散播开来。就像市场经济的普遍复苏那样,舞厅的复兴引发了一场关于"社会主义夜生活"与"资本主义夜生活"问题的辩论(第8页)。在此期间,酒吧、迪斯科舞厅以及夜店日益增多，吸引了大量的消费者，他们拥抱从世界各地引介而来的新式夜生活，这表明上海的国际化都市的特性，与香港、东京、台北是相似的。

本书每一章关注夜生活的某一具体面向，从各个章节中，我们可以看到舞厅是如何发展的，交谊舞文化是如何转变的，以及居住在上海的不同阶层的人们是如何使用和改变夜生活空间的。通过考察像酒吧、舞厅、夜总会这样的地方，作者探索了"大都会夜生活"，把其看作是一种文化与生活方式："超越国界、种族融合、文化多元性质"（第10页），不同社会文化背景的人云集于此。这样的国际都会夜生活文化是与全球化城市的兴起相关联的，这些全球化都市拥有"跨国的资本、人才、货物流动，以及跨境的行政与金融功能"（第11页）。

本书还阐释了饮酒亚文化是如何促成城市的多元文化的发展，揭示了酒吧作为一种社交空间，不但服务于老主顾，还包括音乐家们，是他们将跨国与地方要素结合在一起。作者认为，美国城市中的酒吧"与欧洲来的工人阶级移民的流动相关联"，而上海的酒吧不同，"是与从其他国家来的、乘着国际资本巨浪而来的移民人群相结合"（第89页）。

从本书的研究中我们也可以发现，夜生活可以包含"情色场面"并奉行"情色历险"，与其他世界大都会并无二致（第11、14页）。此外作者还探索了邻居、城市、国家、社会、经济，以及文化间的复杂互动。

总而言之，本书采用了包括社会学和历史学的跨学科方法，读来十分有趣。我唯一的保留意见是，本书基本是描述性的，缺乏与现存的有关学术观点及理论的对话，如公共空间、日常生活以及城市共同体等等问题，与本书主题结合起来进行讨论，都是大有可为的。用平易近人、具有可读性的写法以吸引更大的读者群的做法是可以理解的，但是如果作者能够更好地平衡可读性与学术的深度讨论，将使本书做出更大的学术贡献。尽管有如此的不足，我仍然希望把这本书推荐给任何对中国城市、城市日常生活，特别是都市夜生活研究感兴趣的读者。

> 本文系为刘雅格和费嘉炯的《沪上夜景：一个全球都市的夜生活传记》（James Farrer and Andrew David Field, *Shanghai Nightscapes: A Nocturnal Biography of a Global City*.Chicago and London: The University of Chicago Press, 2015）所写的英文书评，发表于《亚洲研究季刊》第76卷第1期（*Journal of Asian Studies*, vol.76, no.1, February 2017）。

一个女人的世界

越剧是上海地方娱乐活动的一种，历史并不长，发源于19世纪晚期的乡村地区，1930年代成熟于上海。姜进的新书提供了一项越剧的综合研究,从它的乡村起源到都市繁荣,涵盖从男性演员到女性演员的转变,并特别关注女性主义文化与女演员遭遇的诸多困难。姜的分析还拓展到1949年后的时段,以新世纪的越剧命运为结束。

这样的研究会遇到很多挑战,其中之一是历史学家常必须倚赖的文献材料,缺乏女性的记录。因此,姜进做了许多访谈,以倾听女演员的声音,她们中的很多人在1930—1940年代从乡村移居到了上海。姜宣称她并不是在寻求为越剧演员发声,而是去理解她们,并弄清其社会和文化意义。姜还采访了许多当时不同背景的听众(大部分是女性)。然而本书还大量使用了在1980—1990年代出版的地方志。

本书的研究告诉我们,20世纪主要的政治与意识形态革命"促成了越剧的转变"。比如辛亥革命,就"举起了反对清代法律习俗限制女性进入娱乐市场的旗帜"。新文化运动促进了妇女解放以及婚姻自由,为"作为女性剧种的越剧的兴起"创造了环境。正如姜进所指出的那样,越剧的兴起应该被视为"强烈表达这些历史进程中的性别自然的一种现象,而不是文化发展中与时代趋势逆向而行的一个特例"(第251—252页。以下凡只注页码,皆引自本书)。

从本书中我们可以看到,中国城市此时的一个重要发展,就是妇女更多地参与到文化生产与文化消费之中。越剧的发展,作为这一进程中的一部分,凸显了女权文化力量的增长。通过实证研究，姜进揭示了越剧"在近代中国社会的公共文化中，集中地表现了妇女的历史性崛起"(第3页)。从1930年代至1980年代，越剧在上海剧院的大众娱乐最为繁荣的时间里蓬勃发展。"由于爱情故事精炼了越剧的现代审美"，它成了上海的"主导性戏剧种类"(第18页)。

姜进认为，越剧得益于重塑上海文化版图的经济、社会及文化环境。作为中国工商业最为发达的城市，上海创造了大量的中产阶级，包括成为越剧爱好者的白领人才。此外，城市人口中有相当部分才移居上海不久，其中来自宁波和绍兴的人早已是越剧的爱好者。而且上海拥有最多的"新女性"，如工厂工人、学生、教师、中产家庭妇女等等，她们也同样喜爱越剧。

知识分子与政治领袖们将启蒙运动和现代国家建设，视为将妇女从封建压迫中解放的优先事项，以使她们能够适应良母、贤妻、好老师、好工人、好士兵等等的角色需要。然而对于国民党或共产党而言，越剧在政治进程中几乎没有产生任何影响。但是到了1949年后，政府尝试改革越剧，使它成为社会主义娱乐的一种工具。实际上，越剧的全国性影响在1949年后大幅增长，其中两出最著名的越剧保留剧目，即《梁山伯与祝英台》和《红楼梦》，分别诞生于1953年和1962年。在20世纪中叶的上海，经济与社会的发展，以及中产阶级人口的增长，"为现代爱情戏创造了肥沃的繁育土壤"(第18页)，赋予了越剧极大的公众感染力，也使之迎来了最繁荣的时光。尽管造成这一发展的有许多因素，姜进认为毫无疑问的是："人民共和国以及共产革命对女演员从下层阶级成员向社会正式一员的转变发挥了积极的影响"（第257页）。

虽然浪漫爱情故事和情节剧在大众文学与娱乐中占据统治地位，但"它们在总体的文化序列中只占据较低的位置，被精英艺术家和文化鉴赏家轻视为自我放纵"。这一偏见在"时代变了，男女平等"的口号下，也就是"试图让女性更像男性的主张中达到了顶点"（第254页）。因此，在"文革"期间，越剧消失了，它的浪漫故事剧种受到激进左派的批评。

即使在"文革"结束后，当越剧不再面临政治桎梏时，它没有重获太多赖以生存的土壤，反而"开始失去对年轻女性的吸引力"，因为她们"不再拥有她们前辈人所拥有的经历与志向"。她们视越剧为过时且令人尴尬的，是"妇女过去地位低下"的标识（第259页）。此外，"全球化大众娱乐文化"的兴起，经济与社会变革的新浪潮，以及上海市政府限制了流动演出团体谋生能力的条例规定，这些都导致了越剧的衰落。

这本书可以视为近代上海"大众文化的社会史"。确实，本书揭示了妇女是如何进入城市公共生活，性别关系是如何改变的，并探究了"上海文化现代性全貌的重要构成部分"（第5页）。本书还使我们对20世纪城市大众文化和国家政权建设有了新的理解。这是一部研究充分、表达清晰的作品，值得做中国研究的学者乃至任何对中国文化、社会以及政治感兴趣的人去阅读。

本文系为姜进的《女扮男装：20世纪上海越剧和社会变迁》(Jin Jiang, *Women Playing Men: Yue Opera and Social Change in Twentieth-Century Shanghai*. Seattle and London: University of Washington Press, 2009) 所写的英文书评，发表于《中国历史学前沿》第6卷第2期 (*Frontiers of History in China*, vol. 6, no. 2, June 2011)。

四、研究日常也可以回答大问题

最近一些年史学领域对"碎片化"的批评多了起来,特别是对物质文化的研究最容易被人诟病,因为在物质文化的研究中,很难与政治、经济、国家、意识形态等"宏大问题"联系起来。但是王晴佳的这本《筷子:饮食与文化》,对这个争论提供了一个非常有意义的回答:哪怕是研究日常生活,也是可以回答大问题的。

知道王晴佳进行这个课题的研究是 2011 年。剑桥大学出版社请我审查他的关于这个课题研究的计划大纲,写一份出版的可行性报告。当时便觉得这个课题非常有意思,思路很新颖,而且也非常有意义,便向出版社竭力推荐。2014 年,收到出版社寄来的书稿,请我审读,并希望我写一段推荐语。

阅读书稿以后,所学东西甚多。作者过去多做史学理论,这项个案研究,显示了他研究风格的成功转型。由于他过去善于处理宏大的理论问题,当他进行这项相对微观的研究时,能够把视野放得很宽,这是非常难能可贵的。我便为出版社写下了下面这段话:"这是一本非常有可读性、资料丰富的文化史,对于每天在亚洲乃至其他地区有着15亿人使用的用餐工具——筷子,提供了一个完整的历史图景。"

不久前,又收到了三联书店新出版的中文本,嘱我写一个书评。因为对王晴佳的研究我已经比较了解,这次利用读中文版的机会,重温了这本书。这个中文翻译本与英文原版有一定的区别,但是正如晴佳兄在中文版前言中所说的,又补充了不少的中文资料,翻译本比英文原著资料更丰富。于是便边读边写了下面的感想。

从日常发现深层文化

人类学家多年前便开始了对中国饮食文化的研究,如张光直在1977年便主编了一本有关论文集,由耶鲁大学出版社出版。日本学者对筷子的使用,对筷子使用的传统及其在日本文化中的影响进行了多项研究,包括一色八郎、向井由纪子、桥本庆子等。这些学者研究了日本使用筷子的起源和传统、中国古代筷子习俗的形成等。

筷子起源于中国,但是对筷子的研究在中国却是近年来才受到重视,晴佳的这本书无疑是其中最系统、全面和深入的研究成果。这本书从跨文化和比较的角度,对东亚和东南亚的筷子使用的传统进行了系统的描述。作者追溯了筷子的起源,描述了筷子过去两千年的历史,探索亚洲饮食文化变化背景下筷子的重要性,分析筷子的不同风格，以及筷子文化的多样性，描述了筷子在东亚各国的宗教仪式中扮演的角色，分析筷子在政治、历史、文化、文学、传说中的象征意义。

根据考古资料，筷子最初出现在中国是在新石器时代。然而直到公元前4世纪，人们习惯于吃热食时，筷子用于准备和处理食物，开始是用作烹饪工具。勺子是主要的饮食工具，筷子处于次要的地位，由各种材料制成，包括金属、象牙、骨头，但更常见的是竹子和木材，它们价格低廉且易于制作。由于有这种优势，使筷子越来越普及。从10世纪开始，筷子逐渐超过勺成为最常用的餐具。

公元前2世纪至公元10世纪，筷子发生的三次显著变化改变了筷子的使用方式。首先，人们在汉代开始食用小麦面粉食品，用筷子来食用面条、饺子等。在唐朝以后，筷子使食用米饭更方便，筷子最终取代了勺子。筷子的传播，经历了"自下而上"的过程，先在下层社会阶层的人群中，并逐渐被精英阶层所采用。

跨国和跨文化

尽管筷子主要用作取食的工具，但也被用于许多其他场合。因此，筷子在亚洲社会中扮演着各种各样的角色，不仅限于用餐，也作为礼物，还用作宗教、占卜、算命的工具。二战后，当亚洲食品进一步传往亚洲以外的地区时，筷子也成为亚洲食品和文化传统的一种象征。

通过对东亚和东南亚使用筷子的各种方式的比较，王晴佳还讨论了筷子的其他功能，包括在宗教和文化仪式、日常生活中的礼仪。由于各地的饮食文化和烹饪传统不相同，东亚和东南亚的筷子使用者，也发展出不同的方式、习俗和礼节。中国、韩国、越南和日本使用的筷子在形状、材料和长度上，都有不同。

例如，为什么中国使用的筷子往往更长呢？因为自14世纪以来，中国人习惯于在一张大方桌上一起吃饭，长筷子更方便从桌子中央的碗中取菜。而相比之下日本的筷子更短，因为日本人是分食，他们没有必要用长筷子到桌子中央夹菜。

这本书还告诉我们，筷子不仅作为餐具，而且还作为中国文化的象征来展示它们的重要性，例如对宗教仪式和其他活动的意义。筷子也成为一种常见的葬礼物品，因为人们认为，虽然离开了这个世界，死者到阴间的另一个世界也是要吃饭的。

筷子最早出现在中国，后来传到朝鲜半岛、日本和东南亚，因此王晴佳的这本关于筷子的研究，并没有局限在中国，而是扩展到东亚、东南亚乃至更广大的范围，他是从世界历史的视野来观察这个器物的。

例如晴佳描述了东亚和东南亚"筷子文化圈"的形成。不同的人使用筷子作为饮食的工具，也形成了不同的使用方式或风格。早在公元前5世纪中国就在使用筷子，这种用餐工具逐渐传播到中国周边地区。越南似乎在公元前3世纪左右便有使用筷子的记载。到公元 7 世纪后韩国和日本的绘画中,也描绘过筷子。因此,筷子文化圈基本上是在唐代形成的,因为这期间中国、朝鲜、日本人民之间的文化交流十分活跃。所以直到今天,韩国和日本使用筷子的方式,仍然保留着唐朝的传统。

筷子在相当程度上塑造了亚洲饮食文化和社会生活,形成了筷子文化。从远古时代开始,亚洲人的食物消费主要是谷物,中国人开始最常吃的谷物是小米,后来大米后来成为东亚和东南亚的主食。小麦(面粉)的烹饪和食用如做面包、饺子和面条等,都对筷子作为取食工具的作用产生了重大影响。

由于筷子对中国人、日本人、韩国人和泰国人等的重要性,用筷子的人口在世界总人口的比例非常之大,从而筷子的使用几乎传遍了全球,虽然各地区使用筷子人口相差很大。散布于世界各地的中餐、日餐、泰餐馆,以及它们经营的外卖,把筷子的使用进一步普及,即使他们中不少人只在吃中餐、日料、泰餐的时候才使用筷子。因此,筷子在亚洲以外的世界中,具有了象征性的文化意义。

> 本文系为王晴佳《筷子:饮食与文化》(生活·读书·新知三联书店,2019 年)所撰写的书评,发表于 2019 年 6 月 17 日"腾讯大家"。

代结语：
不可能预测历史的未来进程

历史是不可能重复的，也不会再重新呈现一遍，实际上也就是古希腊哲学家赫拉克利特所说的：人不能两次踏进同一条河流。

当我们在谈到研究历史意义的时候，经常说总结历史的经验和教训，找到历史发展的规律。在我从事历史研究的生涯中，也经常考虑这个问题，但是根据我对历史的理解和思考，我的历史观和方法论都不断地告诉我，历史是没有规律的，因此未来的进程也是不可预测的。

历史没有规律，在于它的不可重复性。我想这也是历史学作为人文学，而不是社会科学的原因。有时候我们说"历史科学"，显然是不严谨的，因为如果是科学的话，那么对一个问题的研究，方法是正确的和相同的，就必须得到同样的结论。也即是说，只有能够被反复证明的学说，才能成为科学。

然而，对历史的研究则是不可能验证的，因为它是一个主观的活动，每一个人对历史的理解是不一样的。事实也反复证明了，哪怕是面对同样的研究对象，根据同样的历史资料，运用同样的研究方法，但仍然可能得出不同的结论。按照我们所了解的历史，任何一个历史事件，任何一个历史人物，任何一个历史进程，都不可能是完全相同的。历史是不可能重复的，也不会再重新呈现一遍，实际上也就是古希腊哲学家赫拉克利特所说的：人不能两次踏进同一条河流。

最近读卡尔·波普尔（Karl R. Popper）的《开放社会及其敌人》（The Open Society and Its Enemies），发现了他对历史决定论的批评，这促使我接着又读了他的《历史决定论的贫困》（The Poverty of Historicism），发现原来这些年我所思考和疑惑的问题，其实波普尔早就进行过系统的研究。波普尔的思想进一步帮助我梳理了关于历史没有规律、不可预测的观点。

为什么历史没有规律

所谓的历史有规律、可以预测的说法，其实就是波普尔所批评的历史决定论。因为历史决定论，导致有些人认为，如果我们发现了历史发展的规律，因此历史就是可控的。一些怀着乌托邦思想或者所谓"宏才大略"的人，便有了想要创造历史的冲动。他们可能不顾现实去实施某项所谓伟大的计划，盲目地臆想历史是站在他们一边的。但是他们的追求，往往超出社会的现实，违反社会本身的演化逻辑，按照所谓自认为的"伟大思想"所创造出来的一种模式，而这种模式几乎都是没有验证过的。为了这种

卡尔·波普尔

这个英国哲学家在半个多世纪之前，便深刻指出了开放社会是个体为中心的法治社会，而封闭社会是一个集体主义社会，是人治的社会，乌托邦的社会。他还让我们了解国家的真正的角色，它不应该是阶级压迫的工具，而要改善在经济上处于弱势地位人们的命运。真正的民主是权力的牵制和平衡，自由比平等更为重要。

模式的追求，不惜一切代价，因为他们盲目地相信他们的道路或者计划是唯一正确的。就是哈耶克（F. A. Hayek）在《通往奴役之路》（The Road to Serfdom）第二章的题记所引德国诗人荷尔德林（F. Hoelderlin）的话："总是使得一个国家变成人间地狱的人事，恰恰是人们试图将其变成天堂。"[1]结果对国家和民族乃至无数的个体造成了巨大的悲剧。

寻求所谓的历史规律，即相信历史既然是按照某条道路或者某条线索发展的，就会忽视了对具体情况的仔细分析。对一个国家和民族来讲，每一个抉择都应该分外小心，都必须按当时国家和社会的实际情况，对现实的各种因素仔细考量之后，才能做出决策。但是如果信奉历史决定论，就会忽略甚至不顾当时的各种制约因素，而坚信自己走的是一条历史选择的道路，这可能是非常危险的思维方法。

对波普尔来说，历史发展的轨道是完全可以改变的，所以是无法预言的。为了论证他自己的观点，波普尔总结了五个论题：(1)人类历史的进程受人类知识增长的强烈影响；(2)不可能以合理的或科学的方法来预测科学知识的增长；(3)所以不可能预测人类历史的未来进程；(4)必须摈弃历史是社会科学的可能性，没有一种科学可以作为预测历史的工具；(5)所以历史决定论的基本目的是错误的和不能成立的。

---

[1] 哈耶克：《通往奴役之路》，王明毅等译，中国社会科学出版社，1997年。

何兆武先生曾发表了《评波普〈历史主义的贫困〉》(《社会科学战线》2011年第4期,不同的书名翻译,实际上就是《历史决定论的贫困》),总结出五条论纲的中心思想是:人类总是在不断地获得知识,然而知识的增长其本身却并无规律可循,所以预言就是不可能的。何先生评价波普尔的这个论证逻辑时指出,在这五条基本论纲中,第一条是常识,他认为"一般地似可以接受"。但是他认为第二条是站不住脚的,不同意人类知识的进步无法预言或预测。他认为由于第二条不成立,则第三、四、五条便失去了基础。

历史事件没有确定性

我同意何兆武先生对波普尔的论证中心思想的概括,但是不同意他对波普尔的逻辑和结论的评论。我认为,科学发展到今天的一切事实,都证明了波普尔的第二条是正确的。科学的发展,先是有假说,然后得到论证,但是有非常多的假说最后得不到证明,或者证明是错误的。科学的发展,经常并不是逻辑的结果,而是一种机遇,一种偶然的发现,而且经常这种发现是意想之外的巧合,甚至是运气。那不是必然的结果。哪怕有很多科学研究的成果,是按照既定的研究路径得到的,但是同样也存在非常多的在人预测和认识的范围之外。所以说,"不可能以合理的或科学的方法来预测科学知识的增长"的论断是成立的。

这里，我还想从另外一个角度来看这个结论。波普尔是从科学研究的角度来论证他的观点，我想从历史本身的逻辑来阐发：历史之所以没有规律和不可预测，是因为任何历史都可能受到各种因素的影响，无论是大的还是小的影响，甚至一个非常偶然的小事情，就可能改变历史。我们可以想象，在美国2011年5月2日猎杀本·拉登的那次特别行动中，如果任何一个操作的失误，如直升机的故障、飞行员的误差、一阵风、一声狗叫、一个突击队员脚上踢到一个什么东西发出了响动，或者是绊了一跤，等等无穷无尽的意想不到的因素，都可能影响到这次行动的成败。实际上一架黑鹰直升机便是因为气流扰动机尾造成撞击院墙而被毁坏，只是奇迹般的没有人员因此受伤。我们还可以看到在历史上非常多的因为气候的影响，如下雨或下雪，或海上的风浪太大，或一念之差，或者早上睡过了头，或者拉肚子多上了一趟厕所……就可能改变了他本人的命运或者一个大事件的结局。这不是历史的悲观论，而是历史的复杂性和不确定性。

其实我在1980年代一次历史考察中，就发现过这样的事例。太平天国的首领石达开，率部于1862年5月14日早上到达大渡河的时候，对面没有清军，如果他当时渡河，是完全有时间的。结果因为他的小妾生了儿子，为了庆祝，决定当天不渡河，但是没有想到的是当天晚上大雨倾盆，第二天河水暴涨，只好等着雨停水小的时候渡河，但是错过了最关键的时机。后有追兵，而清军也已到了对岸,最后他被困在大渡河边一个叫紫打地的地方。就是因为没有在到达的那一天渡过大渡河,就导致了他全军覆没的命运[1]。

历史可以重复吗

波普尔认为,历史实际上就像一个有机体。"在生物学中,我们能够谈论某种有机体的生活史,因为有机体部分地受过去事件的制约。"而这个有机体,就像人的身体一样,是在不断的变化之中。所以在哲学上看,"这正是为什么重复事件的经验不是原来事件的经验之故"。实际上对于有机体来说,"重复的经验"变成了新的经验。所以,"被观察事件的重复可能相当于观察者产生了新的经验。由于重复形成了新的习惯,因而产生了新的习惯条件。"

因此,对同一个有机体的重复实验,"不可能十分相似",因此就不是"真正的重复"。哪怕环境条件没有变化,有机体中内部也出现了新因素或者新条件,"因为有机体从经验中"得到了学习。所以,"在社会历史中真正的重复是不可能的"。通过对历史的分析,我们"也许能够发现和直观地理解,任何特定的事件如何发生和为什么发生",理解其"原因和结果",然而我们仍然

---

[1] 见何雅伦、王笛:《石达开覆没大渡河考察记》,《四川大学学报》1986年第4期。

"不能提出普遍规律",因为我们所面临的"可能是独一无二的社会现象",它们"也许在这种特定的社会境况中只出现一次,而不再出现"。

按照波普尔的分析,当我们看待历史的时候,其实就是在观察者与被观察者之间、主体和客体之间,它们是"充分的而复杂的相互作用"。哪怕我们觉察到一些可能产生的倾向,然而"预测本身可能影响被预测事件",这就很可能"对预测的内容有反作用",并且这些反作用可能"严重损害预测的客观性"。波普尔指出,在极端的情况下,它甚至可以引起它所预测的事件。这个观点从中国所经历的"十年浩劫"的原因来看,就是一个非常好的证明。当时中国的最高领导人认为,中国有可能走向资本主义,因此要防备,所以发动了"文革"。用波普尔的话来说,"如果没有预测该事件,也许它本来就根本不会发生。"所以历史决定论是有害的,因为信奉者会认为,既然是有规律的,就一定会向某个方向发展。因此他们会积极地参与"帮助产生新的社会时期"。因此在实践中,就难免为了他们心中的理想,而不顾实际的客观条件而莽撞行事。

一定的社会条件是随着历史时期的改变而改变的,历史学家在理解某些记载时,会遇到一些困难,他们发现一些事实的错误,或者解释的错误,但是这些问题在历史决定论者心目中,不过只是"在我们的思想实验中预期的结果和实际的结果之间的矛盾罢了"。如果能够反复试验,那么就可以提高"我们解释新遇到的社会条件的能力",就可以用于对普遍规律的检验。如果因此认为"因果联系从根本上说是由规律决定的",则是根本站不住脚的。

当对典型事件进行历史解释时,"这些事件必定被视为典型的,是属于某种或某类事件的。因为只有这样才能应用演绎的因果解释方法。"然而,历史学不但要对特定事件进行解释,也关心"对特定事件本身的描述"。波普尔说,"历史学的一个极重要任务无疑是去描述令人感兴趣的那些特殊的或独有的事情。"例如没有因果联系的几个事件"偶然"同时发生,那么历史学的任务,就是要去弄清这些因果联系发生联结的"偶然"情况,它们"都是必要的又是相互补充的"。而且,典型和独一无二,也是可以同时存在的,按照波普尔的说法:"一个事件有时可以被视为典型的",但是从它的因果解释的角度来看,"有时又可以被视为独一无二的"。

有所谓的总体史吗

历史学家还醉心于写整体史(或者总体史),但是波普尔认为真正的"总体"是不存在的,他批评总体论(holism),指出要想"建立和指导整个社会体系并规划全部社会生活"是不可能的,无所不包的历史是写不出来的,任何写出来的历史,都只是"总体"某方面的历史。他批评那种"假定可以通过发现隐藏在历史演变下面"的"模式"或者"规律"。

波普尔在《开放社会及其敌人》也阐述过这个问题，他指出历史决定论是探讨社会科学的一种方法，它假定历史预测是社会科学的主要目的。他不同意"历史"是一个不言自明的概念，所以"大多数人所说的那种意义上的'历史'根本就不存在"。那么，大部分人是如何理解"历史"这个词的呢？波普尔认为，其实他们所指的是"政治权力的历史"。但是，政治权力的历史不过是历史的其中之一。政治权力被看成就是历史的全部，其实是"这是对一切得体的人类概念的冒犯"。普遍的历史是不存在的，"这种具体的历史是写不出来的。"他认为，历史决定论（或者历史主义）就是权力崇拜，"权力崇拜是人类最坏的一种偶像崇拜"[1]。

波普尔在《历史决定论的贫困》中进一步指出，历史决定论者认为，科学预测必须以规律为根据，所以可以对社会变革进行预报，对此可以以历史规律为根据。但是问题在于，我们不能认为对社会的认识，可以"在整个空间和时间中始终有效"，其实哪怕对社会最准确的认识，也不过是"只适用于某种文化时期或历史时期"。因此如果真有"任何真正的社会规律的话"，那就必须是"普遍"有效的，适用于整个人类的历史，而且"包括它的一切时期，而不是仅适用于某些时期"。显然，这样的规律是没有可能的，也是永远不存在的。

何兆武先生试图为历史学的整体史辩护："的确，我们并不

---

[1] 见K. R.波普尔：《开放社会及其敌人》，郑一明等译，中国社会科学出版社，1999年。

能观察或描写世界的全貌，因而历史书的描写总是有选择的、有局限的。然而这个选择，对于历史学家却并非随意的。他所选择的应该是那些最足以表明历史精神的东西。他之略去许多东西，恰好是有助于表现他所要表现的东西。"（《评波普尔〈历史主义的贫困〉》）我赞同何先生这里说的历史学的研究对象总是有选择的，那么这不就正好证明了波普尔的观点吗？也就是说，任何历史的研究都舍去了绝大部分的东西；省去了大部分内容的历史，怎么可能称之为整体史呢？

其实在我看来，正是因为这种整体史的观念根深蒂固，才造成了不少中西学者对所谓历史研究碎片化的批评。这些批评者，几乎都相信有一种所谓整体史的存在。其实，这种整体史，后面有着一整套宏大叙事和政治议程。例如，法国历史学家弗朗索瓦·多斯（Francois Dosse）批判了从法国年鉴学派以来的几乎所有的代表性历史学家，把他们的历史研究视为碎片化的历史学。多斯表达了非常明确的政治意念，认为"我们的现代社会缺乏计划"，因而陷入了一种危机。但是在自由主义经济学家哈耶克看来，正是计划把社会引向了奴役之路。

在上个世纪七八十年代，在法国便出现了一个公众对历史关注的高潮，这也是由于年鉴学派、新文化史、微观史等历史学家不断努力的结果。人们参加各种关于历史的讨论会，观看和收听关于历史的电视和广播。根据一项调查，50%以上被调查的法国人拥有历史题材的图书。但是，多斯显然非常不满历史研究的现状,批评历史学界"抛弃了重大时刻,转而关注小人物的日常记忆",对人们谈论村庄、妇女、移民和边缘人群等等也是很不以为然。

他认为法国革命还没有结束,还要继续革命,按照他自己的说法:"革命的火焰从未完全熄灭,所以才有人致力于把革命之火从历史上彻底平息。"也就是说在他看来,这其实是两种政治的斗争,"一边是企图埋葬革命以维护自身特权的人;另一边是主张建设一个公正世界的人。"所以他最后的结论是"法国大革命并没有结束"[1]。但是我想问的是,在现实社会中,存在不关注普通人及其命运的"公正世界"吗?

不要幻想创造历史

当我想到所谓整体历史的时候,在我的脑海里就会浮现出这样一个画面:帝王或者英雄站在高高的山巅上,俯瞰整个大地,为自己马上要创造历史,而心潮澎湃,豪情万丈。极目望去,在他的眼中,是乌泱泱的人海,芸芸众生,小如蝼蚁。对他来说,面对这样的人海,多一个不多,少一个也不少,个体在这里已经失去了意义;个体的命运,在这里是无关大局的;芸芸众生之间,是没有区别的,甚至看不清他们的面孔。他们变成了一种我们称

---

[1] 见弗朗索瓦·多斯:《碎片化的历史学——从〈年鉴〉到"新史学"》,马胜利译,北京大学出版社,2008年。

之为的"群体""群众"或者"人民"这样的概念。他们没有自己的故事,也没有自己的历史,当然也就没有自己的未来。如果这些芸芸众生为了帝王或者英雄所谓的"宏大事业"而死去,就无声无息地化为了尘土。在宏大的历史叙事中,个体是整体完全可以忽视的东西,这就是整体史的本质。

在历史上,有许多手握生杀大权的人,相信他们是按照历史的规律行事,因此就可以达到预设的任何目的。哪怕在许多人看来,那都是无稽之谈,但是他们仍然执着地坚持自己那种所谓的"自信"。因此在我看来,历史决定论不仅仅是一个历史哲学的问题,实际上是一个现实的问题。我们过去经常说的"时代潮流,浩浩荡荡",个人的命运就经常坠入了这个潮流之中,命运就交给了其他人来做决定。小人物能否生存下去,全凭决定他们命运的人的一点恻隐之心。

那些手握权力的人,其实都有他们想象的乌托邦。对此波普尔也有深刻的讨论,他甚至认为整体主义就是一种乌托邦,整体主义者事先就"一口咬定彻底改造是可能的和必然的",这使得乌托邦主义者经常违背科学方法的原则,"用社会建构的手段来控制人的因素"。因此,波普尔认为,整体主义的方法是"与真正的科学态度是不相容的"。更可怕的是,整体主义者"还企图把我们的社会作为一个整体来控制和改造"。他们的信念是"国家的权力必须扩大,直到它和社会几乎合而为一为止",这种思路就难免走向了权力可以决定一切,因为他们要达到"全面控制的乌托邦梦想"。而乌托邦的梦想，在世界上所造成的灾难，现在有许多还历历在目，是不能轻易地被忘却的。

当我们相信历史决定论，便会相信未来是按照某种规律向前发展的，实际上就是停止了独立的思考，停止了对未来的探索，把命运交给了那些被认为可以实现那些规律的人手中。我们会盲从一种理论，或者盲从一种学说，拒绝思考这种理论和学说是否能回答我们生活世界的问题。这里我想说的是，每一个人在历史中都会扮演一个角色，对历史多多少少发生影响，不应该逆来顺受地一切听从政治权力的指挥。对于历史研究者来说，最好放弃发现历史规律和写出整体历史的雄心壮志，历史是个体的，是复杂的，是丰富多彩的，又是变幻莫测的。总之，我们要认真地对待历史，但是不要人为地去幻想创造历史。

本章写于2022年5月，专为本书所写，尚没有在任何地方发表过。引文除特别注明者，皆来自卡尔·波普尔《历史决定论的贫困》（杜汝楫、邱仁宗译，上海人民出版社，2009年）。

征引文献

这里所列都是在本书中提到的书籍和论文。由于提到的文献太多,所以并没有全部包括在这个目录中。中文资料(包括翻译)按作者的姓名拼音排列,如果是外国人名,按照姓(last name)排列。

一、中文

罗斯玛丽·阿什顿:《大恶臭:1858伦敦酷夏》,乔修峰译,东方出版社,2019年。

凯瑟琳·阿诺德:《1918年之疫:被流感改变的世界》,田奥译,上海教育出版社,2019年。

巴金:《家》《春》《秋》,人民文学出版社,2018年。

斯文·贝克特:《棉花帝国:一部资本主义全球史》,徐轶杰、杨燕译,民主与建设出版社,2019年。

丹尼尔·比尔:《死屋:沙皇统治时期的西伯利亚流放制度》,

孔俐颖译,四川文艺出版社,2019年。

卡尔·波普尔:《开放社会及其敌人》,郑一明等译,中国社会科学出版社,1999年。

卡尔·波普尔:《历史决定论的贫困》,杜汝楫、邱仁宗译,上海人民出版社,2009年。

雅可布·布洛诺夫斯基:《人之上升》,任远、王笛、邝惠译,四川人民出版社,1988年。

赛珍珠:《大地三部曲》,王逢振等译,人民文学出版社,2010年。

阿尔贝·加缪:《鼠疫》,刘方译,上海译文出版社,2013年。

陈丹燕:《上海的红颜遗事》《上海的风花雪月》《上海的金枝玉叶》,上海文艺出版社,2015年。

陈锋:《清代的盐政与盐税》,武汉大学出版社,2013年。

陈寅恪:《元白诗笺证稿》,清华印书馆,1950年。

陈寅恪:《论再生缘》,地平线出版社,1970年。

陈寅恪:《柳如是别传》,上海三联书店,2001年。

埃德温·丁格尔:《辛亥革命目击记——〈大陆报〉特派员的现场报道》,刘丰祥等译,中国青年出版社,2002年。

凯特琳·道蒂:《好好告别:关于死亡你不敢知道却应该知道的一切》,崔倩倩译,中国友谊出版公司,2019年。

董时进:《两户人家》,学林出版社,2012年。

弗朗索瓦·多斯:《碎片化的历史学——从〈年鉴〉到"新

史学"》,马胜利译,北京大学出版社,2008年。

凯瑟琳·埃班:《仿制药的真相》,高天羽译,民主与建设出版社,2020年。

费孝通:《中国绅士》,中国社会科学出版社,2006年。

埃莱娜·费兰特:《我的天才女友:那不勒斯四部曲》,陈英译,人民文学出版社,2017年。

保罗·法兰奇:《午夜北平》,蓝莹译,社会科学文献出版社,2019年。

郭建龙:《汴京之围:北宋末年的外交、战争和人》,天地出版社,2019年。

何炳棣:《读史阅世六十年》,中华书局,2012年。

金宇澄:《繁花》,上海文艺出版社,2014年。

林·亨特:《法国大革命中的政治、文化和阶级》,汪珍珠译,华东师范大学出版社,2011年。

林·亨特:《新文化史》,姜进译,华东师范大学出版社,2011年。

阿莉·拉塞尔·霍赫希尔德:《故土的陌生人:美国保守派的愤怒与哀痛》,夏凡译,社会科学文献出版社,2020年。

胡嘉明、张劼颖:《废品生活:垃圾场的经济、社群与空间》,生活·读书·新知三联书店,2019年。

胡绳:《从鸦片战争到五四运动》,人民出版社,1998年。

胡绳:《帝国主义与中国政治》,人民出版社,1996年。

胡适:《红楼梦考证》,北京出版社,2016年。

黄仁宇:《万历十五年》,中华书局,2014年。

黄仁宇:《黄河青山》,生活·读书·新知三联书店,2015年。

塞缪尔·P.亨廷顿:《变化社会中的政治秩序》,王冠华、刘为等译,生活·读书·新知三联书店,1989年。

姜鸣:《却将谈笑洗苍凉:晚清的政局和人物三编》,生活·读书·新知三联书店,2020年。

金冲及、胡绳武:《辛亥革命史稿》,上海辞书出版社,2011年。

卡洛·金茨堡:《奶酪与蛆虫:一个16世纪磨坊主的宇宙》,鲁伊译,广西师范大学出版社,2021年。

约翰·卡雷鲁:《坏血:一个硅谷巨头的秘密与谎言》,成起宏译,北京联合出版公司,2019年。

石黑一雄:《长日将尽》,冯涛译,上海译文出版社,2018年。

斯蒂芬妮·兰德:《女佣的故事:我只想让我女儿有个家》,孟雨慧译,北京联合出版公司,2020年。

拉铁摩尔:《中国的亚洲内陆边疆》,唐晓峰译,江苏人民出版社,2008年。

埃马纽埃尔·勒华拉杜里:《蒙塔尤》,许明龙、马胜利译,商务印书馆,2007年。

李洱:《应物兄》,人民文学出版社,2018年。

李劼人:《死水微澜》,人民文学出版社,2000年。

李劼人:《暴风雨前》,人民文学出版社,1997年。

李劼人:《大波》,人民文学出版社,2005年。

刘大鹏:《退想斋日记》,北京师范大学出版社,2020年。

路桂军:《见证生命,见证爱》,广西师范大学出版社,2020年。

路遥:《平凡的世界》,人民文学出版社,2005年。

路遥:《早晨从中午开始》,十月文艺出版社,2012年。

孔飞力:《叫魂:1768年中国妖术大恐慌》,陈兼、刘昶译,生活·读书·新知三联书店,2012年。

萨拉·罗斯:《茶叶大盗:改变世界史的中国茶》,社会科学文献出版社,2015年。

罗威廉:《驳"静止论"》,收入张芝联、成崇德等编:《中英通使二百周年学术讨论会论文集》,中国社会科学出版社,1996年。

马伯庸:《显微镜下的大明》,湖南文艺出版社,2019年。

戴伦·麦加维:《英国下层阶级的愤怒》,曹聿非译,新星出版社,2019年。

加西亚·马尔克斯:《百年孤独》,黄锦炎、沈国正、陈泉译,上海译文出版社,1984年。

莫言:《生死疲劳》,作家出版社,2012年。

莫伊塞斯·贝拉斯克斯-曼诺夫:《过敏大流行:微生物的消失与免疫系统的永恒之战》,李黎、丁立松译,生活·读书·新知三联书店,2019年。

理查德·劳埃德·帕里:《巨浪下的小学》,尹楠译,文汇出版社,2019年。

齐邦媛:《巨流河》,生活·读书·新知三联书店,2010年。

钱锁桥:《林语堂传》,广西师范大学出版社,2019年。

马特·里克特:《优雅的守卫者:人类免疫系统的故事》,秦琪凯译,林之校,中信出版社,2020年。

詹姆斯·赖森:《美国的代价》,张亮译,世界知识出版社,2019年。

彭慕兰:《大分流:欧洲、中国及现代世界经济的发展》,史建云译,江苏人民出版社,2004年。

斯泰西·希夫:《猎巫:塞勒姆1692》,浦雨蝶、梁吉译,文汇出版社,2020年。

沈艾娣:《传教士的诅咒》,香港中文大学出版社,2021年。

沙汀:《在其香居茶馆里》,四川文艺出版社,2018年。

实藤惠秀:《中国人留学日本史》,谭汝谦、林启彦译,生活·读书·新知三联书店,1983年。

史景迁:《王氏之死:大历史背后的小人物命运》,李孝恺译,广西师范大学出版社,2011年。

孙骁骥:《购物凶猛:20世纪中国消费史》,东方出版社,2019年。

斯泰西·希夫:《猎巫:塞勒姆1692》,文汇出版社,2020年。

罗兰·N.斯特龙伯格:《毁灭与重塑——20世纪的欧洲》,现代出版社,2022年。

扬·斯瓦福德:《贝多芬传:磨难与辉煌》,韩应潮译,浙江大学出版社,2020年。

巴巴拉·塔奇曼：《史迪威与美国在中国的经验，1911—1945》，中信出版社，2015年。

托克维尔：《旧制度与大革命》，冯棠译，商务印书馆，1997年。

托克维尔：《论美国的民主》，董果良译，商务印书馆，1991年。

加亚·文斯：《人类进化史》，贾青青等译，中信出版社，2021年。

王晴佳：《筷子：饮食与文化》，生活·读书·新知三联书店，2019年。

王希、姚平编：《在美国发现历史——留美历史学人反思录》，北京大学出版社，2010年。

王元崇：《中美相遇：大国外交与晚清兴衰（1784—1911）》，文汇出版社，2021年。

丽贝卡·韦斯特：《黑羊与灰鹰：巴尔干六百年，一次苦难与希望的探索之旅》，向洪全、奉霞、陈丹杰译，中信出版社，2019年。

魏特夫：《东方专制主义》，徐式谷、奚瑞森、邹如山译，中国社会科学出版社，1989年。

塔拉·韦斯特弗：《你当像鸟飞往你的山》，任爱红译，南海出版公司，2019年。

王笛：《近年美国关于近代中国城市的研究》，《历史研究》1996年第1期。

王笛：《新文化史、微观史和大众文化史——西方有关成果及其对中国史研究的影响》，《近代史研究》2009年第1期。

项飙、吴琦:《把自己作为方法:与项飙谈话》,上海文艺出版社,2020年。

谢健:《帝国之裘:清朝的山珍、禁地以及自然边疆》,关康译,北京大学出版社,2019年。

许知远:《青年变革者:梁启超(1873—1898)》,上海人民出版社,2019年。

余华:《活着》,作家出版社,2012年。

杨本芬:《秋园》,北京联合出版公司,2020年。

叶兆言:《南京传》,译林出版社,2019年。

袁凌:《寂静的孩子》,中信出版社,2019年。

中国医学科学院流行病学微生物学研究所:《中国鼠疫流行史》,1981年。

二、英文

Anderson, Benedict. *Imagined Communities : Reflections on the Origin and Spread of Nationalism*. London and New York : Verso, 1983.

Arendt, Hannah. *The Origins of Totalitarianism*. Berlin : Schocken Books, 1951.

Averill, Stephen C. *Revolution in the Highlands : China's Jinggangshan Base Area*. Lanham, MD : Rowman and Littlefield, 2006.

Beckert, Sven. *Empire of Cotton: A Global History*. New York: Penguin Books, 2014.

Benedict, Carol. *Bubonic Plague in Nineteenth-Century China*. Stanford: Stanford University Press, 1996.

Bernhardt, Kathryn and Philip C. C. Huang, ed. *Civil Law in Qing and Republican China*. Stanford University Press, 1994.

Black, C. E. *The Dynamics of Modernization—A Study in Comparative History*. New York: Harper & Row, 1967.

Bodde, Derk and Morris, Clarence. *Law in Imperial China: Exemplified by 190 Ch'ing Dynasty Cases*. Harvard University Press, 1967.

Braudel, Fernand. *The Mediterranean and the Mediterranean World in the Age of Philip II*. New York: Harper & Row, 1972.

Burckhardt, Jacob. *The Civilization of the Renaissance in Italy*. Penguin Classics; Reissue edition, 1990. Trans. Sian Reynolds. New York: Harper & Row, 1972-1973.

Burke, Peter. *What Is Cultural History*? Second edition. Cambridge, UK: Polity, 2008.

Capote, Truman. *In Cold Blood: A True Account of a*

Multiple Murder and Its Consequences. New York : Random House, 1966.

Davis, Natalie Zemon. *The Return of Martin Guerre.* Cambridge, MA : Harvard University Press, 1984.

Davis, Natalie Zemon. *Fiction in the Archives : Pardon Tales and their Tellers in Sixteenth Century France.* Stanford, California : Stanford University Press, 1987.

Darnton, Robert. *The Great Cat Massacre and Other Episodes in French Cultural History.* New York : Vintage Books, 1985.

Duara, Prasenjit. *Culture, Power, and the State : Rural North China, 1900-1942.* Stanford : Stanford University Press, 1989.

Ginzburg, Carlo. *The Cheese and the Worms : The Cosmos of a Sixteenth-Century Miller.* Trans. John and Anne Tedeschi. New York : Penguin Books, 1982.

Gluck, Carol. *Japan's Modern Myths : Ideology in the late Meiji Period.* Princeton : Princeton University Press, 1985.

Gramsci, Antonio. *Selections from the Prison Notebooks.* Ed. Joseph A. Buttigieg ; trans. Joseph A. Buttigieg and Antonio Callari. 5th edition. New York : Columbia University

Press, 1992.

Guha, Ranajit. *A Subaltern Studies Reader, 1986-1995.* Minneapolis : University of Minnesota Press, 1997.

Hall, David and L. Roger T. Ames, *The Democracy of the Dead : Dewey, Confucius, and the Hope for Democracy in China.* Chicago : Open Court, 1999.

Harrison, Henrietta. *The Man Awakened from Dreams : One Man's Life in a North China Village, 1857-1942.* Stanford : Stanford University Press, 2005.

Harrison, Henrietta. *The Missionary's Curse and Other Tales from a Chinese Catholic Village.* Berkeley : University of California Press.

Hayek, Friedrich. *The Road to Serfdom.* Chicago : University of Chicago Press, 1944.

Hessler, Peter. *River Town : Two Years on the Yangtze.* New York : Harper Perennial, 2006.

Hessler, Peter. *Oracle Bones : A Journey Through Time in China.* New York : Harper Perennial, 2007.

Hobsbawm, Eric. *Primitive Rebels : Studies in Archaic Forms of Social Movement in the 19th and 20th Centuries.* New York : Frederick A. Praeger, Publisher, 1959.

Hobsbawm, Eric. "Introduction : Inventing Traditions,"

1-14 in Eric Hobsbawm and Terence Ranger eds., *The Invention of Tradition*. Cambridge: Cambridge University Press, 1983.

Huang, Philip C. C. *The Peasant Family and Rural Development in the Yangzi Delta*, 1350-1988. Stanford: Stanford University Press, 1990.

Huang, Philip C. C. *Civil Justice in China: Representation and Practice in the Qing*. Stanford: Stanford University Press, 1996.

Huang, Philip C. C. *Civil Justice in China: Representation and Practice in the Qing*. Stanford University Press, 1996.

Hucker, Charles O. *A Dictionary of Official Titles in Imperial China*. Stanford: Stanford University Press, 1985.

Hucker, Charles O. *China's Imperial Past: An Introduction to Chinese History and Culture*. Stanford: Stanford University Press, 1996.

Huizinga, Johan. *Autumn of the Middle Ages*. Trans. Rodney J. Payton and Ulrich Mammitzsch. Chicago: University of Chicago Press, 1997.

Hunt, Lynn A. *Revolution and Urban Politics in Provincial France: Troyes and Reims, 1786—1790*. Stanford: Stanford University Press, 1978.

Hunt, Lynn A. *Politics, Culture, and Class in the French Revolution*. Berkeley and Los Angeles : University of California Press, 1984.

Hunt, Lynn A. ed. *The New Cultural History*. Berkeley and Los Angeles : University of California Press, 1989.

Hunt, Lynn A. *The Family Romance of the French Revolution*. Berkeley : University of California Press, 1992.

Jacobs, Jane. *The Death and Life of Great American Cities*. New York : Random House, 1961.

Kuhn, Philip. *Soulstealers : The Chinese Sorcery Scare of 1768*. Cambridge, MA : Harvard University Press, 1989.

Ladurie, Emmanuel. *Montaillou : The Promised Land of Error*. Trans. Barbara Bray. Yew York : G. Braziller, 1978.

Meyer-Fong, Tobie. *What Remains : Coming to Terms with Civil War in 19th Century China*. Stanford : Stanford University Press, 2013.

Mumford, Lewis. *The Culture of Cities*. New York, Harcourt, Brace and Co, 1938.

Mumford, Lewis. *The City in History : Its Origins, Its Transformations, and Its Prospects*. San Diego, CA : Harcourt, Brace and World, 1961.

Orwell, George. *Animal Farm : A Fairy Story*. London :

Secker & Warburg, 1945.

Orwell, George. *1984*. London: Secker & Warburg, 1949.

Rose, Sarah. *For All the Tea in China: How England Stole the World's Favorite Drink and Changed History*. New York: Penguin Books, 2011.

Rowe, William T. *Hankow: Commerce and Society in a Chinese City, 1796–1889*. Stanford: Stanford University Press, 1984.

Rowe, William T. *Hankow: Conflict and Community in a Chinese City, 1796–1895*. Stanford: Stanford University Press, 1989.

Rowe, William T. *Crimson Rain: Seven Centuries of Violence in a Chinese County*. Stanford: Stanford University Press, 2007.

Ryan, Cornelius. *The Longest Day*. New York: Simon & Schuster, 1959.

Sahlins, Marshall. *Islands of History*. Chicago: University of Chicago Press, 1985.

Said, Edward W. *Orientalism*. New York: Pantheon Books, 1978.

Scott, James. *Weapons of the Weak: Everyday Forms of Peasant Resistance*. New Haven: Yale University Press, 1985.

Skinner, G. William. *The City in Late Imperial China.* Stanford: Stanford University Press, 1977.

Spence, Jonathan. *Death of Woman Wang.* New York: Viking Press, 1978.

Szonyi, Michael. *The Art of Being Governed: Everyday Politics in Late Imperial China.* Princeton: Princeton University Press, 2017.

Talese, Gay. *Thy Neighbor's Wife.* New York: Doubleday, 1981.

Thompson, E.P. *The Making of the English Working Class.* New York: Vintage Books, 1966.

Wang, Di. "The Rhythm of the City: Everyday Chengdu in Nineteenth-Century Bamboo-Branch Poetry." *Late Imperial China*, 22, no. 1 (June 2003).

Wang, Di. *Street Culture in Chengdu: Public Space, Urban Commoners, and Local Politics, 1870-1930.* Stanford: Stanford University Press, 2003.

Wang, Di. *The Teahouse: Small Business, Everyday Culture, and Public Politics in Chengdu, 1900-1950.* Stanford: Stanford University Press, 2008.

Wang, Di. "Mysterious Communication: The Secret Language of the Gowned Brotherhood in Nineteenth-Century

Sichuan." *Late Imperial China* 29, no. 1（June 2008）.

Wang, Di. *Violence and Order on the Chengdu Plain : The Story of a Secret Brotherhood in Rural China, 1939–1949.* Stanford : Stanford University Press, 2018.

Watson, James L. "Standardizing the Gods : The Promotion of T'ien Hou（"Empress of Heaven"）Along the South China Coast, 960–1960." In David Johnson, A. J. Nathan, and E. S. Rawski eds., *Popular Culture in Late Imperial China.* Berkeley : University of California Press, 1985.

Westover, Tara. *Educated : A Memoir.* New York : Random House, 2018.

White, Hayden. *Metahistory : The Historical Imagination in Nineteenth-Century Europe.* Baltimore : Johns Hopkins University Press, 1973.

White, Hayden. *The Fiction of Narrative : Essays on History, Literature, and Theory, 1957–2007.* Edited by Robert Doran. Baltimore : Johns Hopkins University Press, 2010.

Zelin, Madeleine. *The Merchants of Zigong : Industrial Entrepreneurship in Early Modern China.* New York : Columbia University Press, 2005.

三、日文

黄東蘭『近代中国の地方自治と明治日本』東京、汲古書院、2005年。

孙江『近代中国の革命と秘密結社—中国革命の社会史的研究（1895—1955）』東京、汲古書院、2007年。

熊远报『清代徽州地域社会史研究——境界・集団・ネットワークと社会秩序』東京、汲古書院、2003年。

佐伯富『清代塩政の研究』京都、東洋史研究会、1956年。

后　记

这本书是我近四十年学术阅读的一个系统总结，其实也真实反映了我对许多问题的看法，如人类文化的发展、东西方文明的关系、中国历史研究的理论和方法等等，我还试图阐发自己的史学观。我想在这里再次强调，对历史要有深刻的认识，要进行有价值的学术研究，就必须建立在大量阅读和独立思考的基础上。

这本集子顺利出版，首先要感谢责任编辑李磊的支持以及所付出的心血。她对本书的书名以及选取的篇章、结构、体例、写作内容等等方面都提出了非常好的建设性意见，对书稿进行了认真负责的编校，保证了这本书的高质量出版。我的两卷本新书，即《中国记事，1912—1919》和《中国记事，1919—1928》也将由李磊作为责编在人民文学出版社出版，期待我们进一步的愉快合作。

编辑这个集子的准备工作，开始于好几年前，得到了我的博士研究生兼研究助理们的许多帮助。本书第七部分"历史的断想"所收入的文章几乎都是英文书评，感谢安劭凡把它们翻译成中文；

感谢姜云珂整理了"征引文献目录"。

像我的上一本书《那间街角的茶铺》一样,我自己为这本集子绘制了十九幅插图,虽然水平不高,但是足以表达我对这些杰出学者的敬仰。我想读者看到这些插图后,对他们的印象也会进一步加深。我希望读者会认可我在插图下面对他们的简要评述。

王 笛

2022年8月30日于澳门

历史的微声